Gerrit Wildeboer

Die Sprüche

Gerrit Wildeboer

Die Sprüche

ISBN/EAN: 9783744627009

Hergestellt in Europa, USA, Kanada, Australien, Japan

Cover: Foto ©Lupo / pixelio.de

Weitere Bücher finden Sie auf **www.hansebooks.com**

DIE SPRÜCHE

ERKLÄRT

VON

D. G. WILDEBOER

ORD. PROFESSOR DER THEOLOGIE IN GRONINGEN.

FREIBURG I. B.
LEIPZIG UND TÜBINGEN
VERLAG VON J. C. B. MOHR (PAUL SIEBECK).
1897.

VORWORT.

Zur Begleitung dieser Abteilung des „Kurzen Hand-Commentars zum Alten Testament" ist ein Wort über die Übersetzung ins Deutsche nötig. Was der Commentar sein will, ist aus ihm selber ersichtlich. Nur das eine sei bemerkt, dass es mein Hauptbestreben war, das Buch der Sprüche als ein Erzeugnis aus dem letzten Abschnitt der persischen, ja teilweise aus dem Beginn der griechischen Periode der israelitischen Geschichte kennen und verstehen zu lehren.

Die Übersetzung dieser von mir in holländischer Sprache niedergeschriebenen Erklärung ins Deutsche hat Dr. F. Risch, Pfarrer in Heuchelheim bei Landau, unterstützt durch seinen Bruder Ad. Risch, Vikar zu Walsheim, besorgt. Von diesen beiden Übersetzern rührt auch die Übertragung meiner weiteren Beiträge zu diesem HC, der Erklärung von Prediger und Esther, ins Deutsche her. Dass diese Arbeit in guten Händen lag, dafür zeugt die deutsche Übersetzung meiner Bücher *Ontstaan van den Kanon des O. V.* Gotha 1891 und *Letterkunde des O. V.* Göttingen 1895.

Gern spreche ich hier beiden Herren öffentlich meinen Dank aus für die Sorgfalt, mit der sie auch diese Arbeit gethan haben, sowie für mehr als eine vortreffliche Bemerkung, von der ich mit Nutzen Gebrauch gemacht habe.

G. Wildeboer.

INHALT.

Einleitung.

Erklärung.

Einleitung.

I. Der Name des Spruchbuches und seine Stellung im Kanon.

Das AT-liche Spruchbuch trägt den Namen מִשְׁלֵי שְׁלֹמֹה oder bloss מִשְׁלֵי, vgl. die ersten Worte von 1 1. Dieser Name ist den von den Sammlern herrührenden Überschriften in 1 1; 10 1; 25 1 entnommen. Die Abkürzung מִשְׁלֵי im Talmud (Baba Bathra fol. 14ᵇ, 15ᵃ, Schabbath fol. 152ᵇ, Aboda zara fol. 19ᵃ), in der Masora und bei den Rabbinen ist grammatisch unrichtig. Daneben kommt die Benennung מִשְׁלוֹת oder מִשְׁלוֹת sc. שְׁלֹמֹה vor, vgl. ORIGENES bei EUSEBIUS, Hist. Eccl. VI 25; EPIPHA-NIUS, de mensuris et ponderibus Cap. 23, HIERONYMUS, Prologus galeatus ed. VALLARSI IX, col. 453 ff.

In der LXX lautet der Titel Παροιμίαι Σολομῶντος und in der Vulgata Pro-verbia oder Liber Proverbiorum.

Bei den christlichen Kirchenvätern wird unser Buch als σοφία und ἡ πανάρετος σοφία citiert, EUSEB. Hist. Eccl. IV 22, CLEMENS ROM. ad Cor. 1 Cap. 57, MELITO von Sardes bei EUSEB. Hist. Eccl. IV 26. MELITO versichert uns, dass er uns in seinem Kanon die Überlieferung der Juden mitteile; deshalb hat man oft gemeint. z. B. BERTHEAU, S. X und NOWACK, S. IX in ihren Commentaren, auch dieser Name sei bei den Juden in Gebrauch gewesen. Doch dies folgt durchaus nicht aus der Notiz MELITOS „ἡ καὶ σοφία". Ein anderer Name סֵפֶר חָכְמָה, der in der Gemara, in der Baraitha zu Baba Bathra fol. 11ᵇ, vorkommen soll, lässt sich nicht nachweisen und wird auch sonst nirgends in der jüdischen Litteratur angetroffen, vgl. STRACK. Einl. in seinem Commentar S. 303. Siehe ferner meine Entstehung des AT-lichen Kanons, Gotha 1891 § 7, S. 70—77.

In unsern hebräischen Bibeln ist das Buch der Sprüche das dritte unter den ersten drei Schriften der Kethubim, den sogenannten libri אמ"ת, besser תא"ם. Nach Baba Bathra fol. 14ᵇ ging in der ältesten Periode diesen drei Büchern Ruth voran: die meisten spanischen Hss. und die Masora stellen die Bücher der Chronica vor diese drei, während die deutschen Hss., die in unsern gedruckten Ausgaben befolgte An-ordnung einhalten. Vgl. meinen AT-lichen Kanon, § 1, Anm. 8.

Wie allem Anschein nach die andern beiden salomonischen Schriften Prediger und Hoheslied ihren Platz in der Reihe der heiligen Schriften nicht ohne Wider-spruch erhalten haben, so auch das Buch der Sprüche, vgl. meinen AT-lichen Kanon, § 6, Anm. 4 S. 58 u. S. 69. Zweierlei Bedenken hatte man gegen dies Buch:

1° Es stünden Widersprüche darin; so berichtet Schabbath fol. 30 ᵇ. Man berief sich u. a. auf 25 4 ᵃ 5 ᵃ.   2° Es stünden Gleichnisse מְשָׁלוֹת darin; so lehrt Abōth de Rabbi Nathan, Cap. I, vgl. ZUNZ, die gottesdienstl. Vorträge der Juden, 2. Aufl. 1892, S. 114 f. Man nahm offenbar an der Perikope von der Ehebrecherin 7 7 10-13, welche auch ausdrücklich dort citiert wird, Anstoss. Man meinte jedoch, schon „die Männer der grossen Synagoge" hätten diese dunkeln Stellen aufgehellt und die Kanonicität des Buches stünde also von Alters her fest. Doch ist es allerdings sonderbar, dass sich die Erinnerung an diese Bedenken erhalten hat, nicht bloss im Talmud Schabbath fol. 30 ᵇ, sondern sogar in Abōth de Rabbi Nathan, Cap. 1, einer weiteren Ausführung des talmudischen Traktats Pirḳē Abōth. Schon diese Thatsache zeigt deutlich genug, dass die Entscheidung über die Kanonicität des Buchs der Sprüche nicht so alt ist, als diese Berichte melden, und im Zusammenhalt mit dem, was wir von Zweifeln betreffs Prediger und Hoheslied wissen, darf man wohl annehmen, dass die Sache im ersten Jahrhundert n. Chr. noch nicht in den Augen aller Soferim definitiv ausgemacht war. Die schwankenden Schriftgelehrten werden sehr wahrscheinlich wohl noch andere Bedenken, als uns mitgeteilt sind, gehabt haben. Haben sie an dem salomonischen Ursprung gezweifelt? Wir wissen es nicht mehr. Haben sie sich an dem Inhalt gestossen? Das wäre wohl, nach dem, was uns überliefert ist, das nächstliegende.

Auf jeden Fall ist seit dem Anfang des zweiten Jahrhunderts n. Chr. nicht mehr darüber gestritten worden. Auch schon vorher scheint das Spruchbuch in hoher Achtung gestanden zu haben, wenigstens in vielen Kreisen. So werden im NT, welches keine Citate aus Prediger und Hoheslied enthält, vgl. meinen AT-lichen Kanon § 5 Anm. 4, die Sprüche oft angeführt.

II. Inhalt.

Das Spruchbuch bildet nicht ein abgeschlossenes Ganze, es ist eine Zusammenstellung mehrerer Gruppen. Zwar scheint die Überschrift 1 1-6 auf das ganze Buch zu gehen; trotzdem ist keineswegs sicher, dass der Mann, der diese Überschrift darüber setzte, damit auch sagen wollte, dass z. B. 24 23-34 oder Cap. 30 und 31 gleichfalls von Salomo herrühren. Man braucht daraus nicht mehr abzuleiten, als dass nach seiner Meinung die Mehrzahl der Sprüche von Salomo herstamme. Erst die späteren jüdischen Gelehrten und ihnen folgend HIERONYMUS haben die buchstäbliche Auffassung vertreten und darum gemeint, in den sonderbaren Namen Agur und Lemuel, Cap. 30 und 31, steckten symbolische Namen für Salomo.

1° Der erste grosse Teil unseres Buches ist 1 7–9 18. Als Motto steht darüber: „Die Furcht Jahwes ist der Anfang der Erkenntnis" 1 7. Diese Capitel sind eine Einleitung zu dem nun folgenden Buch. In ihnen wird der Leser ernstlich ermahnt, sich auf die Beschäftigung mit der Weisheit zu verlegen. Der Jünger wird als „mein Sohn" angeredet und väterlich ermahnt, sich der „Weisheit" zu befleissigen und die „Thorheit" zu fliehen. Hauptsächlich denkt der Lehrer dabei an Wollustsünden. In Cap. 8 tritt die Weisheit selbst redend auf, und in Cap. 9 finden wir eine allegorische Darstellung von Frau Weisheit und Frau Thorheit, welche beide die Menschen zu sich einladen.

2° Die Hauptsammlung von Sprüchen enthält der zweite Teil, 10 1—22 16. Die Überschrift „Sprüche Salomos" fehlt in LXX. In diesem Abschnitt von 374 masoretischen Versen finden wir nur Disticha, meist aus 7, bisweilen aus 8, selten aus 9—11 Worten bestehend. Jedes Distichon drückt für sich allein einen eignen Gedanken aus, in Cap. 10—15 meistens antithetisch, während 16 1—22 16 auch andere Formen häufig vorkommen. Von einem bestimmten Plan, der der Anordnung zu Grunde läge, ist nicht viel darin zu merken. Die allerverschiedenartigsten Gedanken stehen hier neben einander; die einzige Ordnung, die hie und da hervortritt, ist die, dass die Sprüche nach Stichworten aneinandergereiht sind.

3° 22 17—24 22 gibt sich als einen Anhang zum zweiten Teil zu erkennen. Die Spruchform geht wieder in die ermahnende Rede über; der Jünger wird auch hier als „mein Sohn" angeredet. Im zweiten Teil geschieht dies allein in 19 27, einer wahrscheinlich corrupten Stelle. Dieser Anhang 22 17-24 22 hat in 22 17-21 eine ausführliche Überschrift.

4° 24 23-34 bezeichnet sich selbst als einen weiteren Anhang durch die Überschrift „Auch [diese Aussprüche sind] von Weisen".

5° Cap. 25—29 umfasst neben 10 1-22 16 die zweite grosse Collection in unserm Buch. Sie enthält einzelne Dubletten von Sprüchen, die wir schon im zweiten Teil 10 1—22 16, und zwar dort meistens in ursprünglicherer Lesart erhalten, antrafen. Übrigens aber zeichnen sich die Sprüche in dieser Collection aus durch kernigen Inhalt, bilderreiche Sprache und originelle Gedanken. Bemerkenswert ist, dass sie den religiösen Charakter sehr zurücktreten lassen und sich mehr auf die Anempfehlung einer rein praktischen Lebensweisheit beschränken.

6° Cap. 30 überliefert uns „Worte Agurs, des Sohnes Jakes", Rätselsprüche nach Form und Inhalt, darunter auch Zahlensprüche, die sonst in unserm Buche allein noch 6 6-19 vorkommen. Vielleicht gehen die Worte Agurs nur bis v. 14 und bilden die Zahlensprüche einen Zusatz dazu.

7° 31 1-9 „Worte an Lemuël, den König von Massa, die ihm seine Mutter einschärfte", worin sie ihn vor Weibern und Wein warnt und ihn zu gerechter Regierung aufmuntert. KAMPHAUSEN hat in der Übersetzung bei KAUTZSCH diesen siebenten Abschnitt mit dem sechsten verbunden.

8° 31 10-31. Unser Spruchbuch schliesst mit dem „Lob der tugendsamen Hausfrau", einem alphabetischen Lied, das in schöner Weise das Lob der wackern jüdischen Frau besingt.

Diese kurze Übersicht genüge für die Einleitung. Im Commentar selbst wird eine ausführliche Inhaltsangabe jeder Abteilung und Unterabteilung vorausgeschickt werden.

III. Die Stellung der Sprüche in der AT-lichen Litteratur.

1° Vergleichung der verschiedenen Bestandteile der Sprüche. 2° Zeit der Zusammenstellung des Ganzen.

Es besteht eine Wechselwirkung zwischen Exegese und historischer Kritik. Auf der einen Seite ist historische Kritik eigentlich nichts anderes als streng wissenschaftliche Auslegung der überlieferten Stücke. Auf der anderen Seite dagegen übt die Überzeugung, die wir von dem Alter dieser Stücke haben, auch einen grossen Einfluss auf unsere Exegese aus und zwar mit Recht. Wenn es einmal für uns feststeht, dass ein Stück der AT-lichen Litteratur aus einer gewissen Periode datiert, so ist es unsere exegetische Pflicht, alles Licht aus dieser Periode auf die Illustration dieses Stückes zu konzentrieren.

Was im allgemeinen von allen AT-lichen Schriften gilt, das gilt auch insbesondere vom Buch der Sprüche. Ein erneutes Studium dieses Buches hat uns in der Überzeugung bestärkt, dies Buch datiere seinen Hauptbestandteilen nach aus dem letzten Abschnitt der persischen Zeit und stehe der griechischen Periode schon sehr nahe, während die Endredaktion wohl in den Anfang dieser letzteren gesetzt werden muss. Erst wenn man das Buch in diesen Zeitraum der israelitischen Geschichte verlegt, bekommt man u. E. das richtige Verständnis seines Inhaltes. Damit will natürlich nicht gesagt sein, dass man dies von jedem einzelnen Spruch nachweisen könne. Im Gegenteil, wir halten es immer noch für möglich, dass mehr als ein Maschal aus der vorexilischen Periode sich auch in unserm Spruchbuch erhalten habe. Allein das Buch im Ganzen, die Tendenz dieser Sammlungen, die uns überliefert sind, führen uns auf diese späte Periode der Geschichte Israels.

Wir wollen in diesem Paragraphen die Hauptgründe der Reihe nach aufzählen, die uns zu dieser Datierung bestimmt haben. In IV werden wir dann zeigen, welche Bedeutung sein Inhalt für das Verständnis der israelitischen Religionsgeschichte hat.

1° Die Verfasser der verschiedenen Teile unseres Spruchbuches sind nicht bloss Sammler gewesen. Man könnte leicht denken, ihre Arbeit habe nur darin bestanden, Worte praktischer Lebensweisheit, wie solche im Munde des Volkes lebten, in ein Werk zusammenzufassen. Dagegen spricht aber die kunstmässige Form, die allen Sprüchen eigen ist. Volkssprichwörter zeichnen sich gewöhnlich durch Kürze und Einfachheit aus, vgl. z. B. I Sam 10 12; 24 14; I Reg 20 11; Jer 31 29; Hes 18 2: Lk 4 23; Joh 4 38.

Solche Sprichwörter treffen wir in unserm Buche nirgends an. Zum Teil können sie ihnen zu Grunde gelegen haben, allein dann sind sie doch von einem spätern Autor in die dichterische Kunstform gebracht worden, in der wir sie jetzt besitzen. Diese letztere ist das Werk der Männer gewesen, welche die Sammlungen zusammengestellt, wie auch das Werk ihrer Nachfolger, welche ihre Arbeit fortgeführt haben. Haben diese ihrerseits vielleicht ältere Sammlungen gekannt? Wir wissen es nicht. Darum ist es unmöglich, das Alter eines Spruches zu bestimmen. Die Möglichkeit bleibt immer offen, dass auch vorexilisches Material in unserm Buche verarbeitet ist.

Will man das Alter der Sprüche bestimmen, so muss man zu allererst sich von den Meinungen der jüdischen Redaktoren losmachen, wie sie in den verschiedenen Überschriften ihren Ausdruck finden. 30 1 und 31 1 sind nicht besonders deutlich. Möglicherweise ist Agur, falls es kein symbolischer Name ist, der Name eines israelitischen Weisen und Lemuel der Name eines nichtisraelitischen Königs. 25 1 („Auch dies sind Sprüche Salomos, welche zusammengestellt haben die Männer Hiskias, des Königs von Juda") macht den Eindruck authentisch zu sein. Man könnte geneigt sein, daraus zu folgern, dass wenigstens Cap. 25—29 eine vorexilische Collection war, welche aus irgend welchem Grund auch „salomonisch" hiess. Aber ein sorgfältiges

Studium der Psalmen mit historischen Überschriften hat dargethan, wie wenig zuverlässig derartige Überschriften sind. Nach 10 1 werden auch 10 1—22 16 Salomo zugeschrieben; und doch sind die beiden Gruppen zu verschieden von einander, als dass sie beide von demselben Verfasser herrühren könnten. Vgl. die Anm. zu 25 1 und 10 1, und über den Anteil, den Salomo an der Spruchlitteratur gehabt hatte, meine Litt. des AT § 3 Anm. 7, S. 46—48.

Um eine genauere Zeitbestimmung zu gewinnen, wollen wir zunächst die zwei salomonischen Gruppen 10 1—22 16 und Cap. 25—29 mit einander vergleichen. Des Inhalts wegen (vgl. Einl. II 5°) könnte man leicht Cap. 25—29 für die älteste Sammlung halten wollen. Allein die F o r m nötigt uns, dem Abschnitt 10 1—22 16 die Priorität zuzuerkennen. Die Dubletten lehren allerdings, dass sich bald in der einen, bald wieder in der andern Gruppe die beste Lesart erhalten hat. Doch im allgemeinen erweist sich Cap. 25—29 als die jüngere Collection. Zeichen geringerer Ursprünglichkeit sind: „1° Die Ausdehnung mancher Sprüche auf zwei oder mehr Verse und 2° die geringere Reinheit und Schönheit des poetischen Rhythmus" (KUENEN, Hist.-Krit. Einleitung III, § 96 3).

Vergleicht man ferner mit diesen zwei Gruppen den dritten und vierten Teil, nämlich 22 17—24 22 und 24 23-34, so gibt schon ihre Stellung als Anhänge zu erkennen, sie seien jünger als die zweite und fünfte Gruppe. Überdies tritt hier in noch stärkerem Masse die Abweichung von der Form des einfachen Distichons und der weniger reine Rhythmus hervor.

Der erste Teil, Cap. 1—9, ist gleichfalls jünger als der zweite Teil. Die Spruchform hat auch hier von ihrem markigen und einfachen Wesen eingebüsst und die Personifikation, ja Hypostase der Weisheit wird wohl jünger sein als die Lehre der Weisheit selbst. Im Sprachgebrauch herrscht zwar grosse Übereinstimmung zwischen Cap. 1—9 und 10 1—22 16 (vgl. unsere Bemerkung am Anfang des Commentars), doch sind noch Verschiedenheiten genug vorhanden, die auf verschiedene Verfasser für beide Stücke hindeuten.

Cap. 30 und 31 gehören wahrscheinlich zu den jüngsten Stücken. Darauf weisen die Zahlensprüche und das alphabetische Lied am Schluss 31 10-31.

2° Nachdem wir so die verschiedenen Bestandteile mit einander verglichen haben, fragen wir: Wann ist das Buch der Sprüche als Ganzes zusammengestellt worden? Darauf lautet die Antwort: Aus formalen und materialen Gründen ist es sehr wahrscheinlich, dass das Buch der Sprüche erst im Anfang der griechischen Periode entstanden ist, wenn wir das Buch als ganzes ins Auge fassen, während die älteren Sammlungen aus der zweiten Hälfte der persischen Zeit datieren [1]).

A. D i e f o r m a l e n G r ü n d e. Diese sind hauptsächlich lexikographischer Art. Die Sprache unseres Spruchbuches gibt sich an vielen Stellen deutlich als jung zu erkennen. Im Commentar findet man dies überall erwähnt und näher nachgewiesen. Deshalb lassen wir hier nur eine dürre Aufzählung der Thatsachen folgen. Hie und da setzen wir Fragezeichen hinter ein Wort, um bald die Unsicherheit der Lesart, bald auch die Möglichkeit einer andern Erklärung anzudeuten. Ist auch die Zahl solcher mit einem Fragezeichen versehenen Worte unter den Aramaismen relativ gross, so möge

---

[1]) Über Salomo als Spruchdichter vgl. meine Litt. des AT § 3 Anm. 7.

man daraus eben nur den Schluss ziehen, dass es nicht wenige solcher „fraglichen" Worte sind, welche im Spruchbuch vorkommen. Die vielen unzweifelhaften Aramaismen in unserer Liste legen es nahe, auch einen grossen Teil der fraglichen Worte für unsern Beweis von dem späten Ursprung des Buches in Anspruch zu nehmen. Allerdings ist es besonders in poëtischen Büchern sehr unvorsichtig, auf einzelne lexikalische Eigentümlichkeiten hin das Alter einer AT-lichen Schrift feststellen zu wollen. Jedoch hier haben wir es noch, abgesehen von dem abweichenden Wortschatz, mit andern Erscheinungen eines späten Hebräisch zu thun, wie Substantiva auf ות‎, vgl. in unserer Liste unter Rubrik 2º und die Bemerkung zu 3 8 und 5 22. Dazu bedenke man, dass das Maschal, wenn auch zum gebundenen Stil gehörig, darum doch nicht so unbedingt den Gebrauch ungewöhnlicher Wortformen fordert, wie die erhabene Dichtersprache. Endlich braucht man das ganze Sprachargument, für sich genommen, nicht mehr beweisen zu lassen als dies: Sprachliche Gründe stehen der Annahme, unser Buch sei im vierten oder dritten Jahrhundert v. Chr. redigiert worden, nicht entgegen, sondern stützen dieselbe vielmehr.

Die eigentümlichen Formen sind: 1º Späthebräische Wörter, 2º Aramaismen, 3º Gräcismen, 4º Arabismen. Die letzteren allein darf man nicht als untrügliche Zeugen des späten Ursprungs anführen; Arabismen können in Juda auch schon viel früher eingedrungen sein. Dagegen die Aramaismen, und noch dazu in so grosser Anzahl, weisen deutlich auf die Periode der Aramaisierung der semitischen Welt, welche im vierten Jahrhundert v. Chr. überhand nahm. Der Gräcismen sind sehr wenige an Zahl; das verträgt sich auch ganz gut mit unserer Zeitbestimmung: Anfang der griechischen Periode. Zugleich darf es uns nicht Wunder nehmen, so wenig Gräcismen in den Schriften von Männern zu finden, welchen es am Herzen lag, den alten Glauben der Väter der jungen Generation einzuschärfen.

1º Späthebräische Wörter: 1 4 פֶּתִי; 5 תַּחְבֻּלוֹת, לָקַח: 23 נָבַע. 2 12 u. s. w. תַּהְפֻּכוֹת; 22 נָסַח. 3 15 פְּנִינִים; 26 כְּסָל. 4 7 קִנְיָן. 5 14 וְעֶזְרָה; קָהָל 7 18 עֶלֶם. 8 3 קֶרֶת; 4 אִישִׁים; 27 חֹג. 10 1 u. s. w. תְּבוּנָה. 12 18 בָּטָה. 13 10 (vgl. 17 19) מֵצָה. 14 18 Hiph. von כָּתַר. 15 30 מָאוֹר. 16 2 זַךְ. 18 11 מַשְׂכִּית. 19 20 קֻבַּל; 29 שָׁפַט? 22 6 חָנַךְ לְ; 23 קֹבַע? 25 אָלָף. 23 7 שָׂעַר: 28 חָתַף. 25 26 נִרְפַּשׁ. 26 9 עָלָה בְיַד. 27 15 סַגְרִיר. 29 13 תֹּךְ: 21 בֹּעֵר: 30 5 אֱלוֹהַּ; 10 הַלְשִׁין; 33 מִיץ.

2º Aramaismen: 3 8 רְפָאוּת, vgl. andere Subst. auf ות: 4 24 עֻקְּשׁוּת: 6 12 לוּת; 23 29 חֲכָלִילוּת; 27 4 אַכְזְרִיּוּת; 30 27 עֲצְלוּת. 4 15 שָׁטָה? 5 12 Zuerst das Suffix und darnach das Substantiv gesetzt, worauf sich das Suff. bezieht, vgl. 13 24 ᵇ? 22 11 ᵇ. 7 16 חֲטֻבוֹת; 18 עֶלֶם statt עֲלוֹ oder עֲלֵי; 20 כָּסָא. 8 2 בֵּית נְתִיבוֹת? 18 עָתַק 22 קֶדֶם? 9 3 עַל־נַפִּי? 11 21 יָד לְיָד. 12 12 מָצוֹד?: 27 הֲרַךְ? 13 20 רָעָה. 14 3 חֹטֵר; 23 מוֹתָר; 34 חָסָד und das Verbum 25 10. 16 26 אָבַף עַל?; 30 עֵצָה. 17 10 נָתַת. 18 24 לְהִתְרוֹעֵעַ? 19 13 דָּלַף טֹרֵד vgl. 27 15. 20 14 אֹל לִי; 17 חָצַץ. 23 2 שַׂכִּין; 7 כָּם? 26 10 עָבַר = übertreffen? 27 3 נָטַל: 6 נַעֲתָרוֹת. 28 18 בְּאַחַת. 29 21 פָּנַק. 31 2 בַּר; 3 מְלָכִין.

3º Gräcismen: Cap. 2 Der lange, im Hebräischen nicht gebräuchliche Periodenbau, vgl. 6 12-15. 7 16 אַטוּן ὀθόνη, ὀθόνιον. 21 28 שָׁמַע ἀκούειν in der Bed.: *bekannt sein als*?

4° Arabismen: 16 4 מַעֲנֶה?   18 8 מִתְלַהֲמִים.   20 11 פָּעַל; 25 לָעַע.
21 8 וָר.   24 22 פִּיד.   30 31 אַלְקוּם?

B. Die materialen Gründe.

Auch diese widersetzen sich nicht unserer auf formalen Gründen beruhenden Zeitbestimmung. Der ganze Geist des Spruchbuchs weist uns bestimmt in die Zeit nach dem Exil. REUSS hat darauf aufmerksam gemacht, dass die Monogamie überall in den Sprüchen einfach vorausgesetzt wird, während vor dem Exil die Monogamie nicht so allgemein Sitte war. Man denke nur an die Erzählungen von JE aus dem achten Jahrhundert über Jakobs Frauen, an I Sam 1, die beiden Frauen Elkanas, an eine Bestimmung aus dem Ende des 7. Jahrhunderts, wie in Dtn 21 15-17, welche auf den Fall, dass ein Mann zwei Frauen habe, Rücksicht nimmt.

Ein anderer Punkt, der schwer in die Wagschale fällt, ist, dass in unserm Buche nichts mehr an den Streit gegen den Götzendienst erinnert, ein Streit, der in Israels vorexilischer Geschichte eine so grosse Rolle in dem religiösen Leben spielte, der nach dem Zeugnis der exilischen Propheten wie Ezechiel und Deutero-Jesaia noch in dem Exil fortdauerte, ja der auch nach dem Exil noch nicht zur Ruhe kam, wenn man nämlich annimmt, dass die letzten Capitel von Jes 40—66 von einem Trito-Jesaia herrühren. „Die Furcht des Herrn", nach unseren Weisen „der Anfang der Weisheit", ist etwas allbekanntes, darüber herrscht kein Streit mehr.

Auch der allgemein menschliche, oder wenn man ihn so nennen will, universalistische Standpunkt unserer Weisen lässt sich allein aus der nachexilischen Zeit erklären. Die Religion ist für sie nicht mehr eine Volkssache, sondern ganz und gar Sache des persönlichen Lebens.

Bei der Exegese wird es sich allenthalben zeigen, dass die Lehrer, die in unserm Spruchbuch auftreten, von Gesetz und Propheten als heiligen Schriften ausgehen; vgl. z. B. 1 16; 2 17 21 22; 3 2 3 5 7 9 10 24; 28 4-9; 29 18 u. s. w. Sie lehren, man solle nicht weise sein in seinen eignen Augen, und wollen offenbar, dass man dem, was Jahwe in seinem Gesetz und durch seine Propheten geoffenbart hat, gehorsam sei, vgl. z. B. 30 1-6 u. s. w. und s. KUENEN, Hist.-Krit. Einl. III § 97, 9 10 14 15.

Im vorexilischen Israel finden wir neben den Priestern und Propheten auch „Weise", Jer 18 18. Die Propheten urteilen offenbar nicht günstig über sie. Sie kündigen ihnen Demütigung und Beschämung an, Jes 5 21; 29 14; Jer 4 22: 8 9u.s.w., ebenso wie den Weisen in Ägypten, Tyrus, Edom, Babel, Jes 19 11-15; Jer 10 7 9: 49 7; 50 35; 51 57; Hes 27 8 f.; Ob v. 8. Aus nichts ergibt sich, dass auch eine bessere Richtung unter ihnen herrschte, wie wir sie bei den Weisen antreffen, die in Sprüchen und Hiob zu uns reden. Hätte es vor dem Exil schon solche Leute gegeben, welche „die Furcht des Herrn" für der Weisheit Anfang hielten, so würden wir in dem grossen Kampf um die reine Verehrung Jahwes, von dem uns die prophetischen Schriften Zeugnis ablegen, wohl irgendwo eine Spur ihres Einflusses erwähnt finden. Wahrscheinlich waren es in Alt-Israel Männer, die nicht offen für oder gegen die prophetischen Forderungen Partei ergriffen, sondern sich auf dem Gebiete der praktischen Moral bewegten.

Die „Weisen" haben niemals einen besondern abgeschlossenen Stand wie die „Priester" und „Propheten" gebildet. In Hes 7 26 stehen neben den „Priestern" und „Propheten" die „Ältesten". Der Sprachgebrauch gab auch Anlass, Richtern u. s. w.

den Namen „Weise" beizulegen. Erst nach dem Exil hiessen vor allem diejenigen Weise, die mit dem Gesetz vertraut waren und es zu erklären verstanden. Ausser den Psalmen sind die Sprüche und Hiob wohl ein Beweis dafür, wie einseitig die Vorstellung derer ist, welche die nachexilische Periode in Bausch und Bogen mit dem Namen L e g a l i s m u s charakterisieren zu können glauben. Bis auf die makkabäische Periode war Gehorsam gegen das Gesetz offenbar noch nicht gleichbedeutend mit der Engherzigkeit des spätern Judentums. In unserm Buch haben wir einen Anschluss an das Gesetz, zugleich aber auch eine geistige Würdigung seines Inhalts. Erst in und nach der makkabäischen Periode ist Israel in das Fahrwasser der Gesetzlichkeit geraten und nannte diejenigen Gesetzesgelehrten „Weise", welche alle die spitzfindigen Unterscheidungen bei den Geboten der H a l a c h a zu machen wussten. Unsere „Weisen" sind auch Schriftgelehrte, aber noch vom alten Schlag ebenso wie auch Jesus Sirach ein solcher war, vgl. JSir 39 1-15 (11).

Werden wir durch dies alles in den Zeitraum nach der Kanonisation der Thora gewiesen (Ende des 5. Jahrh.), so werden wir die Arbeit dieser Weisen am besten in das vierte und dritte Jahrhundert v. Chr. setzen. Die Vergleichung der verschiedenen Teile des Spruchbuchs untereinander ergab, dass Cap. 1—9 als Einleitung für bereits vorhandene Sammlungen geschrieben war. Der Verfasser dieser Einleitung kannte wahrscheinlich unser ganzes Buch, vielleicht mit Ausnahme von 31 10-31, s. die Anm. zu 1 1-6. Fragt man nun, wann hat der Autor von Cap. 1—9 gelebt, so werden wir auch in die Zeit des vierten Jahrhunderts oder noch später geführt. Falls in 30 31 auf den gottlosen Hohenpriester Alkimus angespielt wäre, wie GEIGER will, so könnte unser Verfasser erst in der Mitte des zweiten Jahrhunderts gelebt haben; doch das ist unwahrscheinlich, vgl. zu 30 31. Hätte er recht, so begriffe man nicht, warum dann nicht eben so gut Jesus Sirach in den Kanon aufgenommen worden sei. Doch muss der Schreiber von Cap. 1—9 unter griechischem Einfluss gestanden haben. Wir wiesen bereits auf einen Periodenbau, wie er in Cap. 2 vorkommt, das e i n e n langen Satz bildet. Ferner haben wir schon angedeutet, dass sich in der Hypostasierung der Weisheit in Cap. 8 höchst wahrscheinlich griechischer Einfluss wirksam zeigt. Endlich herrscht in Geist und Tendenz eine grosse Ähnlichkeit mit Jesus Sirach. Zwei so nah verwandte Schriften können nicht um Jahrhunderte auseinander liegen. Sogar die K ö n i g s s p r ü c h e, die man so oft zu gunsten des vorexilischen Ursprungs angeführt hat, haben ihre Parallelen in JSir 7 4-6; 8 1-3; 10 1-5.

Lebte unser Autor d. i. der Schreiber von Cap. 1—9 circa 250 v. Chr., so hat er in der Hauptsache ältere Sammlungen aus dem vierten oder dem Anfang des dritten Jahrhunderts verarbeitet. Ist die jüdische Exegese in 10 2 und 11 4 richtig, welche hier צְדָקָה mit Almosen übersetzt, so hätten wir darin schon einen sehr jungen Sprachgebrauch, der eher in die griechische als in die persische Periode passt. Die Sammlungen selbst können deswegen doch älter sein; denn der Herausgeber, welcher Cap. 1—9 schrieb, kann in jene wohl einzelne Sprüche eingefügt haben.

Aus dem Gebrauch des Gottesnamens יהוה in 10 1—22 16 und Cap. 25—29 (אֱלֹהִים bloss 25 2 und אֱלוֹהַּ 30 5) darf man nicht folgern, diese Gruppen selbst seien nicht so spät entstanden. Diese Sammlungen sind allerdings wahrscheinlich wohl älter als die elohistische Redaktion einiger Psalmen (in Buch II und III) des Psalters. Doch die elohistische Redaktion im Psalter ist wahrscheinlich auch sehr späten Datums, vgl.

meine Litt. des AT § 24, Anm. 7; sie fällt vielleicht in die makkabäische Periode. In Prv 1—9 kommt אֱלֹהִים auch nur an zwei Stellen vor 2 5; 4 3. Die Ersetzung des Namens Jahwe durch Elohim ist offenbar eine Änderung einer sehr späten Periode. Der Gebrauch des Namens Jahwe führt uns also auch nicht weiter rückwärts als in die vormakkabäische Zeit. Dadurch kommen wir nicht in Widerspruch mit der obengenannten Zeitbestimmung circa 250 v. Chr. Gleichwohl bleibt es sehr bemerkenswert, dass Jesus ben Sirach, der im Jahre 180 v. Chr. seine Spruchsammlung hebräisch schrieb, bei seiner rühmenden Beschreibung der Weisheit Salomos (JSir 47 12-22) nur I Reg 3, nicht aber die Sprüche Salomonis vor Augen hat. Hat er das Spruchbuch nicht unter dem salomonischen Titel gekannt, oder hat er an der Richtigkeit der Überschrift gezweifelt?

IV. Die Stellung der Sprüche in der Geschichte der Religion Israels.

Die altisraelitische Religion war eine Volksreligion. Jahwe war der Gott Israels und Israel das Volk Jahwes. Die individuelle Person kam nur insofern in Betracht, als sie Glied des Volkes Jahwes war. Bei Jeremia, als es mit Israel als Volk zu Ende ging, und im Exil bei Hesekiel, der Israel nicht mehr als Volk kannte, kommt der Individualismus in der Religion mehr und mehr zu seinem Rechte. Aber erst im Judentum ist er in Israels Religionsgeschichte siegreich durchgedrungen.

Anfangs richtet sich nun die Thora d. i. das Gesetz des Judentums auch an die Gemeinde in ihrer Gesamtheit; doch werden die Rechte und Pflichten der verschiedenen Individuen in der Gemeinde darin näher dargelegt. Dagegen gelten die Verheissungen von Jahwes Heil und Segen bloss der Gemeinde und selbst im Psalter ist es noch oft sehr die Frage, ob das, was dort persönlich lautet, nicht eigentlich namens der Gemeinde im Ganzen ausgesprochen wird, m. a. W. ob das „Ich" in den Psalmen eine einzelne Person oder die jüdische Gemeinde ist.

In der Geschichte der Individualisierung der Religion Israels nimmt das Buch der Sprüche eine bedeutsame Stelle ein. Die alte Chokma, die Lebensklugheit, wird hier mit der Religion in engen Zusammenhang gebracht. Die Art und Weise, wie man handeln muss, um glücklich, d. h. gesegnet von Gott und sicher vor seiner Strafe, zu leben, wird hier näher beschrieben und zwar von Männern, die sich bewusst sind, auf keinem andern Grund als dem des Gesetzes und der Propheten zu stehen. Sie wollen also gewissermassen die Botschaft, die Gott an sein Volk durch den Mund seiner Propheten und Priester hat ergehen lassen und die in Thora und Nebiim schriftlich niedergelegt ist, auf die Lebensverhältnisse des einzelnen Israeliten anwenden.

Das war ein erster Schritt auf einem sehr wichtigen Weg; dies darf man nie ausser Acht lassen. Für uns, die wir uns des Lichtes der Offenbarung Christi freuen dürfen, mag wohl die Versuchung nahe liegen, von oben herunter auf diese Spruchdichter herabzusehen. Doch lasst uns gerecht sein und sie schätzen als Wegbereiter des Weges, der zu Christus führt!

Praktische Anwendung des Gesetzes und der Propheten auf das individuell religiöse Leben ist der Zweck des Unterrichts der Weisen in unserm Spruchbuch. Bezüglich des Gesetzes ermahnt der Verfasser von Cap. 1—9 in 3 9 f., Gott doch gehorsam das darzubringen, was der Cultus fordert. Die Worte Mizwa und Thora kommen immer wieder vor. Oft kann man dabei an das Gebot oder den Unterricht der Eltern denken, z. B. 1 8; 6 20; 13 13 14 oder an die Lehre der Weisen, z. B. 2 1; 3 1; 4 4; 7 1 2; 10 8 oder auch an die Anordnung der Obrigkeit, z. B. 19 16; aber dann steht dies alles jedesmal doch in Übereinstimmung mit dem geschriebenen Gesetze Moses. Dagegen in 28 4 7 9; 29 18 ist ganz bestimmt von der Thora die Rede, welche Israel die Thora schlechthin nennt. Widerspruch gegen die Thora herrscht nirgends. Der Unterricht der „Weisen" läuft mit dem Gesetze ganz parallel. Die Übereinstimmung wird überall als so selbstverständlich vorausgesetzt, dass das Wort Thora promiscue sowohl von dem Unterrichte der Weisen als von dem geschriebenen Willen Jahwes gebraucht wird. Den stärksten Ausdruck der Abhängigkeit von Gesetz (und Propheten) findet man in einem der spätesten Stücke, nämlich 30 5 f.

Dass unsere Spruchdichter sich nicht einzig und allein an das Gesetz halten, sondern auch vom Inhalt der Propheten ganz durchdrungen sind, liegt offen zu Tage. Wir wollen nur drei Hauptpunkte aus der prophetischen Verkündigung anführen, welche wiederholt von unsern Weisen eingeschärft werden: Gehorsam besser als Opfer: 15 8; 21 3 27, vgl. Am 5 18-27 und parall. Stellen, Warnung vor Hochmut: 6 17; 11 2; 14 29; 15 1 4 18 25 33; 14 5 18 f.; 17 19; 18 12; 19 11; 21 4; 22 4; 30 13, vgl. Jes 2 11-17 und parall. Stellen; Sorge für die Armen und Protest gegen Unterdrückung: 14 31; 17 5; 18 23; 19 1 7; 22 2 7; 28 3 6 27; 29 13, vgl. Am 5 11 und parall. Stellen. Alles, was unsere Weisen mehr lehren, kann man als weitere Ausführung und Anwendung der Grundprincipien ansehen, die sie ihrer heiligen Schrift entlehnt haben, z. B. ihre Vorschriften über Bedächtigkeit, z. B. 25 16 f.: ihre Anpreisung der Eintracht unter Hausgenossen und Freunden: 3 30; 6 14 f. 19 b; 13 10; 15 18; 16 7 28; 17 1 14 19; 18 6 8; 20 3; 26 17 20-22; 29 22; 30 33; ihre Forderung der Selbstbeherrschung z. B. 16 32.

Die Art und Weise, wie unsere Weisen den Inhalt ihrer heiligen Schrift anwenden, nötigt uns in vieler Hinsicht unsere Achtung ab. In Jahwes Strafen sehen sie einen Beweis seiner Liebe 3 12. In der Gewissheit der gerechten Vergeltung, die sie von ihrem Gott zu seiner Zeit erwarten, ermahnen sie ihre Jünger zur Feindesliebe 24 17 f.; 25 21 f. und warnen sie davor, sich selber zu rächen 20 22; 24 28 f.; 28 17. Fürwahr, das ist in einer Zeit, wo das jus talionis noch als Rechtsgrundsatz galt, ein Zeichen eines wahrhaft geistlichen Lebens, das da kommt von dem Gott, der einmal sein Wesen und seine Absichten in seinem Sohne vollkommen offenbaren sollte.

Doch diese vollkommne Offenbarung ist noch nicht erschienen. Die eschatologischen Erwartungen unserer Weisen beschränken sich auf das feste Vertrauen, Jahwe werde die Gottlosen zu seiner Zeit gewiss strafen. Das Gericht, welches die Propheten dem Volke angedroht haben, wird von ihnen auf den einzelnen übertragen; daher kommt kein Gegenstand so häufig zur Sprache, als die Vergeltung der Gottlosen und dem gegenüber die Belohnung der Frommen: 1 32 33; 2 22; 3 8 16 22; 4 10; 8 21 35; 9 11; 10 9; 16 25; 12 28; 13 18 21 25; 15 6; 19 23; 21 21 u. s. w. Vergeltung und Belohnung kommen noch in diesem Leben, die Strafe der Gottlosen wird unerwartet eintreffen, der Fromme dagegen glücklich und zufrieden seine Tage zubringen. Diese Lehre ist natürlich nicht aus der Erfahrung geschöpft, sie ist ein Postulat des Glaubens. Allerdings ist sie unvollkommen formuliert und führt zu der falschen Schlussfolgerung, alles Leiden sei dann auch Strafe für begangne Sünde. In diesem

Sinne ist sie von Eliphas im Buche Hiob, und zwar hier so individuell wie möglich zugespitzt ausgesprochen — doch wir habeu da eine wenn auch immerhin unvollkommne Formel für eine unumstössliche Wahrheit: Gott ist gerecht und sein Urteil wird einmal sicher offenbar werden.

Auf diesem Standpunkt nimmt die Moral einen entschieden einseitig eudämonistischen, ja sogar utilitaristischen Charakter an. Das Gute thun aus Hoffnung auf Lohn, das Böse lassen aus Furcht vor Strafe, ja selbst aus Furcht vor den Folgen (vgl. 6 20-35) — nein, das ist die höchste Stufe der Sittlichkeit noch nicht. Aber es ist für sehr viele eine sehr notwendige Vorstufe; ein weiser Vater wird auch jetzt immer noch das Herz seines Sohnes für den guten Weg zu gewinnen suchen, indem er ihm den Lohn der Tugend und die Folgen der Sünde vor Augen stellt.

Unser Zweck in diesem Paragraphen war, nur durch einzelne charakteristische Beispiele einleuchtend zu machen, wie gut das Spruchbuch in das nachexilische Stadium der israelitischen Religionsgeschichte passt und zwar speziell in das vierte und dritte Jahrhundert v. Chr.; ferner wollten wir zeigen, wie diese wichtige Periode auch durch Sprüche illustriert werden kann. S. weiter MARTI-KAYSER, Gesch. der israel. Rel. 1897, § 52. 53. 56.

— —

V. Der Text der Sprüche und die alten Übersetzungen.

Unser masorethischer Text weicht in mehr als einer Hinsicht von dem der LXX, der Peschîtthō, der Vulgata und von dem Targum stark ab. An manchen Stellen, wo sich die Abweichungen nicht aus verschiedener Auffassung und Vokalisation desselben Textes erklären lassen, gelangen wir durch die Übersetzungen zu einer bessern Lesart; doch verdient im allgemeinen der hebräische Text den Vorzug. Fast alle Abweichungen der vier genannten Übersetzungen gehen auf den LXX-Text zurück. Das grundlegende Werk für die LXX-Kritik ist P. DE LAGARDE, Anmerkungen zur griech. Übersetzung der Proverbien, Leipzig 1863. Er hat die Arbeiten seiner Vorgänger benützt, besonders die von G. J. L. VOGEL, der ein Compendium des Commentars von A. SCHULTENS, Leiden 1748, mit Anmerkungen, Halle 1769, herausgab, ferner J. G. JAEGER, Observationes in Prov. Sal. vers. Alex., Lipsiae 1788.

Für die Peschîtthō-Kritik verweisen wir auf HERM. PINKUSS, ZATW 1894, S. 65 ff., 161 ff. Das Targum ist unverkennbar von der Peschîtthō abhängig. Es ist aus ihr beinahe wörtlich abgeschrieben, aber soviel wie möglich dem masorethischen Text angepasst. Die Sprache des Targum ist stark syrisch gefärbt. Die haggadischen Auslegungen fehlen bei unserm Buch, ebenso die Paraphrasen, von denen es in P's und Hi wimmelt, PINKUSS S. 109 f. Die grosse Übereinstimmung der Peschîtthō mit der LXX erklärt sich am einfachsten durch die Annahme, der Syrer habe wohl aus dem hebräischen Text übersetzt, aber daneben doch, besonders bei schwierigen Stellen, die LXX benutzt: Bessere Lesarten, abgesehen von dem, was schon durch die LXX dargeboten wird, ergeben sich aus der Peschîtthō nicht; nur auf zwei dunkle Stellen fällt u. E. durch den Syrer Licht, nämlich auf 2 18 und 26 10. Die Verbesserung der zweiten Stelle hatte ich schon selbständig gefunden, die bei 2 18 verdanke ich PINKUSS.

Auch die Vulgata steht in ähnlichem Verhältnis zur LXX wie die Peschîtthō. HIERONYMUS hat wohl viel nach dem hebr. Grundtext übersetzt, wie ein Vergleich verschiedener Verse der Vulgata mit denen der LXX zeigt (s. NOWACK, Comm. Einleitung S. XLIII), aber er benutzte doch die LXX und folgte ihr auch da, wo der hebr. Text zu schwierig war oder keine exegetische Tradition bestand.

Abgesehen von den abweichenden Lesarten, die alle auf die LXX zurückgehen, enthält die LXX noch zwei wichtige Arten von Abweichungen, viele Zusätze und eine andre Anordnung von Cap. 24 22 an.

Die Zusätze finden sich 1 18; 3 15 16; 4 27; 6 8 11; 7 1; 8 20; 9 10 (13 15) 9 12 18; 11 16; 12 11 13; 13 9 13; 15 1 18; 16 2 5 17; 17 5 6; 18 22; 19 7; 22 14; 24 23; 25 10 20; 26 5; 27 20 21; 28 17. Der griechische Übersetzer kann dieses Plus der Sprüche zum Teil in seiner Handschrift gelesen, zum Teil aber auch selbst eingefügt haben. Sie können auch teilweise auf Rechnung des Abschreibers kommen. Die Zusätze, welche z. B. in der Vulgata fehlen, wird HIERONYMUS wahrscheinlich noch nicht in der LXX gelesen haben. Standen sie thatsächlich schon im hebr. Original, so folgt daraus noch keineswegs, dass unser mas. Text eine durch Auslassungen verstümmelte Recension enthalte. Weil oft, wie erwähnt, sich kein Zusammenhang zwischen den einzelnen Maschals nachweisen lässt, ist eine Entscheidung darüber, ob das Plus der LXX ursprünglich oder späterer Zusatz sei, nicht möglich. Die Mehrzahl der ausserkanonischen Sprüche ist ein Beweis für die Blüte der gnomischen Dichtung unter den hebräisch und griechisch sprechenden Juden. DELITZSCH hat am Schlusse seines Commentars, Leipzig 1873, S. 542—47 alle diese Sprüche ins Hebräische übersetzt. Damit hat dieser berühmte Gelehrte wohl seine gründliche Sprachkenntnis gezeigt, nicht aber erwiesen, dass die genannten Sprüche wirklich auf ein hebr. Original zurückgehen. Nur von einigen gilt DELITZSCHS Wort: „Wenn man das Griechische liest, stellt der hebräische Wortlaut sich von selbst ein".

Andererseits verdient auch das Minus der LXX Erwähnung; es fehlen in ihr einige Sprüche, nämlich 15 31; 16 1 3; 18 23 24; 19 1 2; 20 14-19; 21 5.

Von einigen kleinen Abweichungen abgesehen, haben der alexandrinische und palästinensische Text die gleiche Anordnung bis 24 22. Nun aber folgen in der LXX auf 24 22: 1° vier Königssprüche, die im Hebräischen fehlen, 2° 30 1-14 die erste Hälfte der Worte Agurs, 3° 24 23-34, 4° 30 15—31 9 die zweite Hälfte von Agurs Worten samt denen Lemuels. Dann folgt wieder in Übereinstimmung mit dem Grundtext Cap. 25—29, und beide Recensionen schliessen mit dem „Lob der tugendsamen Hausfrau" 31 10-31. Eine Erklärung dieser Abweichung lässt sich schwer geben, sie wird wohl immer in gewissem Sinn ein Rätsel bleiben. Liegt der Grund nicht in der puren Willkür des griech. Übersetzers, so möchte man annehmen, dass Cap. 25—29 „die Sammlung der Männer Hiskias" lange Zeit als selbständiges Stück im Umlauf gewesen sei. Dem alexandrinischen Übersetzer sei nun zuerst das Spruchbuch ohne diese Sammlung (Cap. 25—29) in die Hände gefallen. Er selbst oder ein späterer Übersetzer habe dann erst nachträglich Cap. 25—29 zu Gesichte bekommen, sei es als selbständiges Stück, sei es als Teil einer neuen vollständigeren Handschrift des Spruchbuchs. „Das Lob der tugendsamen Hausfrau" habe er nun in seiner neuen vervollständigten Ausgabe an den Schluss gestellt, weil seine erste Ausgabe auch damit geschlossen habe. Allein diese Hypothese erklärt nicht im geringsten, warum er dann auch 30 1-14 von 30 15—31 9 losgetrennt hat. Eine befriedigende Lösung des Problems gibt es nicht.

Wir wissen nicht, wann der griechische Übersetzer lebte. Es ist wohl möglich, dass unser Buch noch nicht übersetzt war, als der Enkel des JSirach a. 132 seinen Prolog zur griechischen Übersetzung der Sprüche seines Grossvaters schrieb, aber doch nicht wahrscheinlich. Synagogalem Gebrauche sollte die Übersetzung wohl nicht dienen, sondern sie scheint ein Produkt reinen Gelehrtenfleisses zu sein, wie dies auch der Enkel des JSirach in seinem Prolog von seiner Übersetzung sagt. Der Übersetzer verrät gründliche Vertrautheit mit der griechischen Sprache und ist dem des Hiob darin ebenbürtig, wie DE LAGARDE und seine Vorgänger nachgewiesen haben. Er war mit den griechischen Dichtern bekannt. Keine wörtliche, sondern eine fliessende und lesbare Übersetzung wollte er geben. Darum übersetzt er oft sehr frei, manchmal paraphrasiert er, ja stellt sogar zwei Übersetzungen desselben Originals nebeneinander. Man darf daher aus einer abweichenden Übersetzung der LXX nicht sofort auf eine abweichende Lesart im Original des Übersetzers schliessen.

VI. Litteratur.

Abgesehen von den alttestamentlichen Theologieen, historisch-kritischen Einleitungen und ähnlichen Werken, worin die Chokma-Litteratur zur Sprache kommt, gibt es auch mehrere Monographien über die „Sprüche". Wir nennen hier T. K. CHEYNE, Job and Solomon or the Wisdom of the Old Test. London 1887 S. 116—178. Ferner J. HOOYKAAS, Gesch. der beoefening van de wysheid onder de Hebreën, Leiden 1862. Beide Werke führen die Titel andrer einschlägiger Schriften auf, zu welchen noch A. J. BAUMGARTNER, Études critiques sur l'état du texte du livre des Proverbes etc. Leipzig 1890, hinzuzufügen ist.

Die jüdischen Exegeten kann man aus den sogen. rabbinischen Bibeln kennen lernen, aus der Bombergischen, Venedig 1525, wo man die Erklärungen des ABR. IBN ESRA und LEVI BEN GERSON, und aus der Amsterdamer Ausgabe von 1727, wo man ausserdem die Erklärungen RASCHIS u. a. findet. ABEN ESRAS Commentar zu den Sprüchen ist 1884 durch CHAIM M. HOROWITZ herausgegeben. Vgl. noch den Katalog der Bibliotheka Rosenthalina, Amsterdam 1875 S. 206—209 und Magazin für die Wissenschaft des Judentums XII und XIII von HERM. DEUTSCH, separat ausgegeben unter dem Titel: die Sprüche Salomo's nach der Auffassung im Talmud und Midrasch I und II (Cap. 1—10) Berlin, 1885. 1886.

Christliche Ausleger sind: M. GEIER, Prov. Sal. enucl. 1653, letzte emend. Ausgabe 1725; TIL. CARTWRIGHT, Comm. in Provv. Sal. Lugd. 1617 u. ö.; C. B. MICHAELIS, Notae uberiores in Provv. Sal. Halle 1720; A. SCHULTENS, Provv. Sal. versionem integram ad hebr. fontem expressit atque comment. adjecit, Lugd. 1748, daraus das Compendium von G. J. L. VOGEL, Halle 1769; J. F. HIRT, Vollst. Erkl. der Sprüche Sal. Jena 1768; H. MUNTINGHE, de Spreuken van Sal. uit het Hebr. vertaald met aanmerkingen, Leiden 1796, deutsche Bearbeitung von SCHÖLL in 2 Bänden, Frankf. 1800, 1802; J. F. SCHALLING, Salomonis quae supersunt omnia etc., Stuttgart 1806; J. G. DAHLER, Denk- und Sittensprüche Sal. etc., Strassburg 1810; F. W. C. UMBREIT, phil. krit. und philos. Comm. über die Sprüche Sal., Heidelberg 1826; C. P. W. GRAMBERG, die Spr. Sal. system. geordnet etc. 1828; E. F. C. ROSENMÜLLER, Scholia in V. T. Pars IX, Leipzig 1829, 30; H. EWALD, die Dichter des A. B.² Bd. II, Göttingen

1867; E. BERTHEAU, die Spr. Sal. erklärt, Leipzig 1847 kurzgef. exeg. Handb. 2. Aufl. von NOWACK 1883; RUD. STIER, Der Weise ein König etc., Cap. 25—29, Barmen 1849; Die Politik der Weisheit etc. Cap. 30—31, Barmen 1850; J. G. VAIHINGER, Spr. u. Klagelieder, Stuttgart 1857; E. ELSTER, Komment. über die sal. Sprüche, Göttingen 1858; F. HITZIG, die Spr. Sal. übersetzt und ausgelegt, Zürich 1858; O. ZÖCKLER, die Spr. Sal. theologisch-homiletisch bearbeitet, Bielefeld und Leipzig 1867; H. F. MÜHLAU, de Proverbiorum, quae dicuntur Aguri et Lemuelis origine atque auctoritate, Leipzig 1869; AD. KAMPHAUSEN in BUNSENS Bibelwerk, III. Leipzig 1868; FRANZ DELITZSCH in den Comm. von KEIL und DELITZSCH 1873; AUG. ROHLING. das sal. Spruchbuch, Mainz 1879; JOH. DYSERINCK, Het Boek der Spreuken etc. Haarlem 1883, mit krit. Scholien in ThT 1883 S. 571 ff., H. OORT, Spreuken 1—9 in ThT 1885 S. 379—425; H. L. STRACK, im Comm. von STRACK-ZÖCKLER Bd. VI, 1888.

Der Wert dieser Commentare ist sehr ungleich. Die wichtigsten Bausteine zum rechten Verständnis des Spruchbuches haben wohl ALB. SCHULTENS, FRANZ DELITZSCH und AD. KAMPHAUSEN beigetragen. Aber durch die Nennung dieser Namen soll das Verdienst auch andrer Exegeten nicht geschmälert werden. BERTHEAU-NOWACK und STRACK lieferten vortreffliche Commentare. Viele Erklärungen sind jetzt Gemeingut geworden, die Namen derer aber, denen wir dieselben verdanken, werden oft nicht mehr genannt. Jeder Commentator macht sich da einer Versäumnis schuldig. Unsere unumgängliche Pflicht ist es aber, die Namen der Männer zu nennen, auf deren Schultern wir stehen. Haben HITZIGs Konjekturen im allgemeinen wenig Beifall gefunden, weil unnötig und willkürlich, so wurden durch dieselben doch die Augen für manche Schwierigkeit geöffnet, über welche frühere Exegeten leicht hinweggingen, und uns die Möglichkeit einer andern Auffassung oft nahe gelegt. Über die Erklärung vieler Sprüche herrscht bei Männern wie DELITZSCH. KAMPHAUSEN. NOWACK und STRACK vollkommene Einigkeit. Meist konnte ich mich diesen vier vortrefflichen Exegeten anschliessen. Wo mir das aber nicht möglich war, hoffe ich meine abweichende Meinung auf nicht allzu schwache Gründe basiert zu haben. Möge das Spruchbuch allezeit wissensdurstige Leser finden, die seinen Inhalt zeitgeschichtlich verstehen, aber aus ihm auch die wichtige Lehre lernen wollen: Gottesfurcht ist die Grundbedingung wirklichen Lebensglückes!

NACHTRÄGE.

Zu Einleitung III 1 (S. XIII) und 8 22 ff.: CHEYNE (s. Semitic Studies ed. by G. A. KOHUT, Berlin 1897, S. 112) nimmt an, dass die Hypostase der Weisheit nicht auf griechischen Einfluss zurückgehe, sondern von den Persern entlehnt sei. Zu 19 12: Auch arab. تقًى *Taṭ* hat häufig die Bedeutung „Freigebigkeit". Zu 27 6: Vgl. das arab. Sprichwort: „Die Schläge des Geliebten sind wie das Essen von Rosinen" (SNOUCK HURGRONJE Mekk. Sprüchw. S. 99).   Zu 27 20: Vgl. das arab. Sprichwort: „Nichts füllt das Auge des Menschen als endlich der Grabesstaub" (SNOUCK HURGRONJE a. a. O. S. 67, No. 46).   Zu 30 15 ff. und Parallelen: „Die Zahlensprüche, welche sich bei allen Völkern nachweisen lassen werden, sind doch bei den Semiten und den zu ihren Kulturkreisen gehörigen Völkern ganz besonders beliebt" (G. JACOB Altarabische Parallelen zum AT, 1897 S. 18).

VERZEICHNIS DER SIGLA.

Act	= Acta, Apostelgeschichte.	Jak	= Jakobusbrief.	Na	= Nahum.
Am	= Amos.	Jdc	= Judices.	Neh	= Nehemia.
Apk	= Apokalypse.	Jdt	= Judith.	Num	= Numeri.
Bar	= Baruch.	Jer	= Jeremia.	Ob	= Obadja.
Chr	= Chronik.	Jes	= Jesaja.	Phl	= Philipperbrief.
Cnt	= Canticum.	Jo	= Joel.	Phm	= Philemonbrief.
Dan	= Daniel.	Joh	= Johannes.	Prv	= Proverbia.
Dtn	= Deuteronomium.	Jon	= Jona.	Ps	= Psalmen.
Eph	= Epheserbrief.	Jos	= Josua.	Pt	= Petrusbriefe.
Esr	= Esra.	JSir	= Jesus Sirach.	Reg	= Reges.
Est	= Esther.	Jud	= Judasbrief.	Rm	= Römerbrief.
Ex	= Exodus.	Koh	= Kohelet.	Rt	= Ruth.
Gal	= Galaterbrief.	Kol	= Kolosserbrief.	Sach	= Sacharja.
Gen	= Genesis.	Kor	= Korintherbriefe.	Sam	= Samuel.
Hab	= Habakuk.	Lev	= Leviticus.	Sap	= Sapientia Salomonis.
Hag	= Haggai.	Lk	= Lukas.	Th	= Thessalonicherbriefe.
Hbr	= Hebräerbrief.	Mak	= Makkabäer.	Thr	= Threni.
Hes	= Hesekiel.	Mal	= Maleachi.	Tim	= Timotheusbriefe.
Hi	= Hiob.	Mch	= Micha.	Tit	= Titusbrief.
Hos	= Hosea.	Mk	= Markus.	Tob	= Tobias.
		Mt	= Matthäus.	Zph	= Zephanja.

BL	= Schenkel's Bibel-Lexikon.	ZlTh	= Zeitschr. für lutherische Theologie und Kirche.
HbA	= Riehm's Handwörterbuch des bibl. Altertums.	ZPK	= Zeitschr. für Prot. u. Kirche.
JdTh	= Jahrb. f. deutsche Theologie.	ZTh	= Tübinger Zeitschr. f. Theologie.
JpTh	= Jahrbücher f. protest. Theologie.	ZThK	= Zeitschr. für Theol. u. Kirche.
RE	= Herzog's Real-Encyklop.	ZWL	= Luthardt's Zeitschr. für kirchl. Wissenschaft u. kirchl. Leben.
StK	= Theol. Studien u. Kritiken.		
StW	= Theol. Studien aus Württemberg.	ZwTh	= Hilgenfeld's Zeitschrift f. wissenschaftl. Theologie.
ThJ	= Tübinger Theol. Jahrb.		
ThLZ	= Theol. Litteraturzeitung.	ZATW	= Stade's Zeitschr. f. alttestamentl. Wissenschaft.
ThT	= Theol. Tijdschrift.		
ZSchw	= Meili's Theol. Zeitschrift aus der Schweiz.	ZDMG	= Zeitschr. der Deutsch. Morgenl. Gesellschaft.
ZhTh	= Zeitschr. für historische Theologie.	ZDPV	= Zeitschr. des Deutsch. Palästina-Vereins.

Erster Hauptteil.

Cap. I—9: Reden, die zum Trachten nach Weisheit ermahnen.

Den ersten Teil unsres Spruchbuches bildet eine Einleitung, welche abgesehen von der Überschrift 1 1-6 verschiedene Reden enthält, die alle dasselbe Ziel verfolgen: aufzumuntern zum Trachten nach Weisheit. Diese Reden entstammen offenbar alle einer Hand, mit Ausnahme von 6 1-19, wozu der Commentar zu vergleichen ist. Unser Verfasser wiederholt sich oft: 1 8^b = 6 20^b; 2 1^b = 7 1^b; 9 4 = 9 16. Er ist ganz durchdrungen von dem einen Gedanken, seinen Schüler zu ermahnen, ja zu beschwören, auf den Pfaden der Weisheit und damit der Tugend zu wandeln, und schlechte Wege zu meiden, auf denen Tod und Verderben lauern. Bei den schlechten Wegen denkt er vor allem an die Sünde des Ehebruchs 2 16-19; 5 3-23; 6 24-35; 7 5-23; 9 13-18. Er kennt keine andre Weisheit als die, welche mit Gottesfurcht beginnt. Dies Thema stellt er als Motto an den Anfang 1 7 und kommt darauf am Schlusse 9 10 noch einmal zurück.

Man hat auf allerlei Weise versucht, einen Gedankengang bei unserm Weisheitslehrer zu erraten. Die Exegeten gehen in dieser Frage aber weit auseinander. Den grössten Scharfsinn bewies HITZIG mit seiner Entdeckung, dass 1 7— 9 18 einen grossen Weisheitstempel darstelle: Cap. 1 den Eingang, Cap. 2—4 die Vorhalle, Cap. 5—7 das eigentliche Heiligtum und endlich Cap. 8—9 das Allerheiligste oder Adytum. Wir halten uns einfach an KAMPHAUSENS Einteilung in unsrer Übersetzung. Bei 1 7; 2 1; 3 1; 4 1; 5 1; 6 1 20; 8 1 werden Abschnitte durch Überschriften angezeigt. Sieht man mit uns in 6 1-19 eine Interpolation, so erhält man gerade 7 Abschnitte.

Im Sprachgebrauch zeigt die Einleitung grosse Übereinstimmung mit dem zweiten Teil 10 1—22 1, doch auch mit andern Teilen. Siehe NOWACK, Comm. S. XXXI; STRACK, S. 304 f. Diese Thatsache findet eine genügende Erklärung in der Annahme, dass unser Verfasser bei der Abfassung seiner grossen Einleitung das ihm wohlbekannte und von ihm hochgeschätzte eigentliche Spruchbuch vor sich hatte. Jüngere Formen finden sich oft, auch Aramaismen, wie unsre Einleitung und der Commentar nachweist, ja 7 16 sogar ein Graecismus.

Bei seinen Ermahnungen geht unser Lehrer offenbar von seiner Bibel, d. h. Thora und Nebiim, aus. Der Commentar wird oft auf diese Bücher verweisen müssen. Seine Aufforderungen, der Weisheit nachzujagen, fassen sich eigentlich in den Satz zusammen: Fürchte Gott und halte seine Gebote! Das ehebrecherische Weib vergisst Gottes Ordnung (s. zu 2 17). Denjenigen, welche nach dem Gesetze Zehnten und Erstlingsopfer darbringen, verheisst er alles, wie solchen Leuten durch Thora und Nebiim in Aussicht gestellt wird (s. zu 3 9-10). Auch die Hypostasierung der Weisheit 8 22-31 ist diesem Grundgedanken dienstbar gemacht. Dem Verfasser handelt es sich dabei nicht darum, den Lesern ein Stück aus der jüdischen Theologie mitzuteilen, sondern darum, den erhabenen Charakter der Weisheit zu zeigen, um daraus die Folgerung zu ziehen, nichts sei billiger als ihr Gehör zu schenken. Diese göttliche Weisheit, die sich in der Schöpfung offenbarte, redet auch in dem Gesetze, das Gott seinem Volke gab.

Der Dichter des Hiob, der unsers Erachtens (s. meine Litt. d. AT § 23 13) das Spruchbuch kannte, folgte unserem Verfasser nicht in der Hypostasierung der Chokma. Er begnügt sich mit einer dichterischen Personification. Es ist hiebei jedoch nicht zu vergessen, dass für einen Semiten der Unterschied zwischen Idee und Wirklichkeit nicht so gross war, als für uns moderne Abendländer, die wir hier unleugbar unter dem Einfluss der platonischen Philosophie stehen. Hiezu ist auch zu vergleichen, was CHEYNE in seinem Jesajacommentar [3] II, S. 211 über יהוה עֶבֶד schrieb. **Einleitende Überschrift.** 1 1-6. Diese Überschrift gilt wohl dem ganzen Spruchbuch, wie es uns jetzt vorliegt; v. 6 geht vielleicht auf Cap. 30. **2** *Weisheit und Zucht:* diese Combination weist gleich von vorn herein auf den praktischen Charakter der hebräischen Weisheit hin, vgl. 15 33. חָכְמָה ist die Weisheit, welche die besten Mittel zur Erreichung eines bestimmten Zieles und deren richtige Anwendung kennt. Auch die Geschicklichkeit der Handwerker heisst Chokma, vgl. Jes 3 3; 40 20 u.s.w. Auf ethischem Gebiet ist sie das Mittel, um das Heil und die Glückseligkeit zu erlangen. Dazu hat Jahwe den Weg in der Thora (und in den Nebiim) gezeigt. Chokma ist in unserm Spruchbuch einfach: Kenntnis vom Gesetz und Gehorsam gegen das Gesetz. Darum ist חָכְמָה fast = יְרְאַת יהוה 8 12-36. „Die Weisheit, d. h. die Weltklugheit, mit der der Einzelne sich von jeher zu helfen suchte, wurde aufs stärkste mit religiösen Elementen durchtränkt, aber sie wurde nicht völlig zu Religion". SMEND Alttest. Rel.-Gesch. § 26, S. 515.   **3** *Gerechtigkeit und* Sinn für *das Rechte und Geradheit:* צֶדֶק =Gerechtigkeit; צְדָקָה die Ausübung derselben = Frömmigkeit: denn darin geht die nachexilische Frömmigkeit mehr und mehr auf. מִשְׁפָּט = das Recht, soweit es in der Sitte zum Ausdruck kommt; מֵישָׁרִים sonst מִישָׁרִים geschrieben = Geradheit, Redlichkeit.   **4** *Den Unerfahrenen* פְּתָאִים von פְּתִי mit Erweichung des י zu א, vgl. GES.-KAUTZSCH[26] § 93x. bedeutet eigentlich den jedem Einfluss offen stehenden, im Arabischen: den Jüngling: hier steht es parallel mit נַעַר. Ausser in den Sprüchen und einzelnen Psalmen kommt das Wort nur noch Hes 45 20. also bloss in jungen Stücken vor. *Gescheitheit,* עָרְמָה; dies Wort wird auch in malam partem gebraucht = List, Ex 21 14; Jos 9 4, in der Chokmalitteratur in gutem Sinn = Klugheit. מְזִמָּה = *Umsicht* ist damit parallel, doch wird es in dieser Litteratur bisweilen auch in schlechtem Sinn genommen. z. B. 12 2.   **5** Ist im vorigen Vers umschrieben, was das Spruchbuch unerfahrenen Jünglingen bieten kann, so wird hier, gewissermassen in Parenthese, gesagt, dass auch der Weise dadurch seine Kenntnis vermehren und in praktischer Gewandtheit zunehmen kann.   לֶקַח *Wissen* ist der echt jüdische Begriff für Wissenschaft, wörtlich = was man hinnimmt, nämlich von seinem Lehrer; vgl. die Bemerkung zu 4 2. Ausser in Sprüchen und Hi 11 4 findet sich das Wort nur Jes 29 24 und Dtn 32 2. beides vielleicht junge Stücke. *Wer verständig ist* (נָבוֹן). *gewinnt den rechten Weg* (תַּחְבֻּלוֹת). Wer einen scharf unterscheidenden Verstand hat (von בִּין Grundbed. geschieden sein), lernt dadurch die richtige Einrichtung seines Lebens treffen. תַּחְבֻּלוֹת = κυβέρνησις (LXX) von חֹבֵל = Schiffer, das seinerseits ein Denominativ von חֶבֶל = Schiffstau ist. bedeutet fast soviel wie Kunst der Steuerung, vgl. 11 14; 20 18; 24 6 überall in bonam partem, nur 12 5 in malam partem. Es kommt nur in Prv und Hi 37 12 Kětib vor.   So wird hier die Weisheit unter verschiedenen Namen dargestellt. Die חָכְמָה heisst עָרְמָה sofern sie auf Lebenserfahrung. מְזִמָּה, sofern sie auf Überlegung beruht, תַּחְבֻּלוֹת, weil sie uns lehrt, unser Leben recht einzurichten und תּוּשִׁיָה 2 7, sofern sie sich als zuverlässig erweist.　6 מָשָׁל וּמְלִיצָה = *Rede in Sprüchen und Bildern*, eigentl. Spruch und Wortspiel. מָשָׁל ist das Oppositum von שִׁיר, dies sind die beiden Formen der gebundenen Rede im Hebräischen. je nachdem sie gesprochen oder gesungen wird (vgl. meine Litt. des AT § 23 Anm. 1). מְלִיצָה gibt die LXX mit σκοτεινὸς λόγος, eigentl.: ..oratio detorta, obliqua, non aperta" (Fleischer); vgl. auch Hab 2 6. הֲלִיץ heisst überall spotten, nur Gen 42 23 und II Chr 32 31 kommt die Bedeutung ..Dolmetscher, Ausleger" vor. *Die Worte von Weisen und ihre Rätsel* steht in Parallelismus zu *Rede in Sprüchen und Bildern*.

Ermahnung zur Gottesfurcht und Warnung vor Verführung (1 7-33). **7** gehört eigentlich weder zum vorhergehenden noch zum folgenden, sondern ist gleichsam ein Motto, wie solche auch die arabischen Spruchdichter über dergleichen Sammlungen zu setzen pflegen. Es enthält den Grundgedanken des ersten Teiles (Cap. 1—9), weshalb es auch am Schluss desselben (9 10) wiederkehrt. *Der Anfang*, רֵאשִׁית. nicht die Grundlage oder die Quelle, dann müsste שֹׁרֶשׁ wie Hi 19 28 stehen, auch nicht das Vorzüglichste, sondern: das Erste. Wer keine Gottesfurcht hat, ist noch nicht einmal beim Anfang der Weisheit (Ps 111 10). Jahwe zu fürchten, den Heiligen zu erkennen (9 10). das ist das allererste, was einen wahren Weisen charakterisiert. Wer das nicht thut, ist ein Thor. Thoren sind die praktischen Atheisten (theoretische kannte das hebräische Altertum nicht), die sich um Gott und sein Gericht nicht bekümmern (Ps 10 4; 14 1). Die Weisheit ist ja eine Gabe Gottes. die er denen, die ihn lieb haben, schenkt (2 6). Darum *verachten die Thoren* die wahre *Weisheit*, deren Kennzeichen eine strenge, ernste Lebensrichtung *(Zucht)* ist.　　　Nennt unser Dichter die Furcht Gottes den Anfang der wahren Weisheit, so würde er doch sicher auch Jesus Sirach (1 16) zustimmen, dass sie πλησμονὴ σοφίας sei; ebenso gewiss ist auch dies, dass für ihn wahre Sittlichkeit auf dem rechten Verhältnis zu Gott beruht. אֱוִילִים = *Narren*, von אוּל stark, fett sein, παχεῖς = crassi pro stupidis (Schultexts), vgl. pinguis Minerva. Dies ist auch die Grundbedeutung von כְּסִיל = Thor. vgl. zu 1 22; נָבָל hängt vielleicht mit נָבֵל verwelken zusammen; doch ist das nicht sicher.　　　8 und 9 vgl. 4 6-9; 6 20 f. Der Jünger der Weisheit wird als *Sohn* angeredet. Er wird zuerst ermahnt *auf die Weisheit der Mutter* (תּוֹרָה) und die nötigenfalls strenge *Zucht des Vaters* (מוּסָר) *zu hören*. Thut er das, so kann er darauf rechnen, dies werde ihm ebenso viel Ehre einbringen, als wenn sein Haupt mit einem Kranze und sein Hals mit einem Geschmeide geschmückt wäre. vgl. 4 9. Nach der praktischen Ausdeutung im Talmud ist mit ..Vater" Gott und mit ..Mutter" die Gemeinde (אֻמָּה) gemeint.

10—19 Warnung. sich nicht von denen verführen zu lassen, die nicht davor zurückscheuen, sich durch Raubmord zu bereichern; es gereicht ihnen doch selbst zum Verderben v. 17-19.　　　10 תֹּבֵא von אָבָה willig sein. einwilligen.　　　11 lies mit Dyserinck לָתָם statt לְדָם s. textkrit. Erläut. bei Kautzsch.　　　12 *Wie die Unterwelt lebendig verschlingen* d. h. wir vollführen das Werk des Todes. Eine andere Übersetzung ist: „*Wir wollen wie Scheol sie lebendig verschlingen und die ganz Gesunden gleich denen, die in die Grube hinabfahren,* d.h. so plötzlich und unversehens wie z.B. Korah und seine Rotte verschwanden (Num 16 30 33). תָּמִים ist in ethischem Sinn „integer", in physischem „gesund" (Ex 12 5; Lev 1 3; Hi 21 23).   **14** Das schlechte Werk soll auf gemeinschaftliches Risiko unternommen werden.   **15** בְּנִי fehlt in der LXX, s. textkrit. Erläut. bei KAUTZSCH.   **16** ist eine Glosse aus Jes 59 7ᵃ; es findet sich noch nicht in den besten Handschriften der LXX (s. textkrit. Erläut. bei KAUTZSCH).   **17—19** Alle diese bösen Pläne gewähren nicht, was man davon hofft; sie gereichen nur denen, die sie entwerfen, zum Unheil.   Der Sinn von **17** ist nicht ganz klar. Am besten fasst man aber den Text so auf: Obwohl die Vögel das Netz sehen, fliegen sie doch, bethört durch die Lockspeise, hinein; ebenso die Menschen: Durch die Aussicht auf Beute verlockt, übersehen sie die grossen Gefahren, in welche sie sich stürzen. Die LXX hat eine Negation, vielleicht eine Konjektur, doch kann sie auch לֹא חִנָּם gelesen haben; dann wäre der Sinn dieser: Nicht vergebens liegen sie auf der Lauer, Beute erlangen sie wohl, allein was ist das Ende, die Frucht davon? Elend für sie selbst. מְזֹרָה ist Part. Pu. von זָרָה zerstreuen, worfeln, hier: hin und herschüttelnd auseinander breiten.   **18** Die LXX hat besser und kerniger: *sie die nach Blut trachten, lauern auf sich selbst,* sie liest also לָדָם statt לְדָמָם. In jedem Fall will dieser Spruch sagen: während man es auf einen andern abgesehen hat, gräbt man sich sein eigen Grab.. Es ist gewissermassen die Antwort auf v. 11.

20—33 Gegenüber diesen verführerischen Worten tritt an den Jüngling die Stimme der Weisheit heran. Überall wird sie vernommen, auf den Strassen, in den Volksversammlungen (v. 21): sie lädt die Unerfahrenen, die Thoren und Spötter ein, nicht länger in ihrer Unwissenheit zu beharren, sondern sich der Weisheit zuzuwenden (v. 20-22). Folgen sie ihrem Ruf nicht, so werden sie eine Beute des Gerichts und dann wird es zu spät sein, dann lässt die Weisheit sie im Stich und spottet ihrer (v. 24-27); dann werden die Gottlosen nach der Weisheit verlangen, aber nun ist die Zeit reif zum Gericht und die Strafe wird sie sicher treffen (v. 28-32); wer dagegen der Weisheit Gehör schenkt, hat nichts zu fürchten (v. 33).   **20** Die Weisheit braucht sich nicht zu schämen, sie redet nicht im Verborgenen, sondern tritt auf den öffentlichen Verkehrsplätzen auf. Über die Personifikation der Weisheit handeln wir Cap. 8. חָכְמוֹת (auch 9 1; 24 7) Subst. auf וֹת mit dem Prädikat im Sing. = *die volle lautere Weisheit* (BARTH, die Nominalbildung in d. sem. Sprachen § 259ᶜ). תָּרֹנָּה ist 3. Pers. Sing. fem. wei das parallele תִּתֵּן ausweist; auch 8 3 ist תָּרֹנָּה mit חָכְמָה als Subj. verbunden; es ist eine dem Energeticus des Arabischen entsprechende Form.   *Auf der Gasse* חוּץ ist das, was ausserhalb der Mauern des Hauses liegt. *Auf den freien Plätzen,* רְחֹבוֹת sind die grossen offenen Plätze in einer Stadt, besonders an den Thoren; grosse Städte hatten deren mehrere (Jer 5 1; 9 20; Nah 2 5). Hier versammelte sich das Volk, Jung und Alt.   **21** *Lärmende* Strassen הֹמִיּוֹת; vielleicht auch: *Volksversammlungen.* הֹמָה wird auch vom Brausen der Wogen gebraucht; vgl. Jes 22 2 עִיר הֹמִיָּה = lärmende Stadt.   **22** Hier beginnt die Weisheit ihre Rede; es ist wohl eine Klimax in פְתָיִם, לֵצִים

und בְּסִילִים. Nach נָבָל und אֱוִיל ist כְּסִיל wohl das stärkste Wort zur Bezeichnung des „Thoren": es schliesst den gottlosen Mutwillen in sich. hier das Hassen der Weisheit. תְּאָהֲבוּ statt תְּאָהֲבוּ wahrscheinlich zur Vermeidung der drei auf einander folgenden Schewa (so König, Lehrgeb. I § 35 6ʰ S. 394). **23** Die im vorigen Vers Genannten kehren der Weisheit den Rücken zu. deshalb wird hier das Wort שׁוּב = umkehren gebraucht. נָבַע = hervorsprudeln findet sich noch 15 2 28; 18 4; Koh 10 1 und 6mal in den Psalmen. **24** Meine Hand ausstreckte nämlich um euch zu mir herbeizuwinken. **25** פָּרַע mit der Grundbed. des Loslassens ist im Spruchbuch soviel als Zucht. Vermahnung in den Wind schlagen. **26** bei euerm Unglück, das בְּ hängt nicht von שָׂחַק ab. das vielmehr mit לְ construiert wird. **27** Einem Ungewitter gleich, das Kětib hat nur hier כְּשָׁאֲוָה, daher Kěrē das gewöhnliche שׁוֹאָה Sturm, Unwetter, plötzlicher Untergang (Ps 63 10). **28** Suchen = שָׁחַר ist Denominativ (cf. בְּקַר?). eigentl. nach dem Morgenrot (שַׁחַר) ausschauen. Man achte auf die vollen Formen der Suffixe -נִי, die des stärkeren Nachdrucks wegen gebraucht sind. **29** und **30** bilden die Protasis, eingeleitet durch תַּחַת־כִּי (gewöhnl. תַּחַת אֲשֶׁר) mit Perfecten. **31** und **32** ist die Apodosis mit Imperfecten. Der Gedanke ist: Untreue schlägt den eignen Herrn; jedes Böse trägt notwendig seine Strafe in sich selbst. Bleiben die Unerfahrnen dabei, sich von der Weisheit abzuwenden, so rennen sie in ihr eignes Verderben, während die Sorglosigkeit der hochmütigen Thoren unerbittlich vom Gerichte Gottes ereilt wird. **33** Nach sovielen Drohungen zum Schluss noch ein Lockruf. doch ja auf die Weisheit zu hören. Wird wohlgemut sein שַׁאֲנַן Pil. = ruhig sein, in Frieden leben; im Aram. ist שֵׁינָה das gewöhnl. Wort für Friede. Ledig aller Furcht vor Unheil מִפַּחַד רָעָה; מִן = frei von: רָעָה ist hier Genitiv.

Die segensreichen Früchte der Weisheit. Cap. 2.

Dies Capitel ist als ein einziges Satzgefüge aufzufassen. Von der Strophenform ist nur eine gewisse Ebenmässigkeit der Gruppierung übrig geblieben. v. 1-4 bildet eine Protasis, v. 5-8 eine Apodosis und daran schliesst sich v. 9-11 an: Wenn der Jünger nach Weisheit trachten will (v. 1-4), so wird ihm die Furcht Jahwes und Erkenntnis Gottes. die Bürgschaft wahrhaftigen Glückes, nicht unbekannt bleiben (v. 5 8). dann wird Gerechtigkeit und Weisheit sein Teil sein (v. 9 11). Die beiden Teile der Apodosis werden durch אָז תָּבִין eingeleitet (v. 5 und 9). Deutlich bilden auch die elf letzten Verse wieder drei Gruppen von 4 + 4 + 3 Versen: v. 12 15 verheisst Schutz gegen die Versuchungen ruchloser Menschen (vgl. 1 10 19). v. 16 19 gegen die Verführung des fremden Weibes und v. 20 22 wünscht. dass der Jünger auf dem guten Weg wandeln möge. weil ihm darauf allein das Heil sicher ist. v. 12 und 16 beginnen beide mit לְהַצִּילְךָ. v. 20 mit לְמַעַן. wohl in der Absicht, die drei Gruppen mit לְ einzuleiten. Vgl. ferner meine Litt. des AT § 23. Anm. 7. wo daran erinnert ist, dass ein solcher Satzbau auf eine späte Periode der hebräischen Sprache weist. **1** Nachdem in den letzten Versen von Cap. 1 die Weisheit selbst redend eingeführt worden war. ergreift hier wieder der Lehrer das Wort: Mein Sohn. In den ersten vier Versen ist eine Steigerung nicht zu verkennen; ausserdem aber enthält noch in jedem einzelnen Vers das zweite Glied eine Steigerung des ersten: so ist meine Gebote mehr als:

meine Rede und *verwahren* mehr als *annehmen.* Über לָקַח vgl. 1 5; צָפַן eigentl. verbergen, daher als einen köstlichen Schatz bewahren, vgl. 7 1.   **2** *So dass* u. s. w. לְ mit Inf. constr. entspricht unserm Particip oder dem lat. Gerundium auf -ndo; vgl. לַאמֹר und v. 8 לִנְצֹר.   **3** *Ja, wenn* u. s. w. כִּי אִם drückt die Steigerung auch äusserlich aus. Bei dem Jünger wird jetzt selbst heftiges Verlangen nach Weisheit vorausgesetzt. Sonderbar vokalisiert das Targum אִם כִּי: wenn du der Einsicht als Mutter rufst; die masoreth. Vokalisation ist sinngemässer.   **4** מַטְמֹנִים = *verborgene Schätze* (NT μαμωνᾶ) = Golderz? חָפַשׂ = suchen, forschen, חָפַס aram. = graben.   **5** Der Lohn des Suchens nach Weisheit ist *Furcht Jahwes und Erkenntnis Gottes.* ..Alle Weisheit..... kam zuletzt von Gott. Umgekehrt war die Religion Weisheit. Denn die Offenbarung war von jeher Weisung (Thora). sie lehrte den Menschen so handeln. dass er dem Unheil entging, und die Frömmigkeit bestand darin. sich von Jahwe weisen zu lassen, wozu nicht jeder willig und geschickt war." SMEND. Rel.-Gesch. § 26 Auf. S. 508. דַּעַת אֱלֹהִים (Gen. obj. vgl. Hos 6 6) ist kein Gnosticismus. sondern praktische Gotteserkenntnis. deshalb parallel mit יִרְאַת יהוה, die Erfahrung davon, dass Gott gütig ist gegen die. so ihn fürchten. **6** Wahre Weisheit führt zu Gott; das muss wohl so sein. sie kommt ja von Gott.   **7** Das Kětîb וְצָפַן verdient den Vorzug. weil ein neuer Gedanke am liebsten durch ן eingeführt wird. תּוּשִׁיָּה findet sich ausser Jes 28 29 und Mch 6 9, welche Stücke von vielen für jung gehalten werden. nur in der Weisheitslitteratur: Prv und Hi. Es bedeutet volle, wesentliche Wirklichkeit. abgeleitet von יָשָׁה, dem Stammwort von יֵשׁ, ferner: gründliches Wissen. synonym mit חָכְמָה דַּעַת Hi 11 6; 12 16 im Sinne von praktischer Weisheit. ebenso wie חָכָם zuerst dicht, fest, tüchtig und dann weise sein bedeutet. s. zu 1 6: endlich bedeutet es alles was fördert, die Hilfe selbst (im Arab. bedeutet das entspr. Verb fördern); in KAUTZSCH's AT ist es durch *Heil* wiedergegeben. מָגֵן = *Schild* cf. Ps 33 20; 84 12; 89 19. הֹלְכֵי תֹם (vgl. Ps 84 12) Stat. constr. prägnanter Ausdruck für תֹם דֶּרֶךְ הֹלְכֵי = *die den Weg der Unsträflichkeit wandeln.* **8** חֲסִידָיו seine Frommen = חֲסִידֵי יהוה Ps 30 5: 31 24; 37 28. die Ἀσιδαῖοι I Mak 7 13 vgl. Ps 50 5. Ursprünglich kann das Wort entweder passivisch aufgefasst worden sein = der חָסָד von Jahwe empfängt. oder intrans. = der חָסָד gegen Gott hegt; das letztere ist ganz im Geist des späteren Judentums und liegt auch hier sowie in vielen Psalmen am nächsten. z. B. Ps 12 2 parallel mit אֱמוּנִים. **9** Vgl. 1 3; מַעְגָּל eigentl. Wagenspur. entsprechend דֶּרֶךְ und אֹרַח in v. 8. כָּל־מַעְגַּל־טוֹב fasst alles zusammen. deshalb ist in KAUTZSCH's AT *kurz* eingefügt. **10** יִנְעַם masc. neben דַּעַת; gewöhnlich sind diese Infinitive auf ת fem.; aber nicht immer cf. 14 6 29 25. **11** שָׁמַר עַל־ *wachen über* (6 22). In תִּנְצְרֶכָה ist des besondern Nachdrucks wegen die Assimilation des נ unterblieben (Dtn 33 9; Ps 61 8) und das Suffix mit ה geschrieben. **12** מִדֶּרֶךְ רָע entweder von dem Weg des schlechten Mannes oder von dem Weg des Bösen (neutr.): der Parallelismus spricht für die erste Fassung. תַּהְפֻּכוֹת *Verkehrtes.* dasselbe Bild wie im Deutschen, von הָפַךְ umkehren. vgl. 6 14; 8 13: vielleicht = Unaufrichtigkeit, Lüge; im Arab. bezeichnet *fk* die Lüge. Das Wort findet sich nur noch Dtn 32 20, einem jungen Stück. vgl. meine Litt. des AT § 16 Anm. 3.

14ᵃ Vgl. 15 21; 21 20.   **14ᵇ** *Über schlimme Verkehrtheit frohlocken* nach der masor. Vokalisation רָע; einige wollen רַע lesen und übersetzen dann: über die Verkehrtheit (Lügenhaftigkeit) des Nächsten. Man kann auch רָע = der böse Mann nehmen wie v. 12.   **15ᵃ** Lies mit Dyserinck nach 10 9 מַעְקְּשִׁים statt עִקְּשִׁים wegen des Parallelismus mit 15ᵇ; s. textkrit. Erläut. bei Kautzsch. **15ᵇ** נְלוֹזִים *die auf Abwege geraten*, von לוז abbengen; 14 2 נְלוֹז דְּרָכָיו dessen Wege verkehrt sind und 3 32 das einfache נָלוֹז der Sünder. Bösewicht.   **16** אִשָּׁה זָרָה und נָכְרִיָּה = das Weib eines Andern, zu der man nicht Beziehungen haben darf; זָר und נָכְרִי ist im Spruchbuch = אַחֵר ein anderer; vgl. 6 1; 27 2. In ThT 1885, S. 413 sagt Oort: „Unter einer fremden Frau oder einer Ausländerin kann unmöglich eine Jüdin verstanden werden". Nach ihm wäre für unsern Autor eine ehrbare Heirat mit einer fremden Frau etwas undenkbares und damit wäre auch der Beweis geliefert, dass der Autor in der Gemeinde nach Esra lebte. Oort wurde von Kuenen widerlegt (Hist.-Krit. Einl. III § 97. 201; vgl. meine Litt. des AT § 23 Anm. 7; Frankenberg, ZATW 1895. 119 f. und Bertholet, Die Stellung der Isr. und Jud. zu den Fremden, S. 195). Es kann jedoch wohl sein, dass die unzüchtigen Frauenspersonen meistens Ausländerinnen waren und dass dies auf den Sprachgebrauch Einfluss gehabt hat; im Talmud heisst eine Hure (זוֹנָה) eine אֲרָמִית = Aramäerin. Jedenfalls aber ist in unserm Spruchbuch immer nur die Rede vom ehebrecherischen Weib (z. B. 7 10 23), nicht von Prostituierten, mit Ausnahme vielleicht von 6 26; doch siehe zu der Stelle. Wahrscheinlich wurden in der nachexüschen Gemeinde Prostituierte als solche nicht geduldet Dtn 23 2; Lev 19 29; 26 9.   **17ᵃ** Vgl. Mal 2 14. **17ᵇ** Ewald u. a. haben hieraus gefolgert, dass die Eheschliessung mit einer religiösen Feier verbunden war; das kann wohl sein, ergibt sich aber nicht aus diesem Verse. בְּרִית geht nicht auf den Ehebund es ist die Codification des göttlichen Willens; hier bedeutet es *den von Gott geordneten Bund* = die göttliche Ordnung, die Religion „die Pflichten und Rücksichten, die sie der Gemeinde ihres Gottes schuldig ist" (Kraetzschmar, Die Bundesvorstellung im AT 241 f.), m. a. W. sie vergisst Ex 20 14.   **18** שָׁחָה ist 3. Pers. fem. perf. von שׁוּחַ hinabsinken; Subjekt wäre dann das fremde Weib. Aber besser accentuiert man mit Umbreit u. a. שָׁחָה als MiI'ra' als 3. Pers. masc. perf. von שָׁחָה, wozu dann בֵּיתָה Subjekt ist. Die LXX liest ἔθετο, wahrscheinlich eine nicht üble Konjektur = שָׁתָה (von שִׁית) oder שָׂמָה (von שִׂים oder שׂוּם): *sie setzte ihr Haus an den Tod.* Eine bessere Lesart bietet die Pesch. בֵּיתָה שָׁכְחָה אֲלַמּוֹת = *sie hat die Vorhallen ihres Hauses enttäuscht,* cf. Pinkuss ZATW 1894, S. 124. **19** בָּאֶיהָ = בָּאִים אֵלֶיהָ; das Suffix anstatt der Präposition mit Suffix kommt bei den Zeitwörtern des Gehens, Aufstehens etc. öfter vor: hier ist vom Hineingehen ins Haus die Rede; sehr wahrscheinlich liegt diese Bedeutung auch da zu Grunde, wo בוא von der ehelichen Geschlechtsgemeinschaft gebraucht wird. *Kehren nicht wieder* sie verfallen mit dem fremden Weib dem Untergang. *Des Lebens Pfade* heissen 10 17 אֹרַח לְחַיִּים *der Pfad, der zum Leben,* d. h. zu einem in der Furcht Gottes glücklichen Leben *führt,* vgl. 5 6; Ps 16 11. **20** לְמַעַן abhängig vom vorausgehenden Vers: Gott verhängt über jene ein solches Loos. *damit die Frommen* u.s.w. צַדִּיקִים = welche der von Gott gegebenen Norm entsprechen, צֶדֶק lieb haben und צְדָקָה erfüllen.   **21** *Das Land*, nämlich Kanaan. Ex 20 12; Dtn 5 16. Später wurde dies in weiterem Sinne verstanden (Mt 5 5). Auf Grund der Weissagungen erwartete unser Dichter das Gericht: da sollen die Gottlosen weggerafft werden (v. 22), während die Gerechten allein übrig bleiben, und dann sollen sie, welche jetzt oft unterdrückt werden, herrschen. **22** יִסְּחוּ ist 3. Pers. plur. Kal von נָסַח herausreissen mit unbestimmtem Subj. = *man rafft sie weg*. Vielleicht liest man besser יִסָּחוּ als Hoph. Das Wort kommt nur vor 15 25; Dtn 28 63 u. Ps 52 7, also nur in jungen Stücken.

Ermahnungen zur Gottesfurcht und Weisheit. Wert und Segen der Weisheit. Cap. 3. Dies Capitel zerfällt offenbar in drei Teile: 1–10, 11–20, 21–35; jeder Abschnitt beginnt mit בְּנִי, der Lehrer hat also wieder das Wort. Der Jünger wird ermahnt, auf jede Ermahnung folgt eine Darlegung des Segens, welchen das Befolgen der Ermahnungen mit sich bringt. Diese Einteilung ist rein formaler Natur. Will man mehr dem Inhalt gerecht werden, so kann man mit der Übersetzung bei KAUTZSCH v. 1-4, 5-12, 13-26, 27-35 zusammennehmen. Andre gruppieren: v. 1-10, 11-18, 19-26, 27-35, so die Textausgabe von BAER und DELITZSCH.

1 תּוֹרָה wird gewöhnlich von der Unterweisung der Priester und Propheten gebraucht, hier vom Unterricht der Weisen, der sonst עֲצַת חֲכָמִים heisst Jer 18 18. Man sieht daraus, wie der Charakter des Standes „der Weisen" in der Periode nach dem Exil eine Umbildung erfuhr. In dieser Einleitungsrede Cap. 1 9 sind „die Weisen" schon auf dem Wege „Schriftgelehrte" zu werden, was dann חֲכָמִים späterhin auch wirklich bedeutet. Doch lebt in unsern חֲכָמִים noch ein viel frischerer Geist als in den spätern Kennern und Befolgern der Halacha. Vgl. meine Litt. des AT § 23 Anm. 3.   **2** Als Segnungen werden verheissen: 1° *Lebensdauer* אֹרֶךְ יָמִים eigentl. „Verlängerung von Tagen" d. h. aussergewöhnlich langes Leben, vgl. Ex 20 12; Jes 65 20 22, im Gegensatz zu 2 22, wonach die Gottlosen schnell weggerafft werden. 2° *Jahre des Lebens* שְׁנוֹת חַיִּים was eine nähere Umschreibung von 1° sein kann; möglich aber auch, dass חַיִּים hier den prägnanten Sinn wie 2 19 hat.   3° *Wohlfahrt* שָׁלוֹם, ungestörtes Glück; vgl. 4 10 9 11. יוֹסִיפוּ Masc. statt Fem. bei מִצְוֹתַי GES.-KAUTZSCH[26] § 145p.   **3** *Liebe und Treue*: חֶסֶד hat sein Aequivalent im lat. pietas und bezeichnet das richtige Verhalten der Menschen gegen einander, aber auch gegen Gott, ja Gottes gegen die Menschen (lat. dii pii). אֱמֶת, von אָמַן = fest sein ist die *Treue*. Der Jünger wird ermahnt, dafür zu sorgen, dass diese Tugenden ihm nie abgehen. Vgl. 16 6; אַל = μή drückt das Verbot aus, sagt, dass etwas schwerlich eintreten dürfte, vgl. SIEGFR.-STADE, WB. s. v. אַל°.   *Binde sie*, sc. die Gebote, *um deinen Hals* u. s. w. fehlt in LXX; nach einigen eine Glosse aus 7 3 (6 21). Mit demselben Bild ist 1 9 offenbar ein Schmuck gemeint, hier dagegen denkt unser Dichter an die Tefillim Ex 13 16; Dtn 6 8; 11 18. Vielleicht ist das Bild auch von einem Siegelring hergenommen, den man an einer Schnur um den Hals trug, um ihn immer bei der Hand zu haben Gen 38 18; Cnt 8 6 (NOWACK). *Schreibe sie auf die Tafel deines Herzens* cf. Jer 31 33.   **4** וּמְצָא Impera. mit ן consec. = *damit du findest* (= gewinnest). *Anmut*, חֵן *und feine Klugheit*, שֵׂכֶל טוֹב. Es liegt allerdings nahe, des Parallelismus wegen חֵן auf אֱלֹהִים und שֵׂכֶל in der

Bed. *gute Meinung* auf אָדָם zu beziehen; aber die philologische Begründung fehlt. Wenn man KAUTZSCHs Übersetzung nicht annehmen will, so kann man sich auf 1 Sam 18 3 berufen. wo שֵׂכֶל vielleicht „sich hervorthun" bedeutet; 1 Sam 25 30 heisst שֵׂכֶל vielleicht „äussere Gestalt".   **5** Hier steht dem Dichter Jer 9 22 23 vor Augen. Entschiedener kann er es gar nicht ausdrücken, dass allein die Weisheit, deren Anfang die **Furcht** Jahwes ist, glücklich macht; vgl. v. 7. JSir 3 21-24 steht geradezu: Lass alle Speculation fahren. mehr als menschlicher Verstand herausbringen kann. ist dir geoffenbart — nämlich im Gesetz; πλείονα συνέσεως ἀνθρώπων ὑπεδείχθη σοι.   **6** *Denke an ihn* דָּעֵהוּ. erkenne ihn, trage ihm Rechnung.   **7** Vgl. 16 2; 26 12, diese Ermahnung fliesst aus Jes 5 21; die beiden folgenden Verse bei Jes. geben Anlass zur zweiten Ermahnung: *halte dich fern vom Bösen.* vgl. 14 16; 16 6; JSir 3 21 -24.   **8** *Deinem Leibe* nach LXX = לִבְשָׂרֶךָ s. textkrit. Erl. bei KAUTZSCH. בָּשָׂר und עֲצָמוֹת stehen auch sonst nebeneinander. Die masor. Lesart *für deinen Nabel* ist nicht unmöglich; der Nabel steht dann als der physiologisch wichtigste Teil des Leibes, pars pro toto. רִפְאוּת = *Heilung* ist ein Aramaismus.   *Deine Gebeine erquicken*: die עֲצָמוֹת kommen im AT als die wichtigsten Teile des inneren Leibes vor; es ist als ob die Hebräer auf die „Gebeine" übertragen hätten. was wir Kinder des 19. Jahrhunderts den Nerven zuschreiben; vgl. 14 30 und s. zu 12 4b. Das „Ausdörren" der Gebeine ist ein Bild für grosse Not (17 22; Ps 22 16; 32 4); das Gegenteil davon ist שִׁקּוּי, wörtl. *Tränkung.*   **9** *Von den Erstlingen.* von diesen wurde nur ein Teil gegeben. deshalb מִן; vgl. Dtn 18 4; 26 2. Übrigens schweben hier dem Lehrer die vom Gesetz geforderten Zehnten vor. Man sieht auch hieraus. wie er ganz im Geist der nachexilischen Gemeinde lebt.   **10** פָּרַץ = durchbrechen. zum Bersten voll sein. überfliessen. Diese Verheissung gründet sich auf Thora und Propheten; vgl. Dtn 18 4; 28 8; Mal 3 10 -12.   **11** *Verdriessen* קוּץ wörtlich: Eckel haben vor etw.. ist stärker als *verachten* מָאַס.   **12** Ob dieser Vers Hi 5 17 entlehnt ist. oder umgekehrt. ist an und für sich schwer zu entscheiden. Doch scheint Hiob jünger zu sein als selbst dieser jüngste Abschnitt der Sprüche (Cap. 1—9); vgl. meine Litt. des AT § 23, Anm. 13. Hi 15 7 ist abhängig von Prv 8 25. Unser Vers ist Hbr 12 5 nach der LXX citiert. die μαστιγοῖ - - וְכָאָב oder וְהִכְאִיב liest; so auch bei KAUTZSCH, AT s. textkrit. Erl. Nach den Masorethen wäre zu übersetzen: *Und zwar wie ein Vater den Sohn* etc.; וְ ist epexegetisch.   יִרְצֶה ist ein Relativsatz   *dem er gnädig ist.*   **13** אַשְׁרֵי ist exclamativ. eigentl.: o Glückseligkeiten!   מָצָא Perf.: der gefunden. *erlangt hat* d. i. der besitzt. nachher Imperf. יָפִיק *gewinnt* von פּוּק bereiten, bekommen. Phönic. פק. nicht von פוּק = dem aram. נפק herausgehen. Statt des zweiten אָדָם lies אִישׁ wie 6 12; Jes 2 9 etc. s. textkrit. Erl. bei KAUTZSCH.   **14** סַחְרָהּ das Suffix ist Objekt: *sie zu gewinnen.* LXX ἐμπορεύεσθαι. vgl. Mt 13 45 der ἔμπορος. der gute Perlen sucht. חָרוּץ ist aus dem Phönic. wohl in das Griechische übergegangen als χρυσός von חָרַץ gelb sein. Vgl. 8 10 19; 20 15.   **15** *Korallen* פְּנִינִים. wofür Ķěrē das gewöhnliche פְּנִינִים verlangt; gewöhnlich als Perlen erklärt. weil sie unter dem Allerkostbarstem aufgezählt werden; allein Thr 4 7 fordert die Bedeutung *roter Edelstein.* Das Wort kommt noch 8 11; 20 15; 31 10; Hi 28 18 vor. also nur in jungen Stücken. שָׁוָה mit לְ oder בְּ pretii, einer Sache gleich sein, sie an Wert aufwiegen. vgl. 8 11.   **16** Die Weisheit als Person gedacht bietet mit beiden Händen Segnungen an: *Langes Leben* (LXX fügt aus v. 2 *Jahre des Lebens* bei). *Reichtum und Ehre* vgl. 8 18ª. LXX lässt nach Jes 45 23ª u. Prv 31 26 aus ihrem Munde Gerechtigkeit ausgehen und legt Liebe (חָסֶד) auf ihre Zunge. **17** נֹעַם *Lieblichkeit*, שָׁלוֹם *Wohlfahrt*.   **18** *Ein Lebensbaum*, weil sie das Leben verlängert 2 16; vgl. 11 30; 13 12; 15 4.   תֹּמְכֶיהָ ist distributiver Plur. = *jeder der sie ergreift*, deshalb logisch richtig מְאֻשָּׁר = *ist beglückt* im Sing.   **19** Welch hohen Wert besitzt doch die Weisheit! Sie war schon vor der Schöpfung — der Autor wird dies in Cap. 8 näher entwickeln - - durch sie hat Gott Himmel und Erde gemacht.   **20** Das Grosse wie das Kleine, die *Fluten* wie der *Tau*, verdanken ihr das Dasein. Bei den *Fluten* dachte der Dichter wohl weniger an die Schöpfung der Erde aus Wasser, als an Gen 7 11, also: sowohl das ververwüstende, wie das erquickende kommt von Jahwe durch seine Weisheit; vgl. Jes 45 7. Sehr fein bezeichnet das Perf. das einmalige Ereignis, während das Imperf. die fortdauernde Bewässerung malt.

Der letzte Abschnitt unseres Cap. besteht aus 15 vv. Doch v. 27-31, fünf Ermahnungen, dem Nächsten behülflich zu sein, bilden gewissermassen eine Parenthese darin. Der Lehrer kommt auf seinen Ausgangspunkt v. 1-10 zurück.   **21** *Sie* nämlich חָכְמָה und תְּבוּנָה in v. 13 u. 19. Einige wollen 21ᵇ vor 21ª stellen, dann wären תֻּשִׁיָּה u. מְזִמָּה Subjekt. Pesch. u. Targ. lesen יְלֹזוּ בְּעֵינֶיךָ (oder יָלֹזוּ) statt 'מ יָלֹזוּ von וַלַל *gering sein*.   **22** וְחֵן ....חַיִּים: hier die prägnante Bedeutung von חַיִּים, näher bestimmt durch וְחֵן, also: ein *Leben*, das geschmückt ist mit *Anmut*.   **23** לָבֶטַח = *sicher*, sonst בֶּטַח allein z. B. 1 33. *Usdann* soll an dir erfüllt werden, was v. 3—10 verheissen ist, cf. Ps 91 12.   **24** Beachte den Wechsel zwischen Perf. und Imperf.: „Wenn du dich zum Niederlegen anschickst" .... „hast du dich niedergelegt, so ist dann dein Schlaf süss;" vgl. 6 22 u. Dtn 28 66.   **25** אַל an Stelle von לֹא, das man hier erwarten würde: „Fürchte dich dann nicht" d. h. *„du brauchst dich nicht zu fürchten"*. מִפַּחַד פִּתְאֹם, vgl. Ps 73 19.   **26** בְכִסְלֶךָ mit dem בְּ essentiae, das eine enge Verbindung mit dem Subj. anzeigt. In der Bedeutung *Zuversicht* findet sich כֶּסֶל noch Hi 8 14; 31 24; Ps 78 7, die Nebenform כִּסְלָה. - Hoffnung Hi 4 6, alles junge Stücke. Die LXX (ἐπὶ πασῶν ὁδῶν σου) las wahrscheinlich בְּכָל-מְסִלֹּתֶיךָ oder vielleicht bloss: בִּמְסִלֹּתֶיךָ *„auf deinen Wegen"*.   לָכֶד = *Falleisen, Fussangel*. Gebräuchlicher ist das Bild von פַּח = *Schlinge*, מוֹקֵשׁ *Netz*.   **27** *Dem Bedürftigen* - מִבְּעָלָיו; auch LXX hat ἐνδεῖ; man denke daran, wie vieldeutig בַּעַל gebraucht wird; hier = der, welcher vor allem ein (moralisches) Recht auf die Wohlthat hat cf. 17 8.   בִּהְיוֹת לְאֵל יָדֶיךָ wörtl.: *wenn es möglich ist der Macht deiner Hände*. Kĕrē hat den Sing., der sonst in dieser Phrase gewöhnlich ist, vgl. Gen 31 29; Dtn 28 32; Mch 2 1; Neh 5 5; nur in dieser Verbindung heisst אֵל *Macht*.   **28** *Zu deinem Nächsten*. Kĕtīb hat den Plur. vgl. JSir 4 1.   **29** *Ersinne*: חָרַשׁ (χαράσσειν); nach Hos 10 3; Hi 4 8 u. JSir 7 12 (ἀροτριᾶν ψεῦδος) liegt unserm Ausdruck das Bild des „Pflügens" zu Grunde und nicht des „Schmiedens" (lat. machinari), was das Wort ja auch bedeuten könnte. וְהוּא יֹשֵׁב ist Nominalsatz, also Zustandsatz = *während er* u. s. w.   **30** *Mit einem*: אָדָם =

jemand, im Nom. = man ist wohl spätes Hebräisch. חִנָּם *ohne Ursache*, wie 30ᵇ lehrt. Weder Kĕtib noch Kĕrē haben die korrekte Schreibweise, da אַל den Jussiv regiert; lies besser אַל תָּרֵב. 31 חָמָם ist brutale Gewalt, die sich weder um göttliches noch menschliches Recht bekümmert; אִישׁ חָמָם ist z. B. Jemand, der „ohne Ursache" Streit sucht (v. 30ᵃ). Es schliesst sich also v. 31 gut an v. 30 an. *Und lass dir keinen seiner Wege wohlgefallen* genauer: „habe nicht an irgend einem seiner Wege Wohlgefallen." 32 kann Fortsetzung von 25 u. 26 sein; es kann sich auch auf v. 31 beziehen. Über נָלוֹז s. 2 15 u. 14 2ᵇ. סוֹדוֹ *sein vertrauter Umgang* vgl. Ps 25 14; die Frommen sind Jahwes Vertraute Ps 55 15; Hi 19 19. 33 Vgl. Sach 5 3 f.; Mal 2 2. 34 Statt אִם לַלֵּצִים lies besser עִם לַצִּים vgl. Ps 18 27. Das Kĕrē עֲנָוִים „demütige, niedrige" ist vorzuziehen. Die עֲנִיִּים sind „die Unterdrückten." Aus den bekannten Versen Ps 18 26-31 zieht unser Lehrer keinen andern Schluss als Jak 4 6 u. I Pt 5 5, welche aus unserm Buch entnommen sind; Gott wird der Spötter spotten, den Demütigen aber Gnade geben. 35 Von den verschiedenen Versuchen zur Erklärung von מֵרִים ist wohl der beste bei הָרִים an dessen Bedeutung im Priestercodex zu denken, wo es der Ausdruck für das Abheben der Opfergabe ist, davon תְּרוּמָה diese Gabe selbst; also: sie *tragen*, gleichsam als תְּרוּמָה, *Schande davon*; vgl. 14 29ᵇ = davontragen? Ex 21 31 Jes 57 14 = tollere: zum Sing. des Prädic. wäre v. 18 zu vergleichen. Aber vielleicht schwebt dem Dichter Hos 4 7 vor, sodass darnach zu emendieren wäre: כְּבוֹד חֲכָמִים יִנְחָלוּ וּכְבוֹד כְּסִילִים מֵמִיר מוּמָר בְּקָלוֹן = *Ehre sollen Weise ererben, aber die Ehre der Thoren*, welche sie jetzt geniessen, *soll in Schande verwandelt werden* nach dem Wort des Propheten. מוּמָר wäre hier Part. Hoph. von מוּר.

Ermahnungen zum Festhalten an der Weisheit und Warnung vor Gewaltthaten und vor Falschheit. Cap. 4. Dies Capitel besteht aus drei Teilen: v. 1-9; 10-19; 20-27, welche durch die Anrede *hört, ihr Söhne* (v. 1), *höre, mein Sohn* (v. 10), *mein Sohn* (v. 20) sich äusserlich kenntlich machen.

In 1 kommt der Weisheitslehrer auf 1 8 zurück. Auf allerlei Weise will er seine Schüler dazu bewegen, der Weisheit Gehör zu schenken. Deshalb hat er die Weisheit selbst drohend und verheissend auftreten lassen; zu demselben Zweck erinnert er jetzt an seine eigne Jugend, indem er erzählt, wie ihn einst sein eigner Vater ermahnt hatte. *Hört, ihr Söhne:* בָּנִים anstatt בְּנִי, vielleicht weil er seine Schüler nicht als Schüler, sondern als Kinder, die Eltern gegenüberstehen, anredet (vgl. jedoch 6 24). *Des Vaters Zucht* מוּסַר אָב nicht מוּסַר אֲבוֹתֵיכֶם, weil er ausdrücken will, was wir *väterliche Zucht* nennen. 2 לֶקַח cf. 1 5. Die spätere jüdische Lehre ist: Man darf nichts anders lernen als es überliefert ist; auch muss man mit den Worten des Lehrers sprechen: חַיָּב אָדָם לוֹמַר בִּלְשׁוֹן רַבּוֹ (Edujoth 1 3). Es ist das höchste Lob für einen Schüler, dass er gleich sei „einem mit Kalk bestrichenen Brunnen, der keinen Tropfen verloren gehen lässt" (Aboth 2 8). נָתַתִּי, dieses Perf., welches die Handlung als im Willen bereits vollendet hinstellt, geben wir durch das Praesens wieder Gesen.-Kautzsch²⁶ § 106 i. In 3 wird der Jünger auf die früheste Jugend seines Lehrers verwiesen, als dieser noch *zart und einzig* der Obhut seiner Mutter anvertraut war, während die ältern Söhne mehr unter der ausschliesslichen Aufsicht des

Vaters stehen. *Unter der Obhut* = לִפְנֵי־ vgl. Gen 17 18; Num 18 19; Jes 53 2; es könnte auch bedeuten: nach dem Urteil meiner Mutter Gen 10 9: doch dies passt hier nicht. Die Lesart לְבָנַי in einigen Hss. ist wohl daraus entstanden. dass man an Salomo dachte, der nicht das einzige Kind seiner Mutter war (I Chr 3 5). Die meisten Hss. und alten Überss. haben לִפְנַי.   **4** וַיֹּרֵנִי Imperf. = er pflegte mich zu unterweisen GES.-KAUTZSCH²⁶ § 107 c.   וְחִיֵה vgl. 2 19; 3 2 7 2.   **5** *Erwirb Weisheit*, קָנָה heisst auch „kaufen" vgl. v. 7ᵃ; 17 16; 23 23. **6** Vgl. 8 17.   **7** *Der Weisheit Anfang ist: Erwirb Weisheit:* so nennen auch die Griechen die σοφία lieber φιλοσοφία. Der Anfang der Weisheit ist. dass man beginnen muss, sie ihrem Werte nach zu schätzen.   Das בְּ in בְּכָל־קִנְיָנְךָ kann man als בְּ pretii auffassen vgl. 3 14 f.   קִנְיָן = *Besitz*, kommt nur hier. in einigen Psalmen und bei P im Hexateuch vor.   **8** סַלְסְלָה Pilpel von סָלַל *hochhalten*, da ihm וּתְרוֹמְמֶךָ entspricht. Die LXX hat περιχαράκωσον αὐτήν umgib sie mit einem Wall, als ob סוֹלְלָה (Impera. Polel) parallel zu תְּחַבְּקֶנָּה stünde. חָבַק Kal u. Pi. = innig umarmen (aus Liebe) 5 20; Koh 3 5.   **9** מֵגֵן kommt in älteren Stücken nur Hos 11 8 vor; ferner in Gen 14 20 (wahrscheinlich ein sehr junges Stück. vgl. meine Litt. des AT § 20 Anm. 3); endlich will man es Jes 64 6 lesen (vgl. SIEGFRIED-STADE WB). In Hos 11 8 und Jes 64 6 hat es die prägnante Bedeutung „dem Verderben preisgeben." Hier und Gen 14 20 ist es einfach = נָתַן, wahrscheinlich infolge aramäischen Einflusses.

In den folgenden Versen 10—19 ist allerdings der Lehrer am Wort. Allein was er seinen Jüngern treuherzig raten will, weiss er nicht besser zu sagen als so, wie es einst sein eigner Vater ihm gesagt hat, wobei er aus eigner Erfahrung bestätigen kann, dass die Befolgung dieser Vorschriften Segen bringt. Er redet von zwei Wegen, auf welchen man gehen kann: vom Weg der Weisheit, der zum Leben und vom Weg der Ungerechtigkeit, der immer mehr in Schlechtigkeit hinein und schliesslich ins Elend führt. Es ist die gute Lehre, die der Vater seinem Sohne „gleichsam als Viaticum mitgibt" (DELITZSCH).   **10** Vgl. 3 2 16; 9 11.   **11** *Weg der Weisheit* wie der Parallelismus beweist, nicht Genit. object. (Jes 28 23) „Weg zur Weisheit"; gemeint ist der liebliche Weg der Weisheit 3 17. Zu den Perfecten vgl. v. 2.   הוֹרֵה mit בְּ = unterweisen in oder über etw. vgl. Ps 25 8 12.   חָכְמָה und יֹשֶׁר stehen einander parallel: darin tritt wieder deutlich der praktische Charakter der Weisheit zu Tage.   **12** יֵצַר von צָרַר enge sein, s. GES.-KAUTZSCH²⁶ § 67 p.   הָלַךְ = *gehen* und רוּץ = schnell *laufen* bilden in diesem Vers eine Klimax: „ja selbst *wenn du* schnell *läufst*" u. s. w. **13** תֶּרֶף Hiph. aus תַּרְפֶּה entstanden = *lass los.*   נִצְרָה Impera. Kal mit Dagesch dirimens. s. GES.-KAUTZSCH²⁶ § 20 h.   **14** Pi. von אָשַׁר = einhergehen (frequentativ) vgl. 9 6; 23 19. LXX. Targ. Pesch. übersetzen: „beneiden", eigentl. wie AQU. THEOD. „glücklich preisen"; doch die Bedeutung „einhergehen, einherschreiten" steht fest. Der Sinn unseres Verses ist: Begib dich niemals auf der Gottlosen Pfad, meide ihren Weg ganz und gar, noch viel weniger aber darfst du Tag für Tag darauf wandeln.   **15** führt das weiter aus. שָׂטָה = abweichen kommt nur noch und zwar da bloss in malam partem 7 25. sowie bei P in Num 5 vor: es ist vielleicht ein Aramaismus.   מֵעָלָיו = so dass du nicht auf ihn zu stehen kommst.   **16** f. Der Gottlosen Weg gleicht einer schiefen Ebene, auf der es keinen Stillstand gibt. Wenn man darauf wandelt, so kommt man von Bosheit zu Bosheit, die Schlechtigkeit wird zur zweiten Natur. Die Schlechten sehen es gewissermassen als eine Störung ihrer Lebensregel an, wenn sie nichts Böses anstellen können. Statt יַכְשִׁלוּ las die Pesch. wahrscheinlich יִמְשֹׁלוּ = herrschen. **17** *Brot der Gottlosigkeit* = auf gottlose Weise erworbenes Brot; ebenso nachher: auf gewaltthätige Weise geraubter Wein. Sobald man einmal gewohnt ist, auf diese schmähliche Weise sein Brot zu erwerben, fällt man von einem ins andere. **18** u. **19** müssen umgestellt werden, dann braucht man ו am Anfang von v. 18 nicht zu streichen (vgl. textkrit. Erl. bei KAUTZSCH). **19** Die Gottlosen sind ganz verblendet; sie sehen im Bösen so wenig etwas Böses, dass sie gleichsam ihre Augen vor den Gefahren geschlossen haben und an keine Vergeltung mehr denken (1 18; 2 22; 3 25). Sie wandeln in der Finsternis (Joh 8 12). אֲפֵלָה = dichte Finsternis. **18** וְאֹרַח *aber der Pfad* u. s. w. erst nach v. 19 zu lesen. Das ו könnte allerdings auch Dittographie vom letzten Wort in v. 17 sein. Ganz anders ist der Weg der Gerechten, er ist wie *lichter Morgenglanz*; נֹגַהּ = Morgenglanz Jes 62 1; II Sam 23 4. הוֹלֵךְ וָאוֹר „gehend und leuchtend" d. i. *der immer heller leuchtet.* עַד־נְכוֹן הַיּוֹם „bis zum Festgestellten des Tages" d. h. wenn die Sonne im Zenith gleichsam stille steht. Vgl. σταθηρὰ μεσημβρία, σταθηρὸν τῆς μεσημβρίας. Cf. Jes 2 5 Hi 22 28. Licht ist nicht allein und nicht in erster Linie ein Bild des Glückes, sondern es bezeichnet gegenüber der Finsternis die klare Einsicht in Gottes Willen, und wer darnach zu leben begehrt, der wird auch etwas erfahren von dem erquickenden Licht, das von Gottes Angesicht ihm entgegenstrahlt (Ps 4 7 u. s. w.).

20 27. Eine letzte Ermahnung: bewahre meine Worte, mehr als alles behüte dein Herz und sei stets aufrichtig in Wort, Blick und Wandel. **21** יַלִּיז Hiph. mit Dagesch in aramaisierender Weise (GES.-KAUTZSCH²⁶ § 72cc); Hiph. hat hier auch bei einem Thatverbum intr. Bed. = ins Weichen kommen, was sonst bei Zustandsverben häufiger der Fall ist. **22** Vgl. 3 2 16; 4 13 und 3 8. **23** מִכָּל־מִשְׁמָר נְצֹר לִבֶּךָ wörtl.: „*Mehr als jeglichen Gegenstand sorgsamer Bewahrung hüte dein Herz.*" LXX (πάσῃ φυλακῇ) las vielleicht בְּכָל־מִשְׁמָר, was auch einen guten Sinn gibt: „*Bewahre mit aller möglichen Bewahrung*" d. i. auf alle Weise. Das Herz ist der Mittelpunkt des geistigen Lebens, es steht oft da, wo wir von „Seele", „Geist", bisweilen auch von „Gewissen" sprechen würden. Wohnt im Herzen die Weisheit, so ist auch das Leben darin, und es nimmt von diesem Mittelpunkt seinen Ausgang I Sam 16 7 Mt 15 19. Dass unser Dichter das physische Herz auch als Quelle des Lebens ansah, ist keineswegs sicher. Vielleicht könnte man nach AT-lichen Sprachgebrauch לֵב am besten mit „das Innerste" übersetzen, wie ja auch קֶרֶב oft an seiner Stelle gebraucht wird. **24** *Verkehrte Lippen*, deutlicher: Verkehrtheit der Lippen לוּת von לוז ebenso wie רָמוּת von רום und שְׁבוּת von שׁוב. Siehe jedoch PREUSCHEN ZATW 1895 S. 17 f. עִקְּשׁוּת (= Verkehrtheit) ist ein Aramaismus wie überhaupt alle Bildungen mit וּת. שְׁבוּת ist vielleicht für שְׁבִית gesetzt, vgl. PREUSCHEN a. a. O. **25** Nicht derselbe Gedanke, wie in 17 24, sondern Warnung vor Unaufrichtigkeit. Wer ein reines Gewissen hat, braucht nicht scheu seitwärts zu blicken. יַיְשִׁרוּ unkontrahierte Form, s. GES.-KAUTZSCH²⁶ § 70b. **26** פַּלֵּס

„einen Weg bahnen" Jes 26 7; Ps 78 50 d. i. „einen neuen Weg anlegen" so 5 6.
Wer aber einen Weg bahnt, macht ihn auch „gleich, eben", darum hier: *„ebne
die Bahn deines Fusses"* d. i. geh auf einer geraden Bahn.   v. 26ᵇ ist damit
parallel. כּוּן Niph. festgestellt, festbestimmt sein.   **27** erklärt den vorigen Vers
näher.   Der Pfad der Weisheit (Tugend) ist ein gerader, ebner Weg; was seitwärts geht, ist Abweichung von diesem geraden Weg.

**Warnung vor den Ränken der Ehebrecherin und Preis der rechtmässigen
Liebe. Cap. 5.** Wie der Inhalt dieses Capitels an 2 16–19 anklingt, so erinnert
auch die Form desselben an jenes Capitel. Nur ist der Periodenbau nicht
so consequent durchgeführt, doch kommen hier lange Sätze vor: 3–6. 8–14.
15–19. Vor Umgang mit einer Ehebrecherin wird gewarnt unter Hinweis
auf die Folgen: das Ende ist Schmerz und (bisweilen plötzlicher) Tod 3–6.
Armut und Erschöpfung 9–11 und Reue, wenn es zu spät ist 12–14: vor allem
jedoch weist der Lehrer auf das Gericht des gerechten Gottes 20–23. Dazwischen wird in 15–19 die rechtmässige Liebe zwischen Mann und Frau
gepriesen. Über den Utilitarismus in unsern Sprüchen vgl. meine Litt. des
AT § 23 Anm. 5.   Es werden hier nicht mehr die Ermahnungen fortgesetzt.
die der Lehrer von seinem eignen Vater empfangen hat, sondern ersterer redet
in der gewöhnlichen Weise zu seinem Schüler (בְּנִי).

2 *Überlegung* מְזִמּוֹת; 1 4 ist der Sing. מְזִמָּה mit *Umsicht* übersetzt; der Plur.
wird meistens in malam partem gebraucht „Ränke"; hier = *„kluge Ratschläge."*
Der abweichende Text der LXX erinnert vielleicht an eine andere Recension,
in welcher schon in v. 2 die ehebrecherische Frau genannt wurde (vgl. DYSE-
RINCK ThT 1883, S. 579).   **3** Die verführerischen Worte des fremden Weibes
(siehe zu 2 16) werden mit Honigseim verglichen. Cnt 4 11; ein Beispiel solcher
Worte s. 7 14-23. נֹפֶת ist der von selbst aus den Waben fliessende Honig.
Glätter als Öl ist ihr Gaumen cf. 2 16; 6 24. Die Worte werden als auf der Zunge
oder den Lippen liegend gedacht; je glätter nun der Gaumen, desto leichter
gleiten die Worte daraus hervor, so dass gleichsam dem Gaumen das Sprechen
zugeschrieben werden kann, s. 8 7.   **4** *Aber zuletzt ist sie bitter* wörtlich:
Aber ihr Ende ist bitter 23 32.   *Wie Wermut* כַּלַּעֲנָה Aq. ἀψίνθιον; im Arab.
bedeutet das Wort „Fluch"; im Hebr. sind „bitter" und „giftig" verwandte
Begriffe. לַעֲנָה bringt eine scharfe Antithese zu נֹפֶת (v. 3) und חַדָּה *scharf* zu
חָלָק *glatt. Zweischneidiges Schwert* חֶרֶב פִּיוֹת; die Schneide eines Schwertes wird
פֶּה = „Mund" genannt, weil man vom Schwert auch sagt „es frisst" אָכַל. Plur.,
weil beide Seiten scharf sind.   Tod und Verderben bringt die Ehebrecherin.
2 18; 3 9-14.   **5** מָוֶת יִרְדֹת s. 2 18; 7 27; Sir 19 3. hier Verbindung im Stat. constr.
statt des sonstigen אֶל.   תָּמַךְ festhalten. übers. mit *streben:* die Schritte gehen
direkt darauf hin, führen notwendig dahin.   **6** führt den Gedanken von 5ᵇ
näher aus: ja, damit sie den Pfad, der zum Leben führt, nicht etwa doch einmal einschlage (vgl. die Bem. zu 4 26), taumelt sie unwissend auf ihrer Bahn
fort. Die Verblendung und Verhärtung sind die notwendigen Folgen.   **7** Vgl.
7 24ᵃ; 8 32ᵃ. *Nun denn,* וְעַתָּה = quae cum ita sint. *Ihr Söhne* בָּנִים; damit erinnert
der Lehrer an seine Anrede in 4 1.   **8** מֵעָלֶיהָ. im Gebrauch von עַל ist das
Hebr. sehr genau. Wenn z. B. jemand bei einem, der sitzt, steht, so sagt man

עָמַד עָלָיו. So auch hier: Das schlechte Weib wird sitzend gedacht, während der Jüngling bei ihr steht auf ihre Schmeichelrede hörend. Paraphrasierend so zu übersetzen: Halte deinen Weg so fern von ihr, dass du mit ihr nicht ins Gespräch kommen kannst; 8ᵇ erklärt dies näher.

9—11 Nach der Übersetzung bei KAUTZSCH ist folgender Gedankengang anzunehmen: Wer mit einer Ehebrecherin Umgang hat, läuft Gefahr, früh oder spät von dem erzürnten Ehegemahl getötet zu werden (v. 9) und verliert auf jeden Fall sein Geld und Gut (v. 10), während er, wenn seine Gesundheit verwüstet ist, Reue empfindet; aber dann ist es zu spät. Doch s. die Bem. zu v. 9 und 10.   9 /Jugend-/Blüte und /Lebens-/Alter. Gegenüber von שְׁנוֹת, den Jahren des späteren Lebens, ist hier הוֹד (wörtlich — Pracht) von der jugendlichen Lebenskraft zu verstehen vgl. Hos 14 7 u. Dan 10 8. Also: früh oder spät kommst du in Lebensgefahr, weil der beleidigte Gatte deinen Tod fordern muss. Statt הוֹדֶךָ las Pesch. wahrscheinlich הוֹנְךָ „deine Kraft, Vermögen". Der אַכְזָרִי (= der Unbarmherzige) ist dann der rechtmässige Gemahl, 6 34. Aber man sollte erwarten, dass dieser anders als einfach mit אַכְזָרִי bezeichnet würde. Ist es vielleicht der (tyrische) Wucherer, in dessen Hände der Buhle durch sein zerrüttetes Leben zuletzt gerät? Dann würde v. 9 denselben Gedanken wie v. 10ᵇ enthalten. Dies ist um so wahrscheinlicher, als es der Lehrer offenbar zwar beinah, aber doch nicht ganz zum ärgsten (der Todesstrafe) kommen lässt; s. die Bem. zu v. 14.   10 כֹּחַ Vermögen ebenso wie חַיִל, das Hos 7 9 parallel damit steht. Der Ertrag deiner Mühen (עֲצָבֶיךָ cf. 10 22) /nicht/ in das Haus eines Auswärtigen /komme/: Mit נָכְרִי kann der Mann des buhlerischen Weibes gemeint sein (vgl. die Bem. zu 2 16); doch kann es hier recht gut auch der tyrische Wucherer sein.   11 וְנָהַמְתָּ Perf. mit ן consecut., noch abhängig von פֶּן; נָהַם vom Knurren des Löwen, Jes 5 30 vom Tosen des Meeres, hier u. Hes 24 23 vom Stöhnen des Menschen gebraucht, ist im Aramäischen sehr gewöhnlich. Die Pesch. las וְנֶחֱמַתָּ und du bereust.   Wenn dir Leib und Fleisch hinschwinden, d. i. wenn die Entkräftung als Folge sittenlosen Lebens sich einstellt.

12 Ich אֵיךְ in wie unverantwortlicher Weise! wie hat es nur dahin kommen können, dass ich meinen Lüsten folgte und Zucht hasste!   14 Fast wäre ich völlig ins Unglück geraten, רַע ist physisch, nicht ethisch zu nehmen; letzteres würde schlecht passen. Das grosse Unglück ist nach 14ᵇ בְּתוֹךְ קָהָל וְעֵדָה wohl die Todesstrafe, die nach Lev 20 10; Dtn 22 22 f. an Ehebrechern inmitten der Gemeinde, die als Zeuge zugegen ist, vollzogen werden musste. Die Ausdrücke in 14ᵇ sind ganz dem Sprachgebrauch der priesterlichen Bestandteile des Pentateuchs entlehnt.

15—20 Ermahnung an den jungen, offenbar verheirateten Mann, bloss den Umgang mit seiner Frau zu geniessen.   15 Bis v. 18 geht das Bild, welches die Frau mit einem Brunnen vergleicht, der erfrischendes Wasser liefert. Zisterne: בּוֹר ist ein gegrabener Brunnen, der Regenwasser auffängt, בְּאֵר einer, der von innen herausquillt; doch steht die Orthographie beider Worte nicht immer fest.   Und was...hervorquillt נוֹזְלִים Plur. sc. מַיִם; in Verbindung mit בְּאֵר darf man dem Worte die prägnante Bed. fliessendes (lebendiges) Wasser geben.

16 Hier erhebt sich zunächst die Frage: Ist der Mann oder die Frau gemeint? Liegt hier noch dasselbe Bild wie v. 15 vor, so ist hier die Rede vom Liebesgenuss, den die Frau ihrem Manne bietet; dann sagt dieser Vers kurz dies: Du willst ja auch nicht, dass deine Frau die Ehe breche. Die Negation, welche viele Hss. der LXX haben, muss man in einer verschwiegenen Fragepartikel, הַ oder אִם, suchen, welche in der That manchmal ausgelassen wird, Gen 27 24 II Sam 18 19 Jdc 11 23 u.s.w. Allein man könnte auch annehmen, מַעְיְנוֹת und פְּלַנֵי־מָיִם seien hier das Bild für das männliche Sperma (vgl. מִי יְהוּדָה Jes 48 1 und die Ableitung des Namens מוֹאָב). Doch ist der Context dieser Auffassung nicht günstig. KAMPHAUSEN: „durch eignes Trinken verhindert der Ehemann das Überströmen auf die Gasse und die freien Plätze vgl. 7 12". פְּלַנֵי־מָיִם (21 1 und Ps. 1 3) sind gegrabne Kanäle zur Bewässerung der Äcker, wie man sie in Babel (Jes 58 11), und auch in Ägypten, aber nicht in Palästina findet (Dtn 11 10f.). Hier legte man zu dem Zwecke Weiher an, Koh 2 5f. s. die Bem. zu 21 1.   17 ist die Antwort auf die Frage in v. 16. *Neben dir* אַתָּך = gemeinschaftlich mit dir.   18 Der Segen der Ehe sind Kinder. *Vom Weibe deiner Jugend* vgl. 2 17.   Zu שְׂמַח mit מִן vgl. Koh 2 10: II Chr 20 27; hier wirkt vielleicht das Bild vom „Brunnen" nach.   19 Die vier ersten Worte stehen absolut voran und die Suffixe in 19ᵇ beziehen sich darauf.   דַּדֶּיהָ *ihre Brüste*, das Wort kommt nur noch Hes 23 3 8 21 vor; sonst ist שַׁד oder תֵּד das gewöhnliche Wort dafür. שָׁנָה wird 20 1 vom *Taumeln* der Betrunkenen gebraucht.   20 s. zu 2 16; 22 27; JSir 9 8f.   21 נֹכַח = gerade gegenüber, also: offenbar, *klar vor Jahwe* cf. Jer 17 16. Zu מִפַּלֵּס vgl. die Bem. zu 4 26. Hier nicht = ebnen, die Hindernisse aus dem Weg räumen, sondern der Dichter will „darauf hinweisen, dass Gott den Menschen das Beschreiten eines Weges ermöglicht, dass der Mensch ohne Gott keinen Schritt thun kann" (DELITZSCH). Wenn nun der Mensch Gottes Gesetz übertritt, so wird er, der Allwissende, ihn strafen; denn er, der die Wege der Menschen bahnt, hat an die Sünde die Strafe geknüpft.   22 führt diesen Gedanken weiter aus. *Die eignen Verschuldungen fangen ihn, den Gottlosen.* Die Suffixe in עֲווֹנֹתָיו und יִלְכְּדֻנּוּ weisen voraus auf den noch zu nennenden רָשָׁע. Die Construction des Verbums mit dem Suffix und darauf folgendem Acc. eines Subst. ist spät-hebräisch. eigentlich ein Aramaismus, vgl. 13 4ᵃ 24ᵇ. Vielleicht ist יִלְכְּדֻנּוּ durch einfache Umstellung der beiden letzten Buchstaben in יִלְכְּדֻן zu verbessern. *Die Stricke seiner Sünden* ist Gen.subj. = die Stricke, die seine Sünde legt.   23 *Aus Mangel an Zucht* = בְּאֵין מוּסָר die Weisheit und die Zucht geben langes Leben, wo sie nicht sind, steht schneller Tod zu erwarten.   Die Übersetzung *Hintaumeln* verbindet mit dem Begriff *taumeln* die Vorstellung des Fallens; sie thut dies wegen des Parallelismus mit יָמוּת. Allein diese prägnante Bedeutung von שָׁנָה ist eigentlich nicht zu erweisen. LXX kann mit ihrem ἀπώλετο dasselbe gemeint und an die Bedeutung „sich verirren" und „umkommen" gedacht haben. DYSERINCK wollte zwar יִשָּׁחֵת lesen, findet aber selbst, dass sich paläographische Bedenken dagegen erheben. Der Sinn ist vielleicht dieser: Wo keine Zucht ist, da ist viel Thorheit, diese führt ab vom Weg des Lebens und in die Irre . . . . und so ist שָׁנָה parallel mit יָמוּת.

Warnung vor übereiltem Bürgen, vor Faulheit, Falschheit und anderen Sünden.
Cap. 6 1–19. Dieser Abschnitt zerlegt sich der Hauptsache nach in drei Teile: 1) 1—5 über Leichtfertigkeit im Bürgschaftleisten; 2) 6—11 über Faulheit; 3) 12—19 über Falschheit und sieben andere Sünden, und der dritte Teil selbst zerfällt wieder in die beiden Teile: a) 12—15 über Falschheit; b) 16—19 über sieben andere Sünden.   6 20 schliesst sich ganz an 5 23 an, so dass dies Stück 6 1–19 einer Interpolation sehr gleicht. An und für sich passt es sehr gut in den Mund unseres Lehrers, vor Leichtfertigkeit, Faulheit und Falschheit zu warnen; allein die Mahnrede wird eigentlich doch dadurch unterbrochen. Vielleicht ist es aus dem Corpus des Buches hierher versetzt, möglicher Weise durch den Verfasser von Cap. 1—9 selbst.
    1—5 ist gewissermassen eine weitere Ausführung von 11 15. Die Ermahnung will sagen: Bist du einmal Bürge geworden und kannst nicht bezahlen, so ruhe nicht, bis du alles aufgeboten hast, deinen Gläubiger zu befriedigen, und arbeite, soviel du kannst, um die Schuld abtragen zu können. Denn du bist in der Macht deines Gläubigers ebenso gut, als ob du selbst die Schuld gemacht hättest, und er kann dich zum Sklaven machen.   **1** עָרַב ist phönic., spät-hebräisch und aram. = *bürgen*.   *Für deinen Nächsten* übersetze lieber: *bei deinem Nächsten;* der Nächste ist hier nicht der Schuldner, für den man gut spricht, sondern der Gläubiger selbst. Für einen andern Bürgschaft leisten heisst עָרַב זָר mit Acc. (cf. 11 15 und Gen 43 9; Hi 17 3); wörtlich jem. durch Pfand geben lösen. Möglich, dass neben der Construction mit Acc. auch eine mit לְ bestand; doch dafür wäre unsre Stelle der einzige Beweis; daher liegt es näher לְ = עִם oder לִפְנֵי zu nehmen, auch deswegen, weil der Gläubiger in v. 3 ebenfalls רֵעַ = *Nächster* genannt wird.   **1ᵇ** Der Handschlag geschah wahrscheinlich vor Zeugen. זָר hat keine prägnante Bedeutung, sondern heisst wie נָכְרִי im Spruchbuch nur: *ein anderer*, cf. 27 2.   **2** gehört auch zur Protasis, bringt uns aber etwas weiter. Durch die Übernahme einer Bürgschaft (v. 1) kommt man noch nicht auf alle Fälle in die Klemme; denn der Freund, für den man gut sprach, könnte ja zur rechten Zeit bezahlen. Die Not tritt vielmehr erst dann ein, wenn der Freund nicht bezahlt und der Bürge in Anspruch genommen wird.   **3** Hier beginnt die Apodosis, die bis v. 5 geht. זֹאת אֵפוֹא *dieses denn;* אֵפוֹא = griech. ὄή. *Dass du dich errettest,* offenbar ist vorausgesetzt, dass der Bürge auch nicht im stande ist zu bezahlen, und nun hat der Gläubiger die Wahl, entweder den ursprünglichen Schuldner oder den Bürgen zum Sklaven zu machen. הִתְרַפֵּס וּרְהַב zwei unübersetzbare Wörter. In Ps 68 31 ist מִתְרַפֵּס eigentlich auch unübersetzbar; gewöhnl. wird es dort erklärt: der sich mit Silber (als Geschenk) niederwirft. BICKELL will mit LXX lesen: וְאַל תַּרְפֶּה = gieb es nicht auf. רָהַב steht Jes 3 5 parallel mit נָגַשׂ ὑβρίζειν auf jem. anstürmen, jem. bestürmen, drängen. Die Lesart וּרְהַב vgl. LXX u. Pesch., ursprünglich וּרְהַב geschrieben, Arab. *rahana,* auch Talmud. הִרְהִין bürgen, wie עָרַב, von PERLES, Analekten zur Textkr. des AT 1895 S. 61 anempfohlen, giebt dem Verse einen etwas gezwungenen Sinn, nämlich: erniedrige dich dann und sei [wirklich] Bürge für deinen Freund, den Schuldner (oder: gieb es nicht auf und löse deinen Freund als Bürge, vgl. v. 1) .... aber (v. 4) arbeite

dann auch mit allen Kräften, um die Schuld zu tilgen. Der Inhalt der Ermahnung würde dadurch um so schöner: Hast du dich leichtsinnig dazu bringen
lassen, Bürgschaft zu leisten, so tritt nicht zurück, wenn es darauf ankommt.
deinen Freund vor der Sklaverei zu behüten, müsstest du selbst deinen Schlaf
aufopfern, um das Geld zu verdienen. Vgl. jedoch 17 18 und ähnliche Stellen
und die Bem. zu 22 27.   **4** Man darf keine Mühe scheuen, seinen Zweck zu
erreichen, selbst der Schlaf muss ihm geopfert werden.   **5** Der Hauptgedanke
ist klar: Ebenso wie eine Gazelle oder ein Vogel, wenn sie in einem Strick gefangen sind, eilig alle Kräfte anstrengen, um sich zu befreien, so auch du. sobald du bemerkst, dass du gefangen bist. Die LXX scheint eine freie
Übersetzung zu bieten, welche man für eine Textverbesserung nicht verwerten
darf. Das erste מִיָּד macht grosse Schwierigkeiten. Im Rabbinischen heisst
dies: *so bald wie möglich*. Allein dieser Sprachperiode gehört unser Stück
nicht an; man könnte auch an v. 1 denken und deshalb das absolut stehende
יָד mit *Handschlag* übersetzen. Doch sehr wahrscheinlich ist der Text corrupt;
die einleuchtendste Correctur bietet PERLES, Analekten S. 52. der auf die Gleich-
heit von צ und י in der alten Schrift weisend (wie auch schon Luzzatto Jes 11 15
בַּעְיָם רוּחוֹ in בְּעֶצֶם רוּחוֹ   בְּעָצָם verändert hatte) מְצַיֵּד lesen will. Übersetze demnach:
*rette dich, wie eine Gazelle dem Jäger entrinnt und wie ein Vogel der Gewalt
des Vogelstellers.* KAMPHAUSEN liest: מִיָדוֹ כָצִּפּוֹר s. textkrit. Erl. bei KAUTZSCH.
    6—11 Der Faule wird auf die fleissigen Ameisen verwiesen. die zeitig ihre
Nahrung einsammeln; folgt er dem Vorbild nicht. so wird Armut und Mangel
ihn unversehens überfallen.   **6** *ihre Weise*, wörtl. *ihre Wege*.   וַחֲכָם Impera.
in inchoativer Bed.: *dass du klug werdest*.   **7** קָצִין = *Richter:* dies ist wenigstens die ursprüngliche Bedeutung des Wortes.   שֹׁטֵר = *Amtmann* vgl. Ex
5 6 14.   Die שֹׁטְרִים treiben zur Arbeit an; eigentl. Schreiber. assyr. *šataru* =
Schreiber.   מֹשֵׁל ist das allgemeinste Wort = Herrscher. so dass der Sinn ist:
keinen Richter [oder Scheich], keinen Amtmann. ja überhaupt keinen Herrscher. Es handelt sich hier nicht darum, ob der Dichter das gesellige Zu-
sammenleben der Ameisen gut beobachtet hat.   **8** קַיִץ = *Sommer*. bez.
Hochsommer; קָצִיר *Ernteszeit*, von Mitte April bis Mitte Juni. Im Spätsommer
sind die Schnitter noch auf dem Feld, II Reg. 4 18f. Die zwei Zeitbestimmun-
gen besagen also dasselbe.   תָּכִין Imperf. = *pflegt zu bereiten:* אָגְרָה Perf. =
hat gesammelt. Man könnte den Vers so übersetzen: Bereitet sie doch im
Sommer ihr Brot, in der Herbstzeit [wenn die Schnitter noch das Korn für
die Menschen einheimsen] hat sie schon ihre Speise eingesammelt. Vgl. JSir
25 3b.   **9** *Wie lange* = עַד־מָתַי. *Wann* = מָתַי vgl. 20 13.   **10** Der Faule
wird redend eingeführt. so wie er des Morgens zu antworten pflegt. wenn er
zur Arbeit geweckt wird; es wird ihm gewissermassen auf die Fragen in v. 9
die Antwort in den Mund gelegt, vgl. 24 33f, wo in v. 33 dieselben Worte חִבֻּק
יָדַיִם vorkommen; Koh 4 5 steht in demselben Sinn חֹבֵק אֶת־יָדָיו und Koh 10 18
שִׁפְלוּת יָדַיִם.   **11** כִּמְהַלֵּךְ, der Parallelvers 24 34 hat מִתְהַלֵּךְ wörtl. *ein rasch zu-
schreitender:* das Hithp. ist besser; allein das כ der Vergleichung muss bleiben.
אִישׁ מָגֵן = schildbewehrt charakterisiert ihn näher als einen Strassenräuber.
der unversehens kommt, LXX κακὸς ὁδοιπόρος; vgl. JSir 36 31.

12—15 Sechs oder sieben (vgl. die Bem. zu v. 14) Arten tückischen Handelns werden aufgezählt. Der tückische Mensch ist ein nichtsnutziger und heilloser Mann; darum wird ihn plötzliches Verderben unwiderruflich treffen. Die Konstruktion in der Übersetzung bei Kautzsch ist: ein nichtsnutziger, ein heilloser Mann ist, wer.... und dann folgen bis v. 14 die sechs oder sieben Bezeichnungen der Falschheit. Doch s. zu v. 14. **12** *Ein nichtsnutziger Mensch* = אָדָם בְּלִיַּעַל auch oft בְּנֵי בְלִיַּעַל genannt; die Übersetzung ist wörtlich genau. *Ein heilloser Mann* אִישׁ אָוֶן; אָוֶן = Verkehrtheit, Falschheit, Sünde, aber auch: Unheil. הֹלֵךְ ist hier mit dem Acc. verbunden, wie Jes 33 15 und Mch 2 11; sonst gewöhnlich mit בְּ oder mit einem Adj. **13** *Mit seinen Augen ... mit seinen Füssen* nach dem K̊ere; das K̊etib liest den Sing., was besser zu Falschheit (v. 12) passt. Vgl. 10 10; Ps 35 19. מֹלֵל *deutet*, wörtl. redet, Part. Kal bei Pi. מֹלֵל, wie auch דֹּבֵר neben דַּבֵּר. Manche denken an die talmudische Bedeutung *reiben*, die schon Aq. (τρίβων) hat und die sich auch bei Symm. (προςτρίβων) und Hier. (terit) findet; doch ist dies unnötig. „Mit den Füssen reden" ist ein Ausdruck der Zeichensprache, um die Falschheit anzudeuten. מֹרֶה ist Part. Hiph. von יָרָה, hier in seiner ursprünglichen Bedeutung: die Hand ausstrecken, zeigen. **14** Nach der masorethischen Accentuation werden hier drei Äusserungen von Falschheit aufgezählt, so auch in der Übersetzung bei Kautzsch. Doch könnte man das Athnach auch unter רָע setzen (Dyserinck): „Verkehrtheit schmiedet (3 29) der Böse in seinem Herzen, zu jeder Zeit richtet er Zänkereien an." Allein wahrscheinlich sollen hier sieben und nicht sechs Merkmale der Falschheit genannt werden. Zu תַּהְפֻּכוֹת vgl. 2 12. *Zänkereien anrichtet* nämlich unter befreundeten Männern v. 19; das K̊etib ist מָדָנִים (v. 19; 10 12) oder מִדוֹנִים (21 9; 23 29) zu lesen; das K̊ere lautet מִדְיָנִים (18 18; 19 13). Mit יְשַׁלַּח wörtl.: er lässt los, geht das Part. in das Verbum finitum über (Ges.-Kautzsch²⁶ § 116x). Doch könnte man auch alle Participia in v. 12-14 als Apposition zu אָדָם בְּלִיַּעַל und אִישׁ אָוֶן in v. 12 ansehen und מִדְיָנִים יְשַׁלַּח als das zugehörige Prädikat: „der nichtswürdige, Unheil stiftende Mann, der auf verschiedene Weisen tückisch handelt, richtet dadurch Zänkereien unter befreundeten Männern an" (v. 19 und 16 28ª). **15** Darum wird er gestraft werden, vgl. 1 26—32; 4 22. יִשָּׁבֵר *wird zerschmettert werden*, vgl. Jes 1 28 שֶׁבֶר פֹּשְׁעִים *Zerschmetterung über die Empörer.*

16—19 Ein Zahlenspruch, in den Einleitungsreden (Cap. 1—9) das einzige Beispiel, in Cap. 30 wohl vier mal: v. 15 18 21 29; auch JSir 23 16; 25 7; 26 5 28 (25). *Sechs .... und sieben* oder: *sechs .... ja sieben*; so: *sieben .... ja acht* in Mch 5 4; Koh 11 2; *drei, ja vier* in Am 1 u. 2. Damit wird angedeutet, dass es nicht genau auf die Zahl ankommt. Der Anlass zu diesem Zahlenspruch hier ist in 19ᵇ gegeben, der zugleich 14ᵇ erläutert. **16** *Sind ihm ein Greuel*, wörtl.: sind seiner Seele ein Greuel. Das K̊etib hat den Plur. תוֹעֲבוֹת. **17** *Stolze Augen*, vgl. 30 13; Ps 18 28; 131 1; Jes 2 11. *Eine falsche Zunge*, vgl. 12 19. *Hände* u. s. w. vgl. 1 11 16. **18** *Arge Tücke*, wörtl.: Unheil bringende Gedanken, vgl. v. 14. *Die behende zu bösem Thun eilen*, vgl. 1 16; Jes 59 7; Jer 23 10. **19** *Wer Lügen vorbringt*, wörtl.: ausatmet: יָפִיחַ ist 3. Pers. Imperf. Hiph. Der Abstand von einer 3. Pers. Imperf. und einem Substantiv mit

' praeformativum ist im Hebr. nicht so gross; vgl. die Eigennamen: יִצְחָק, יוֹסֵף
u. s. w. 19ᵃ vgl. 12 17 14 5ᵇ 25; 19 5 9.   Zu 19ᵇ vgl. 14ᵇ.

Warnung vor den buhlerischen Künsten des ehebrecherischen Weibes. 6 20—7 23.
Unser Lehrer setzt hier seine in 5 23 abgebrochene Rede fort. Er kommt so häufig
auf die Fleischessünden zurück, dass man oft auf die Meinung verfallen ist, er habe mit
„dem fremden Weib" eine Personifikation der Thorheit beabsichtigt. Und in der That
scheint Cap. 7 4f., wo das ehebrecherische Weib der Weisheit gegenüber gestellt wird, im
Zusammenhalt mit 9 13 diese Anschauung zu begünstigen. Moses Maimonides (More Ne-
bochim 3 8) versteht unter der Ehebrecherin die stets neue Formen annehmende Materie,
von welcher das Verderben ausgeht. Die christlichen Exegeten begnügen sich damit, in
ihr die Thorheit zu sehen. Maimonides' Ansicht geht eigentlich von der platonischen Un-
terscheidung zwischen τὸ μὴ ὄν (= ὕλη) und τὸ ὄντως ὄν aus, die der hebräischen Chokma
ganz fremd ist. Diese Auffassung verkennt völlig den praktischen Charakter dieser Weisheit. Dagegen liegt in der altchristlichen Erklärung allerdings eine gewisse Wahrheit.
Die Gegenüberstellung ist jedoch in Cap. 7 so zu verstehen: Die wirkliche Sünde der
Unzucht und des Ehebruchs tritt, weil die allgemeinste und gefährlichste Sünde, als Repräsentantin der Thorheit (= Sünde) gegenüber der Weisheit (= Gottesfurcht und Tugend)
auf.   In seinen wiederholten Warnungen vor dieser schweren Sünde ist unser Lehrer
ein Vorbild für viele Eltern und Erzieher, welche ihre Augen verschliessen vor der Allgemeinheit und den grossen Gefahren dieses Übels. Über den Utilitarismus in diesen Ermahnungen vgl. meine Litt. des AT § 23 Anm. 5.

20—35 Die Unterweisung der Eltern möge dem Jünger zum Schmuck
dienen und ihn überallhin begleiten (v. 20—22). Sie ist ein Licht und Weg
zum Leben (23), sie kann ihn vor der gefährlichsten Verführung, nämlich der
der Ehebrecherin, behüten (24). Er lasse sich doch ja nicht von ihr verleiten,
denn es kann ihn das Vermögen und Leben kosten (25—26): es ist ebenso
gefährlich, als wenn man Feuer anrühren wollte (27—29). Diebstahl kann
wieder gut gemacht werden, Ehebruch aber nicht, der beleidigte Ehemann ist
nicht zu besänftigen (30—35). **20** Vgl. 1 8. **21** *Binde sie ...... aufs Herz.*
In 3 3 heisst es: Binde sie dir um den Hals, schreibe sie auf die Tafel deines
Herzens, vgl. 7 3. Hier liegt entweder ein anderes Bild vor oder es sind die
zwei Bilder von 3 3 und 7 3 in eins verschmolzen. עָנַד nur hier und Hi 31 36
= umbiegen, umbinden. **22** In v. 21 steht der Plur. = das Gebot des Vaters
und die Unterweisung der Mutter; hier der Sing., beides zusammenfassend = die
elterliche Unterweisung oder die Weisheit. In v. 22ᶜ ist וַהֲקִיצֹתָ ein Bedingungssatz. תְּשִׂיחֲךָ mit dem Acc. des Suff. gewöhnlich mit לְ Hi 12 8: eigentlich: sich
eifrig mit etwas beschäftigen, vgl. Ges.-Buhl. **23**ᵇ cf. 2 19 3 2 16. *Rügen
der Zucht,* LXX: Rüge und Zucht. **24** vgl. 2 17. מֵאֵשֶׁת רָע wörtl. *vor
dem Weib der Schlechtigkeit.* Die LXX vokalisierte רַע = *des Nächsten* vgl.
v. 29. מֵחֶלְקַת לָשׁוֹן נָכְרִיָּה nach der Accentuation: vor der Glätte der fremden
Zunge; so auch LXX. Doch ist es besser mit Symm. und Theod. zu übersetzen: *vor der Zungen-Glätte des fremden Weibes.* Die Masorethen haben
dann nur deshalb nicht den erwarteten Stat. constr. לְשׁוֹן vokalisiert, weil ihnen
חֶלְקַת לָשׁוֹן als ein zusammengesetztes Subst. gilt. Vgl. auch Ges.-Kautzsch²⁶
§ 128w. **25** vgl. Ex 20 17 Ps 45 12 Mt 5 28. 25ᵇ vgl. JSir 26 9 **26**ᵃ und
26ᵇ besagen dasselbe und es besteht kein Gegensatz zwischen אִשָּׁה זוֹנָה und
אֵשֶׁת אִישׁ wie LXX und Vulg. wollen: die *Ehefrau,* das verheiratete Weib. ist
hier eine, die Umgang mit einem andern sucht. Will man doch einen Gegensatz

annehmen, so kann der Sinn auch dieser sein: wird man durch das Besuchen von Huren arm, so kommt man überdies noch in Lebensgefahr, wenn man Umgang mit dem Weib eines andern sucht. Allein es ist sehr fraglich, ob unser Spruchbuch wohl Prostituierte kennt, vgl. zu 2 16. In den griechischen Städten fand man sie natürlich, aber unser Spruchbuch datiert in der Hauptsache aus der Zeit vor dem Überhandnehmen der griechischen Sitten; in Städten, wo das Gesetz aufrecht erhalten werden konnte, wurden sie gewiss nicht geduldet. Die ausführliche Beschreibung der זוֹנָה in 7 10-20 spricht für unsere Auffassung.   בְּעַד *durch* oder *um ... willen* (Jes 32 14; Hi 2 4).   *Bis auf einen Laib Brot*, wer weiter nichts besitzt, ist bettelarm I Sam 2 36.   כִּכַּר לָחֶם bezeichnet die gewöhnliche, runde Form des Brotes, wie sie im Osten gebräuchlich ist. „Aus dem Teig wurden mit der Hand dünne, runde, fladen- oder scheibenartige Brotkuchen ('uggāh, kikkar lechem) geformt". Auf verschiedene Weise wurde gebacken, meistens in einem תַּנּוּר, Backofen (Benzinger Archäologie § 15 S. 85).   26ᵇ wird in den folgenden Versen näher erklärt.   **27** חָתָה heisst Kohlen aus dem Feuer holen, vgl. 25 22; Jes 30 14; in Ps 52 7 steht es vom Wegholen aus dem Leben.   **29** כֵּן Apodosis, als ob v. 27 und 28 mit כְּ oder כַּאֲשֶׁר begonnen hätten.   הַנֹּגֵעַ בָּהּ (vgl. Gen 20 6 נָגַע אֶל) ist ein Euphemismus für Geschlechtsgemeinschaft, ebenso wie בּוֹא אֶל, eigentl. hineingehen in die Abteilung des Zeltes, wo die Frauen sich aufhalten.

30—35 Der Ehebruch mit dem Diebstahl verglichen in Bezug auf beider Folgen. Ein Dieb muss sehr schwer büssen; allein wenn er aus Hunger gestohlen hat, wird er nicht einmal verachtet, man hat sogar Mitleid mit ihm. Dagegen der Ehebrecher darf keine Schonung erwarten: Verachtung ist sein Teil und sein Leben ist durch die Eifersucht des beleidigten Ehemannes gefährdet.   **30** Die gewöhnliche Auffassung, auch von der Übersetzung bei Kautzsch vertreten, ist: Einen Dieb, der aus Hunger gestohlen hat, verachtet man nicht, wohl aber einen Ehebrecher. Allein vielleicht muss man das ה am Schluss von v. 29 hier vor לֹא als Fragepartikel wiederholen. Dann wäre der Sinn: Verachtet man nicht sogar den Dieb, der aus Hunger stiehlt? wie viel mehr dann den Ehebrecher!   **31** Das Gesetz fordert nur das Doppelte (Ex 22 1-3) oder das Vier- und Fünffache (Ex 21 37). Vielleicht ist *siebenfältig* durch Zusammenzählung von Ex 22 1-3 und 21 37 entstanden: Wer einen Esel oder ein Schaf gestohlen hat, muss das gestohlene und dazu noch ein zweites solches Tier zum Ersatz herausgeben, wenn ersteres noch lebend gefunden wird Ex 22 3; dagegen muss der Dieb fünf Rinder für ein gestohlenes Rind und vier Schafe für ein gestohlenes Schaf geben, wenn er das Rind bereits geschlachtet oder verkauft hat Ex 21 37. וְנִמְצָא ist Part. Niph. = *deprehensus.* יְשַׁלֵּם ist Potentialis wie v. 27: dann kann er es noch ersetzen.   **32** חֲסַר לֵב, der Mangel an Verstand (לֵב) hat, *unsinnig,* Koh 10 3: יְעַשֶּׂנָּה wörtlich: *thut es,* nämlich das erwähnte Böse, die Hurerei (נְאָפִים).   **33** נֶגַע וְקָלוֹן wörtl. *Schlag* (= Schaden) *und Schande.*   **34** In 27 4 wird die *Eifersucht* (קִנְאָה) etwas noch ärgeres als der *Grimm* (חֵמָה) genannt. Es ist also kein gewöhnlicher Zorn, womit es der Ehebrecher zu thun hat, sondern unversöhnliche Eifersucht, s. 34ᵇ.   **35** לֹא יִשָּׂא פְנֵי כָל־כֹּפֶר *er beachtet kein Lösegeld.* „Die Person annehmen" (נָשָׂא פָנִים)

wird von Richtern gesagt, die durch das Lösegeld (כֹּפֶר) sich zufrieden stellen oder durch ein Bestechungsgeschenk שֹׁחַד sich bestechen lassen. Hier ist dieser Ausdruck ein terminus obsoletus geworden. Der Sinn ist: Der beleidigte Ehemann ist wie ein unerbittlicher Richter, nicht bloss durch kein שֹׁחַד sondern sogar durch kein כֹּפֶר zu erweichen. Cap. **7.** vgl. zu 6 20; v. 1–5 enthält eine Wiederholung der Ermahnung, v. 6–23 eine Beschreibung der Handlungsweise des fremden Weibes. Daraus ersieht man, dass dies keine Personifikation der Thorheit, sondern in wirklichem Sinn gemeint ist. Die Ehebrecherin, deren Treiben als Beispiel einer schlimmen und leider sehr verbreiteten Sünde geschildert wird. ist hier Repräsentantin der Thorheit, die weder von מוּסָר noch von תַּחְבֻּלוֹת etwas wissen will. Der Lehrer erzählt eine Geschichte, deren Augenzeuge er selbst war.   **2** בְּאֶשְׁנַב עֵינִי wörtl.: *wie das Männchen deines Auges*, ebenso im Arab.: *'insānu-l-ʿaini*, nach dem Bilde benannt, das sich im Auge widerspiegelt; die Endung ןְ bezeichnet nach syr. Weise das Deminutiv, GES.-KAUTZSCH [26] § 86 g. vgl. 4 4.   **3** Eine Anspielung auf die Handtefillîn (תְּפִלִּין שֶׁל יָד) und die Pfosten (מְזוּזוֹת Dtn 6 9), auf welche die Gebote geschrieben wurden. Vgl. 3 3 6 21.   **4** „*Schwester*" ist hier dichterisch gebraucht; vgl. Hi 17 4; 30 29; ähnliche Redeweisen sind im Arab. ganz gewöhnlich. Zu 4ᵃ vgl. Sap. 8 2.   4ᵇ מֹדָע von יָדַע. wörtl. Bekanntschaft d. h. Bekannte, aber in mehr prägnantem Sinn als bei uns. = *Verwandter* (Rt 2 1 3 2).   **5** Vgl. 2 16; 5 3; 6 24.   **6** כִּי = *nämlich*. man kann es hier nicht streng causal = „denn" fassen.   חַלּוֹן *Fenster*. wörtlich: Öffnung. von חָלַל durchbohren.   אֶשְׁנָב = Luftöffnung. *Gitter*. findet sich nur noch Jdc 5 28. der Stamm שנב bedeutet im Arab. kühlsein; ausserdem wird noch erwähnt שְׂבָכָה Gitterfenster von שָׂבַךְ flechten; der Gebrauch von בְּעַד (constr. בְּעַד) in Verbindungen wie hier: „durch das Gitter ausschauen" ist im Hebr. gewöhnlich.   נִשְׁקָף eigentl. sich vorbeugen. um etwas zu erspähen.   **7** *Unerfahrnen* פְּתָאִים vgl. 1 4; *unsinnigen* חֲסַר לֵב vgl. 6 32.   **8** Die masorethische Lesung פִּנָּהּ = פִּנָּתָהּ (vgl. תְּבוּנָם für תְּבוּנָתָם Hos 13 2 u. s. w.) geht von der Vorstellung aus, der Jüngling, der von einer unkeuschen Liebe zum Weibe eines andern entbrannt ist, wisse wohl, an welcher Ecke der Strasse diese zu finden sei. vgl. jedoch v. 12. Allein die LXX vokalisierte פִּנָּה. ohne Mappîk. ebenso die Übers. und textkrit. Erl. bei KAUTZSCH.   **9** *In der Dämmerung am Abend des Tages.* die drei Subst. bilden einen Begriff. נֶשֶׁף. von נָשַׁף *blasen*. bed. die Zeit. wo kühler Wind weht beim Auf- und Untergang der Sonne. vgl. Gen 3 8 לְרוּחַ הַיּוֹם; s. Hi 24 15; II Reg 7 5. בְּאִישׁוֹן לָיְלָה, der Augapfel ist sowohl die Mitte wie das Schwarze im Auge; doch braucht man hier nicht an die Mitternacht zu denken; vgl. die Anm. zu unserer Stelle bei KAUTZSCH.   *In der Dämmerung .... und in schwarzer Nacht*, damit will der Lehrer wahrscheinlich sagen: In der Dämmerung blickte ich aus meinem Fenster und als ich diesen Jüngling bemerkte, schaute ich aufmerksam (נִשְׁקַפְתִּי v. 6) hin. bis es ganz dunkel wurde. Man bedenke, dass die Dämmerung in Palästina sehr kurz ist und die volle nächtliche Dunkelheit ziemlich schnell eintritt.   **10** Kaum ist es ganz finster. da kommt die Erwartete aus ihrem Hause. שִׁית = *Anzug* (nur noch Ps 73 6) ist Acc.; vielleicht שָׁת zu vokalisieren, s. GES.-BUHL.   נְצֻרַת לֵב *mit heim-*

tückischem Sinne: in Jes 48 6; 65 4 heisst נָצוּר „verborgen, versteckt", hier gegenüber ihrem rechtmässigen Mann, vor dem sie Liebe heuchelt.   11 הֹמִיָה *unruhig, leidenschaftlich,* s. 1 20; 9 13.   סֹרָרֶת *unbändig,* Hos 4 16 von einem wild gewordenen Tier, welches das Joch abschüttelt, gebraucht, hier von dem Weib, das die gesetzmässigen Bande der Ehe zerreisst.   11ᵇ sie kann es zu Haus nicht aushalten.   12 *neben jeder Ecke,* diese Worte verurteilen die mas. Lesart פֶּנָּה von v. 8.   13 נָשַׁק mit לְ nach der Grundbed. *adfixit ei os.* הֵעֵזָה פָּנֶיהָ von עַז fest sein, aber mit Raphe geschrieben (EWALD § 136ᶜ und § 193ᵇ). wörtlich: *verhärtete ihr Angesicht, nahm eine freche Stirn an, mit frecher Miene.* Jedes weibliche Schamgefühl setzt sie auf die Seite.

14—20 Sie hat ein Festmahl bereitet, wie die Weisheit in Cap. 9; daher muss es der Jüngling als einen glücklichen Zufall betrachten, dass sie ihn trifft (v. 14 15); ein schönes Bett erwartet ihn (v. 16 17), es ist keine Gefahr dabei; denn ihr Mann ist bis zum folgenden Vollmond auf Reisen (v. 18-20).   14 wird durch Lev 7 16-18 erläutert. Sie hatte ein Gelübde, נֶדֶר, gethan und hatte das Opfer dafür gerade heute dargebracht. Solche Opfer, שְׁלָמִים oder זִבְחֵי שְׁלָמִים, Heilsopfer, Friedopfer, wurden nicht ganz verbrannt; sondern nur ein Teil fiel Jahwe und den Priestern zu, der andere Teil war für die Opfernden zu einem Festmahl bestimmt. Es ist dies im Priesterkodex noch ein Überrest der uralten Opfer, die alle ursprünglich sakrale Mahlzeiten waren. Solches Opferfleisch musste spätestens am zweiten Tage gegessen sein; was davon auf den dritten Tag übrig blieb, musste verbrannt werden.   Aus **15** scheint sich zu ergeben, dass bereits ein verbotenes Verhältnis bestand.   Zu לְשָׁחַר vgl. die Bem. zu 1 18. Die denominative Bedeut. ist hier ganz verloren gegangen.   **16** מַרְבַדִּים nur noch 31 22, nicht Pfühl, Kissen (LXX und andere gr. Überss.), sondern *Decken,* es ist zweites Objekt zu רָבַדְתִּי *bedecken.*   חֲטֻבוֹת ein Aramaismus, s. GES.-BUHL, = *buntgestreifte Teppiche.*   אֵטוּן nur hier vorkommend = *Garn,* vielleicht ein aus dem griechischen ὀθόνη, ὀθόνιον „Leinwand" übernommenes Wort.   **17** נַפְתִּי von נוּף nur hier im Kal = *hin und herbewegen, besprengen.*   מֹר *Myrrhe,* das Harz von Balsamodendron Myrrha; אֲהָלִים (Ps 45 9 אֲהָלוֹת) *Aloe,* das wohlriechende Adlerholz, welches aus Cochinchina kommt, griech. ἀγάλλοχον, vgl. darüber GILDEMEISTER, de rebus Indicis. 1838. S. 65—72.   קִנָּמוֹן *Zimmet,* griech. κίνναμον oder κιννάμωμον, HERODOT III 111, lat. canella, franz. canelle, vielleicht sekundäre Bildung von קָנֶה Würzrohr, Acorus calamus. Vgl. zum ganzen Cnt 4 14.   **18** רָוָה sich satt trinken, sonst vom Wein gesagt, vgl. 5 19; Cnt 1 2.   נִתְעַלְּסָה Hithp. ist reciprok. = *mit einander schwelgen:* die weichere Nebenform mit ס nur hier und Hi 12 5; 20 18; 39 13, also in späten Stücken, sonst überall עָלַז oder עָלֵץ.   **19** *In die Ferne* מֵרָחוֹק, der Hebräer rechnet die Entfernung vom Endpunkt aus, in charakteristischem Unterschied von unserm Sprachgefühl.   **20** Seine Rückkehr ist nicht bald zu erwarten, weil er den Geldbeutel mitgenommen hat; erst am Vollmondstage kommt er nach Haus. כֶּסֶא, nur hier und Ps 81 4 (כֵּסֶה), = *Vollmond,* ist ein Aramaismus. Man leitet es von כָּסָה *bedecken* ab, also die Zeit, da der Mond bedeckt d. i. gefüllt ist; nach unserer astronomischen Kenntnis würde dies der Neumond sein. Im Assyr. ist *kuseû* (von *kasû* = binden) soviel als *agû* — Mütze, „und die

Vorstellung eine sehr geläufige, dass sich der Mondgott zur Vollmondzeit mit einer Königsmütze *agu* bedeckt" (GES.-BUHL).   **21** Hier ist eine Klimax; erst überwindet sie ihn, bringt ihn herum I Reg 11 3, dann schleppt, reisst sie ihn mit sich fort. Das vollbringt sie durch ihre לֶקַח *Belehrung*, vgl. 1 5 4 2 9 9, dies Wort ist hier absichtlich als Ironie gewählt.   **23** פִּתְאֹם. *plötzlich* ist auffallend; plötzlich nach langem Zaudern, also auf einmal? LXX und Pesch. denken an פְּתִי = unerfahren, unbesonnen. Lies הַפֶּתִה oder הַמְפֶּתָה *der Einfältige* oder man nehme mit OORT פְּתָאֹם für ein Adv. = einfältiglich.   1. יֹבָא יָבֹא Hoph. *geführt werden* (LXX). Für אֱוִיל אֶל־מוּסַר וּכְעֶכֶס könnte man nach LXX ὥσπερ κύων ἐπὶ δεσμούς וּכְכֶלֶב אֶל־מוּסַר und mit GRÄTZ יוֹבָל (aus אֱוִיל) emendieren (auch Vulg. hat, vielleicht zufällig *ut stultus trahatur*). Dann würde die Übersetzung lauten: *und wie ein Hund an einem Band(?) geführt wird.* Die officielle niederländische Übersetzung. Statenvertaling. stellt die Worte um: וְכָאֱוִיל אֶל־מוּסַר עֶכֶס, so auch DELITZSCH, der übersetzt: *„und wie ein Verrückter zur Züchtigung* (Einengung) *mit Fussfesseln"* oder: „wie ein Wahnwitziger d. i. ein Verbrecher zur Kettenstrafe"; diese Umstellung ist demnach älter als PINKUSS ZATW 1894, S. 137 vermutet.   **23** schliesst sich in seiner jetzigen Gestalt schlecht an v. 22 an; vgl. textkrit. Erl. bei KAUTZSCH. und PINKUSS a. a. O. Man kann deshalb mit OORT 23ᵃ und 23ᵇ umstellen: *Wie ein Vogel zur Schlinge eilt und weiss nicht, dass es sein Leben gilt, bis ihm der Pfeil die Leber spaltet.* Findet man es jedoch sonderbar. dass der Jäger einen in der Schlinge gefangenen Vogel nochmals mit einem Pfeil durchschiesst. so kann man als Subj. von יָדַע וְלֹא den Jüngling (v. 22) nehmen oder endlich voraussetzen, im Hebr. sei noch eine Vergleichung ausgefallen. vgl. LXX: ἢ ὡς ἔλαφος τοξεύματι πεπληγὼς εἰς τὸ ἧπαρ; hier ist אֱוִיל aus v. 22 als כְּאַיָּל herübergenommen. Auf jeden Fall aber ist der Hauptgedanke von v. 22 und 23 klar: Der Jüngling rennt ganz verblendet in sein Verderben.   **24** Die Erzählung ist zu Ende, der Lehrer richtet sich wieder direkt an seine Zuhörer.   **25** שָׂטָה vgl. 4 15; תָּעָה umherirren; zu den Imperf.-Formen mit ē statt ī. vgl. GES.-KAUTZSCH²⁶ § 75 p.   **26** רַבִּים ist Prädik. und הַפִּילָה Relativsatz: man könnte auch רַבִּים חֲלָלִים als Obj. und הַפִּילָה als Hauptverb construieren: das erstere liegt aber näher. רַבִּים = *viel* und עֲצֻמִים = *zahlreich*. ebenso Ps 35 18: Jos 2 2: Mch 4 4. Allein man kann auch übersetzen: denn mächtig sind die Erschlagenen. die sie gefällt hat, und stark waren alle von ihr Ermordeten. Dann will der Lehrer sagen: Und was wird dir. du einfältiger Jüngling, widerfahren.   **27** Auf verschiedene Weise kann man durch das ehebrecherische Weib ins Verderben geraten; das Verderben ist aber gewiss. vgl. 2 18; 5 5. *Zu des Todes Kammern.* vgl. 9 18. das Totenreich besteht aus verschiedenen Abteilungen, Gemächern (חֶדֶר). wo die verschiedenen Familien und Stände beisammen sind. Vgl. SCHWALLY. Das Leben nach dem Tode, nach den Vorstellungen des alten Israel und des Judentums, § 19 20, S. 59—66.

Die Einladung der Weisheit zu ihrem Mahl und der Lockruf der Thorheit. Cap. 8 und 9. Die Weisheit tritt hier selbst auf. um auf jede Weise die Menschen zur Gerechtigkeit und Zucht zu ermahnen. nicht wie die Ehebrecherin im Dunkeln, sondern öffentlich. am liebsten an den besuchtesten Orten (1-3). Sie hebt ihren unvergleichlichen Wert (6-11), ihre Gaben, Herrschaft und Segnungen hervor (12-21). Ja sie ist von Gott vor allen andern Dingen geschaffen, sie stand ihm als Künstlerin bei der Schöpfung selbst zur Seite, spielte einst als ein fröhliches Kind vor Jahwe's Angesicht und findet noch immer die grösste Freude, zu leben unter den Menschenkindern (22-31). Die Schlussermahnung (32-36) kehrt zum Anfang zurück, und v. 36 bildet den Übergang zu Cap. 9.

Der bedeutsamste Abschnitt von Cap. 8 ist wohl v. 22-31. Ist hier nur eine Personifikation, oder schon mehr, eine Hypostase der Weisheit, zu finden? In v. 1-21 braucht man sicher nicht mehr als eine Personifikation anzunehmen ebenso wie in 3 19 20. Aber in v. 22-31 liegt die Sache doch etwas anders; hier ist die Weisheit von Gott selbst losgetrennt als etwas ganz selbständiges. Sie ist die erste aller Kreaturen Gottes, vgl. zu v. 22; hier ist sie „als eine Hypostase gedacht, als eine concrete Gestalt und nicht mehr bloss als eine Abstraction. Der subjective Begriff ist bereits zur objectiven Grösse verfestigt." (Marti-Kayser Gesch. der israel. Rel. 1897 § 53).

Diese Idee, die auch JSir 1 4 24 3 9 vorkommt, vgl. auch Prv 30 4, findet sich nicht Hi 28 14-28; hier ist das Ganze vielmehr eine rein poetische Darstellung. Allein „man war einmal auf dem Wege, für alles eine Formel zu suchen, und wo man sie nicht fand, da statuierte man doch, dass das, was man formulieren wollte, eine objective selbständige Bedeutung habe" (Marti a. a. O. § 53). Daraus, dass bei Hiob hier nur eine bloss poetische Auffassung vorliegt, folgt noch nicht, dass Hiob älter als Sprüche sei, vgl. meine Litt. des A. T. § 23, Anm. 13.

Man fühlt deutlich, die Weisheit, die von Gott ausgeht, ist hier doch etwas anderes als die praktische Lebensweisheit der Frommen, wenn auch die erstere in der letzteren zur Offenbarung kommt. Wir haben es hier mit einem wichtigen Kapitel der jüdischen Dogmatik in der nach-exilischen Gemeinde zu thun. Es handelt sich um einen Versuch, eine Brücke zu schlagen zwischen dem transcendenten Gott und seiner Offenbarung in der Welt der Erscheinungen; hier offenbart sich Gott in der Ordnung und Gesetzmässigkeit, die alle Dinge beherrscht. Diese Theorie steht durchaus nicht im Gegensatz zur Gesetzlichkeit der nachexilischen Periode, sie will im Gegenteil dem Nomismus zur Stütze dienen und ihm eine möglichst feste Grundlage geben. Tritt doch die Weisheit Gottes, die sich in der Natur und Geschichte offenbart, am deutlichsten im Gesetz zu Tage. Die Anempfehlung der „Weisheit" in unserem Spruchbuch, vor allem in Cap. 1—9, ist eine Anempfehlung des „Gesetzes".

1 Wohlan = הֲלֹא; eine Frage mit הֲלֹא nonne deutet lebhaft die Gewissheit, das allgemein Anerkannte des darauf Folgenden an. Man könnte es übersetzen: es ist doch allgemein bekannt, dass u. s. w. 2 Oben auf den Höhen am Wege, um die Aufmerksamkeit der Vorübergehenden auf sich zu ziehen. בֵּית נְתִיבוֹת verändere mit LXX in בְּתוּךְ נְתִיבוֹת s. v. 20 und textkrit. Erl. bei Kautzsch. Doch könnte auch die masor. Lesart richtig sein = am Kreuzweg. Die Pesch. hat wörtlich: bēth 'urchōthō. Vielleicht liegt hier ein Aramaismus vor: im Syr. wenigstens ist die Verschiedenheit der Bedeutung von בַּיִת noch viel grösser als im Hebräischen; endlich könnte בַּיִת nach aram. Weise = בֵּין, eine Kontraktion aus בֵּינַת sein. vgl. Hes 41 9. 3 לְפִי קָרֶת wörtlich: am Munde der Stadt, d. i. wo man ein- und ausgeht. קֶרֶת nur noch 9 3 14; 11 11; Hi 29 7 vorkommend, sowie auf phön. Münzen, ist das jüd.-aram. קַרְתָּא. verwandt mit hebr. קִיר und קִרְיָה. Man kann das Wort auch als Zeitwort auffassen = קָרַת sie ruft, parall. mit תָּרֹנָּה in 3ᵇ; zu letzterem vgl. 1 20. Die Weisheit stellt sich an die besuchtesten Plätze vgl. 1 20-33. 4ᵇ ist ein Nominalsatz: Meine Stimme ergeht. אִישִׁים st. אֲנָשִׁים (auch Jes 53 3; Ps 141 4) ist späte Bildung. 5 vgl.

1 4. Mit עָרְמָה steht hier לֵב parallel; dieselbe Bed. hat לֵב auch 15 32; 17 16; 19 8.
6 *Was edel ist* נְגִידִים; für die neutr. Fassung des Plur. masc. kann man sich
auf 16 13 (22 20 ist undeutlich) berufen; was den Sinn anlangt, so legt נְכֹחִים in
v. 9 die Bed. *offenbar, klar, einleuchtend* nahe; so u. a. früher KAMPHAUSEN in
BUNSENS Bibelwerk.   Zu מִפְתַּח שְׂפָתַי *meiner Lippen Öffnung* vgl. Hes 29 21
פִּתְחוֹן פֶּה *Aufthun des Mundes.*   7 הָגָה = sinnen: allein dies passt nicht zu
חַךְ *Gaumen*; es heisst auch *sprechen* und zwar nicht bloss leise sprechen,
sondern dichterisch sogar preisen.   8 בְּצֶדֶק *rechtbeschaffen*; die Bed., die בְּ
hier hat, ist nahe verwandt mit der des בְּ essentiae, vgl. 3 26.   9 *klar* = נְכֹחִים,
auch *aufrichtig*; wörtl. *gerade vor sich hin*, daher, *gebend, was sie verheissen*.
und einfach וִישָׁרִים auch: *recht*. Beide Worte bilden einen Gegensatz zu *hinter-
listig* und *falsch* in v. 8.   10 *lieber .... als Silber*; wörtl. nehmt hin meine
Zucht und nicht Silber, d. h. wenn ihr die Wahl habt, nehmt meine Zucht und
nicht das Silber; diese Erklärung wird durch das parallele מָחָרוּץ נִבְחָר geboten.
Vgl. v. 19; 3 14; 16 16ᵃ.   11 vgl. 3 15; 20 15.   12 *Ich ...... habe Gescheitheit
inne* wörtl. zur Wohnung genommen, d. i. ich bewohne, mit der Nebenbedeutung,
ich bin Herr über die Wohnung; denselben Sinn hat das Wort im Chald. und
Rabb., s. BUXTORF Lex. rabb. talm. sub voce; vgl. auch I Tim 6 16 οἰκῶν neben
μόνος ἔχων. Der Parallelismus in 12ᵇ bestätigt diese Auslegung. אֶמְצָא (wenn
ich umsichtige Erkenntnis nötig habe) finde ich sie auch. *pflege ich sie zu
finden*, soviel als *verfüge ich über sie.*   13ᵃ ist gewissermassen ein Leitsatz:
„*Die Furcht Jahre's ist Hassen des Bösen*" (Hi 28 28). Dies steht als eine
bekannte Wahrheit voran. Darum hasst die Weisheit den *Hochmut* u. s. w.
Sie will vor allem Demut 3 7 vgl. 2 12 10 31.   14 Vgl. Jes 11 2. wo dieselben
Eigenschaften dem Ideal-Fürsten zugeschrieben werden. Über תּוּשִׁיָּה s. zu 2 7.
15 Es ist als ob Jes 11 2 den Lehrer zu den Worten in v. 15-18 veranlasst habe.
16 כָּל־שֹׁפְטֵי אָרֶץ ohne וְ, um die Aufzählung der verschiedenen Arten von Herr-
schern abzuschliessen, deshalb ist *kurz* in Übers. bei KAUTZSCH eingefügt. Pesch.
Targ. Vulg., auch viele hebr. Hss. und Ausgaben lesen צֶדֶק statt אָרֶץ. gewiss
eine Korrektur, weil man nicht wollte, dass alle Richter der Erde das Prädikat „gerecht" erhielten. Aber das meint auch v. 15 nicht: שָׁפַט heisst nicht
nur: Recht sprechen, sondern auch regieren.   17 Das Ķĕrē אֹהֲבַי (*die mich
lieben*), das sich auch in einigen Hss. und Ausgaben findet, haben die alten
Übersetzungen schon vor sich gehabt. Das Ķĕtib אֹהֲבֶיהָ (die sie, die Weisheit, lieben) ist weniger gut, wiewohl die Weisheit auch in v. 11 von sich in der
3. Person spricht. אֹהֵב ist kontrahiert aus אֹאֲהֵב.   17ᵇ vgl. 1 28.   18 אִתִּי
= לִי (v. 14) *bei mir*, d. h. ich besitze, vgl. 3 16ᵇ.   *Uraltes Gut* = עָתֵק הוֹן: das
Zeitwort עָתֵק heisst nur Ps 6 8; Hi 21 7 *alt werden*. welches im Aram. die gewöhnliche Bedeutung ist, die auch hier unter aram. Einfluss angenommen werden
kann; aber es könnte auch = עָתִיק *stattlich* (Jes 23 18) sein. *Und Gerechtigkeit* sc. mit allen ihren Früchten, wie diese in v. 20 aufgezählt werden.   19 vgl.
3 14; 8 10; 16 16. *Meine Frucht*, die Weisheit ist ein Lebensbaum. 3 18. *Fein-
gold* פָּז, I Reg 10 18 זָהָב מוּפָז = II Chr 9 17 זָהָב טָהוֹר reines gediegenes Gold.
20 אֲהַלֵּךְ Pi. = *ich wandle* immerfort.   21 יֵשׁ ist Subst. = bleibendes Gut,
Besitztum; LXX ὕπαρξις; vgl. תּוּשִׁיָּה 2 7.

22—31 vgl. JSir 1 1-10. Die Weisheit führt einen neuen Beweggrund an, um sich Gehör zu verschaffen; sie zeigt ihren Adelsbrief. Sie ist die älteste aller Kreaturen Gottes, sie war eitel Wonne vor Gott, bevor irgend etwas geschaffen war und bei der Schöpfung aller Dinge gegenwärtig als Jahwe's Werkmeisterin. Dass die christlichen Ausleger diese Perikope auf den Logos bezogen, darf uns nicht verwundern. Dazu hatten sie nicht allein Anlass, sondern auch volles Recht. Bildet doch auch der Logos die Verbindung zwischen dem transscendenten Gott und seiner Offenbarung in der Schöpfung. Allein das gab den christlichen Exegeten nicht zugleich auch das Recht, in unsre Stelle alles das hinein zu legen, was im NT vom Logos geschrieben steht. Die Hypostase der Weisheit darf man nicht ohne weiteres dem Logos gleichstellen; sie ist nur eine Vorbereitung der Logoslehre, ein erster Schritt in dieser Richtung.

22 קָנָנִי = *schuf mich*, so schon Pesch., Targ., LXX ἔκτισέ με und JSir 1 4 9; 24 8 enthält denselben Gedanken und dasselbe Wort κτίζειν, gewiss nicht unabhängig von dieser Stelle. AQU. SYM. THEOD. ἐκτήσατο, HIER. possedit. In dem christologischen Streit beriefen sich die Arianer auf die Übers. der LXX, während die Athanasianer die Übers. des AQU. etc. anführten. Bei der letztern Übertragung muss man denn auch בְּרֵאשִׁית statt רֵאשִׁית lesen, wiewohl man auch dann noch ἔκτισε übersetzen könnte. Wirklich las auch HIER. so in seinem Codex: Ita enim scriptum est: *Adonai canani bresith dercho* (Ep. CXL ad Cyprian.); ebenso Pesch. u. Targ. Doch in unserm Text steht der Acc., darum: *schuf mich als den Anfang seiner Wege.* דַּרְכּוֹ statt דַּרְכּוֹ LXX, SYMM. „Sie (die Weisheit) hat der N. T.lichen Offenbarung zufolge im Logos persönliches Dasein, aber ist nicht der Logos selbst" (DELITZSCH). Man denke ferner an ἡ ἀρχὴ τῆς κτίσεως τοῦ θεοῦ (Apk 3 14) und πρωτότοκος πάσης κτίσεως (Kol 1 15). *als erstes seiner Werke.* קֶדֶם Subst. = *das was vorn ist* sowohl im Raum als in der Zeit. So ist es ganz parallel mit רֵאשִׁית = Erstling, *Anfang.* Fasst man jedoch רֵאשִׁית adverbial oder liest mit HIER. בְּרֵאשִׁית, so muss man קֶדֶם (= *vor*) vokalisieren, was wieder ein Aramäismus sein könnte. מֵאָז *vorlängst* in dieser Bed. auch im Deutero-Jes. s. auch Ps 93 2. **23** schliesst sich an das letzte Wort von v. 22 an. *bin ich eingesetzt,* diese Übers. stützt sich auf die Bed. von נָסַךְ Ps 2 6, welche Stelle jedoch nicht ganz parallel ist. Ew. HITZ. erklären es als Niph. von סָכַךְ weben, verfertigen Hi 10 11; Ps 139 13; man könnte auch נָסַךְ in diesem Sinne nehmen (s. Jes 25 7). LXX ἐθεμελίωσέ με las vielleicht נוֹסַדְתִּי von יָסַד gründen. מֵרֹאשׁ *zu Anbeginn* vgl. Jes 48 16. **24** *reich an Wasser,* wörtl.: die Quellen, die wasserschweren. Über das Dagesch forte in נִכְבַּדֵּי s. EWALD, § 214ᵇ. **25** *eingesenkt* in die Tiefen der Meere. Ps 104 8. Die israelitische Vorstellung ist, dass unter und über der Erde Wasser ist. vgl. Gen 1 6; II Pt 3 5. Bei der Sintflut wurden denn auch „die Sprudel der Tiefe" und „die Gitter des Himmels" geöffnet (Gen 7 11; 8 2). **26** עַד־לֹא *ehe,* wörtl. als noch nicht, dem בְּאֵין und בְּטֶרֶם der vorhergehenden vv. entsprechend; der Ausdruck עַד־לֹא kommt bloss hier vor, ist aber vollkommen klar, wenn man an die Bed. so lange, während denkt. *Land und Fluren* אֶרֶץ וְחוּצוֹת wahrscheinl. das bebaute und unbebaute Land; חוּץ was draussen liegt. רֹאשׁ *die Masse,*

vgl. Ps 139 17. Über עַפְרוֹת *Staubteile*, Plur. constr. von עָפָר vgl. Ges.-
Kautzsch²⁶ § 124l.　27ᵇ Nach der Vorstellung der Israeliten hat Gott bei der
Schöpfung eine Scheidewand zwischen den verschiedenen Gewässern aufge-
richtet. Gen 1 6 7; vgl. Prv 8 25, d. h. er hat die Wasser teils in den Tiefen der
Erde zusammenfliessen lassen, teils in der Höhe gesammelt. Das Wasser wird
nun zurückgehalten einerseits durch die Erdoberfläche, andrerseits durch das
Himmelsgewölbe רָקִיעַ, das nach seiner Wurzel רָקַע (hämmern, schlagen) etwas
hartes und festes ist = *firmamentum*. Ferner ist die Erdoberfläche von allen
Seiten mit Wasser umgeben. Auf diesem umgebenden Ocean hat Gott das
Himmelsgewölbe aufgerichtet, vgl. Hi 22 14; 26 10.　בְּחֻקוֹ ist Inf. von חָקַק und
in den besten Hss. ohne Dagesch, wahrscheinlich um Verwechslung mit dem
Subst. auszuschliessen; in v. 29ᵇ בְּחוּקוֹ geschrieben = *bei seinem Feststellen*.
חוּג. *Kreis*, *Wölbung* nur hier, Hi 22 14 und Jes 40 22.　28ᵃ מִמַּעַל *droben*, vgl.
Gen 1 7 מַעַל לָרָקִיעַ oberhalb der Veste; der Verf. hätte sagen können מַעַל לָחוּג,
vgl. Gen 7 11.　Auch in 28ᵇ ist noch die Rede vom Ocean über dem Firmament.　עָזַז stark werden, mächtig fluten.　עִינוֹת *Quellen*. statt עֵינוֹת vgl.
Ges.-Kautzsch²⁶ § 75f und § 93v.　29 handelt von der Eindämmung der
Wasser unter der Erde, vgl. Hi 38 8–11; Jer 5 22.　*seinen Befehl*, פִּיו vgl. Koh
8 2; I Chr 12 23.　30 *Werkmeisterin*, אָמוֹן; diese Übers. gründet sich auf Jes
52 15, eine sehr undeutliche Stelle, ferner auf Sap 7 21 τεχνῖτις: aber es lässt
sich nicht beweisen, dass dort unser Text citiert werde. Die Bed. *Pflegling*,
Zögling bei Aqu. (τιθηνουμένη) u. a. passt hier in den Zusammenhang auch gut.
wiewohl es bei Aqu. Opposition gegen die christl. Exegese der Stelle sein kann.
In Cnt 7 2 ist אָמָּן Werkmeister wahrscheinlich ein assyr. Lehnwort (*umman*).
שַׁעֲשׁוּעִים, eine Pilp.-Bildung, daher: /*ganz*/ *Entzücken*; מְשַׂחֶקֶת Part. Pi. darum
/*geschäftig*/ *spielend*. Nicht dass die Weisheit eine Quelle der Freude für Jahwe
war, wird gesagt, sondern dass sie sich ergötzte, nämlich über das Werk, das
Jahwe ihr bei der Schöpfung aufgetragen und das sie fröhlich und wie spielend
verrichtete. 31 ist eine nähere Umschreibung von v. 30. Als Hypostase ist
die Weisheit zuerst bei Gott; darauf aber offenbart sie sich als Mittelursache
der göttlichen Schöpferwirksamkeit auf der Erde und bei den Menschenkindern; vgl. Sap 7 22—8 1.　Statt אַרְצוֹ בְּתֵבֵל las die LXX בְּתַכְלִית אֶרֶץ =
als er die Erde vollendet hatte.

32—36 Schlussermahnung an den Schüler, mit עַתָּה u. der Anrede
בָּנִים eingeleitet, vgl. 5 7ᵃ; 7 24ᵃ.　32ᵇ Das וְ vor אַשְׁרֵי ist begründend = *denn*:
an אַשְׁרֵי ist ein ganzer Satz angelehnt s. Ges.-Kautzsch²⁶ § 130d.　33ᵇ וְאַל-
תִּפְרָעוּ sc. מוּסָר, s. zu 1 25; man könnte auch Niph. vokalisieren: וְאַל-תִּפָּרְעוּ =
zügellos werden, *verwildern* 29 18.　34 „Das Bild ist von dem Hofdienste
hergenommen; die Weisheit wird von ihren Schülern gleichsam als wie eine
Königin cultiviert" (Delitzsch). לִשְׁמֹר = vigilando, vgl. zu 2 2.　35 vgl. 3 16 22.
Die Übers. bei Kautzsch folgt dem Kᵉrē. Das Kᵉtib vokalisiere man so: מֹצָא
מֹצְאֵי חַיִּים = *die mich finden, sind findende des Lebens*. oder mit LXX αἱ γάρ
ἔξοδοί μου ἔξοδοι ζωῆς; dann sind es Substantive. von יָצָא gebildet; in v. 34 ist
von Ausgängen und Thüren die Rede. vgl. 4 23.　וַיָּפֶק vgl. zu 3 13.　36 vgl.
2 19; 7 21 27.　חֹטֵא hier in seiner ursprünglichen Bed. *verfehlen* (= ἁμαρτάνειν).

vgl. Hi 5 24; Jdc 20 26. Der Sinn des Verses wird erläutert durch 2 19; 7 21 27.

Cap. 9. Der Autor der Einleitungsreden kommt zum Schluss; das merkt man an dem abnehmenden Schwung seiner Rede und an dem Streben, alle seine Ermahnungen nochmals zusammenzufassen. Hier wird zum letzten Mal die Einladung der Weisheit wiederholt (v. 1–12) und der Lockstimme der Frau Thorheit gegenübergestellt (v. 13–18). Die Weisheit hat ein grosses prächtiges Haus (8 34 spielte bereits darauf an), sie hat ein Mahl bereitet (v. 1–2) und lädt die Unerfahrenen und Unverständigen ein (v. 3–4), von ihrer Speise zu geniessen (v. 5) und von der Thorheit zu lassen (v. 6). In v. 7–10 gibt sie den Grund an, warum sie sich nicht an die Spötter und Gottlosen wendet; das würde doch zu weiter nichts führen, als dass sie verspottet würde, da ja ohne Gottesfurcht keine Weisheit zu erlangen ist. Wer weise werden will, wird mit langem Leben gesegnet, während die Spötter der gerechten Strafe nicht entrinnen (v. 11–12). Zum Schlusse tritt die Personifikation der Thorheit auf, die bisher in der Ehebrecherin repräsentiert war (2 16; 5 3–23; 6 24–7 27). Sie lädt die Menschen, die ruhig ihres Weges gehen, dringend ein (v. 13–15); wer unerfahren ist, folgt ihr (v. 16), angelockt durch den Reiz des Verbotenen (v. 17), ohne zu bedenken, dass er sich damit unrettbar dem Untergange weiht (v. 18). Diese Personifikation erinnert unläugbar stark an die Ehebrecherin der früheren Capp. Aber jene war doch mehr Repräsentantin als Personifikation der Thorheit. Auch ist die Personifikation hier nicht ausgeführt und einige Züge des Bildes dem der Ehebrecherin nur entlehnt.

1 חָכְמוֹת vgl. 1 20. חָצַב *aushauen*, schliesst auch die kunstgerechte Bearbeitung der Säulen ein. Die LXX las (mit Recht oder nicht?) הִצַּבָה *hinstellen* (Hiph. von יָצַב oder נָצַב). *Sieben Säulen*, nämlich des innern Hofes eines morgenländischen Hauses; sie tragen eine Gallerie des ersten Stockwerks. An jedem der vier Ecken steht eine Säule, sowie in der Mitte dreier Seiten, während die Vorderseite der Mittelsäule entbehrte, um Platz für den Thorweg zu lassen. Ob die Siebenzahl hier ausserdem noch als heilige Zahl in Betracht kommt, und ob der Autor für jede der sieben Säulen einen allegorischen Namen hatte, wissen wir nicht. **2** Möglich dass hier an einen Gegensatz zur Mahlzeit der Ehebrecherin 7 14 gedacht ist; טָבַח u. זָבַח sind verwandte Worte, letzteres fast ausschliesslich vom Schlachten fürs Opfer gebraucht. **3** Vgl. 8 2 עַל גַּפֵּי מְרֹמֵי קָרֶת *oben auf den Anhöhen der Stadt*. In v. 14ᵇ ist von Frau Thorheit gesagt עַל כִּסֵּא מְרֹמֵי קָרֶת; wenn die Lesart richtig ist, so ist also גַּף synonym mit כִּסֵּא, vielleicht ein Aramaismus, noch erhalten in γαββαθα Joh 19 13 = gepflasterter Platz ܓܦܝܦܬܐ *gĕphīphtā*. Wenn das Wort kein Aramaismus ist, dann könnte es Rücken, Körper, Person bedeuten, was aber hier weniger gut passt. **4** vgl. 1 4. מִי bekommt hier den Sinn des pron. relat. = quisquis ein äusserst instructives Beispiel für den Übergang des Pron. interrog. in das Pron. relat.: *Wer ist einfältig? der kehre ein!* Wer unerfahren ist, der verlasse seinen Weg und weiche ab hierher. אָמְרָה לּוֹ nach der masor. Vokalisation fällt der Verf. in v. 4ᵇ wieder in den referierenden Ton; vokalisiert man dagegen אָמְרָה לּוֹ (1. Pers.), so redet hier noch die Weisheit. **5** vgl. Jes 55 1; Joh 6 35.

6 Vielleicht ist פְּתִיוּת (v. 13) hier ausgefallen oder in פְּתָאִים verschrieben. Dass פְּתָאִים ein Abstractum wäre, ist unwahrscheinlich, weil v. 13 dafür ein anderes Wort hat und פְּתָאִים in diesen Capp. so oft in der Bed. *unerfahrene* vorkommt. אִשְׁרוּ *gehet einher*, auch im Pi. (4 14) in der Bed. *gerade aus wandeln*, weil die פְּתָאִים nicht unwandelbar auf dem guten Wege bleiben, sondern gern Seitenwege einschlagen. **7** לֵץ *Spötter* und רָשָׁע *Gottloser* in Parallele, vgl. Ps 1 1. מוּמוֹ *eignen Schandfleck* ist in der Übers. bei KAUTZSCH als von לָקַח abhängig behandelt; es kann auch als Präd. aufgefasst werden: *sein eigner Schandfleck ist es.* **8**ᵃ vgl. 15 12; 23 9. **8**ᵇ vgl. 27 6. **9** *Gib dem Weisen* sc. Weisheit. nötigenfalls durch Zucht und Tadel. *[sein] Wissen*, zu לָקַח vgl. 1 8; 4 2. צַדִּיק steht parallel mit חָכָם vgl. zu 1 2. Ein ähnlicher Gedanke Mt 13 12. **10** vgl. 1 7. dort רֵאשִׁית, dessen Bedeutung durch das parallele תְּחִלָּה hier sichergestellt ist. קְדֹשִׁים, *der Heilige* (Plur. wie bei אֱלֹהִים) steht parallel mit יהוה. **11** vgl. 3 2; 4 10; 30 3. v. 7-10 sind wie eine grosse Parenthese anzusehen (s. oben). v. 11 fügt sich an v. 6 an. Sollte v. 7-10 eine Interpolation sein, so ist sie schon sehr alt, denn alle Überss. haben sie. יוֹסִיפוּ mit unbekanntem Subj. = *man mehrt = sie werden gemehrt*. vgl. 3 2. **12** לַצְתָּ Bedingungssatz: *bist du ein Spötter*. תִשָּׂא *du wirst tragen* sc. die Schuld, Strafe der Sünde (עָוֹן). **13** אֵשֶׁת כְּסִילוּת Stat. constr., bezeichnet hier die Apposition. *ist leidenschaftlich* vgl. 7 11. **13**ᵇ ist in der Übers. bei KAUTZSCH als Präd. gefasst. פְּתַיּוּת *Einfältigkeit* = Albernheit, Unverstand, wird näher umschrieben durch das Folgende: וּבַל יָדְעָה מָה *und ganz unwissend:* בַּל poetisch ein verstärktes לֹא. Statt מָה lasen die LXX כְּלִמָּה also: *sie kennt keine Scham.* **14** vgl. v. 3. 14ᵇ ist nähere Erklärung von 14ᵃ. מְרֹמֵי קָרֶת ist Acc. loci. Zum Ganzen vgl. Gen 38 14; Jer 3 2. **15** לִקְרֹא = *rufend* entweder *damit sie rufe* oder *indem sie ruft* vgl. zu 2 2. **16** vgl. v. 4. Sie wird praktische Lebensweisheit auf ihre Art den Unerfahrnen mitteilen. וְ vor אָמְרָה leitet den Nachsatz ein. vgl. GES.-KAUTZSCH²⁶ § 143d. **17** Sie weist auf den Reiz des Verbotenen hin. Die Thorheit hält es ja für ein eitles Vorurteil, dass man nicht sündigen dürfe (Ps 73 11f.). An den Ehebruch ist hier vor allem gedacht; zu *Wasser* vgl. 5 15; zu *Brot* 30 20. In **18** redet wieder der Lehrer selbst: vgl. 2 18-22; 5 5 23; 7 27. Hat er 7 27 schon gesagt, dass im Haus der Ehebrecherin Wege nach Scheol seien, so identifiziert er sogar hier das Haus der Frau Thorheit damit: Wer dort hineingeht, geht so gut wie in Scheol hinein.

Zweiter Hauptteil.

Die Hauptsammlung vermischter Sprüche 10 1 — 22 16.

Unser Spruchbuch enthält zwei Sammlungen salomonischer Sprüche: 10 1 – 22 16 und Cap. 25–29. Eine Anzahl von Sprüchen kommt in beiden Sammlungen ganz oder fast ganz gleichlautend vor. In den meisten Fällen kennzeichnet sich der Spruch aus der ersten Kollektion als der ursprünglichere durch Kürze sowie grössere Reinheit und Schönheit im

Rhythmus (Litt. d. A. T. § 23 6). Doch sind in Cap. 25—29 viele Maschale erhalten, die sicher älter sind als die in 10 1—22 16. In Cap. 25—29 zeichnen sich viele Sprüche besonders durch ihren kernigen Inhalt, bilderreiche Sprache und originale Gedanken aus. Sie bewegen sich wenig auf religiösem Gebiet, was wohl auf vorexilische Verfasser schliessen lässt (Litt. d. A. T. § 23 3), d. h. es können darin einzelne Sprüche aus vorexilischer Zeit aufbewahrt sein.

10 1—22 16 umfasst 374 masorethische Verse, lauter Disticha, meistens von 7, bisweilen auch von 8, selten von 9—11 Wörtern. Jedes einzelne Distichon enthält einen abgeschlossenen Gedanken, meist in antithetischem Parallelismus (z. B. 10 1-9 oder 10 1, bisweilen auch in synonymem Parallelismus (15 30; 18 15 20). Oft ist der Inhalt der beiden Versglieder vollständig parallel (15 12; 17 23). Bisweilen enthält das erste Glied ein Bild und das zweite die Anwendung (10 26; 11 22), oder es werden in den beiden Versgliedern zwei verschiedene Personen oder Sachen gegen einander abgewogen (12 9 ; 15 16 17).

Es ist nicht leicht, in diesen Kapiteln einen bestimmten Gang nachzuweisen oder ein Princip für die Anordnung zu entdecken.

Cap. 10. Der Inhalt ist mannigfaltig. Ein weiser und ein thörichter Sohn, unredlicher Gewinn, Jahwe's Verhalten gegen Gute und Böse, Faulheit und Fleiss, der Gerechte und der Gottlose nach dem Tod, Aufrichtigkeit und Hinterlist, Tadeln und durch die Finger sehen, Hass und Liebe, Reichtum und Armut, der Segen und der Fluch der Zunge, die Furcht des Herrn, die Hoffnung des Gottlosen im Gegensatz zu der des Gottesfürchtigen u. s. w.

1ᵃ מִשְׁלֵי שְׁלֹמֹה fehlt in LXX. Mit diesem Spruche hebt der Lehrer an; so scheint auch 15 20 und mit einer Modifikation ebenso 13 1 ein neuer Anfang gemacht zu sein, während 15 19 und 12 28 mit dem gleichen Gedanken schliessen. Auch 17 25 und 19 20 können im Zusammenhang mit den vorhergehenden Versen als Beginn eines neuen Abschnittes betrachtet werden. Es würden dann nach Ewald die Sammler in folgender Weise abteilen: 10 1—12 28; 13 1—15 19; 15 20—17 24; 17 25—19 19; 19 20—22 16, vgl. ferner Kuenen Hist.-krit. Einl. III § 95 Anm. 6. 1ᵇ vgl. 15 20ᵇ. תּוּגָה (von יָגָה) Grämen, Betrübnis, Kummer; das Wort nur noch 14 13; 17 21; Ps 119 28, also in lauter späten Stücken. 2ᵃ vgl. 25 27; Mch 6 10; Hes 7 19; JSir 5 8. 2ᵇ vgl. 11 4ᵇ 19; 12 28. In vielen Synagogen stehen diese Worte über der Almosenbüchse. Das spätere Judentum fasste צְדָקָה als Barmherzigkeit, Almosen auf, vgl. Mt 6 1 δικαιοσύνη. Es ist jedoch fraglich, ob diese Bed. schon hier angenommen werden muss. Möglich ist es und der Gegensatz wäre alsdann: ungerecht *erworbenes* Gut und aus Barmherzigkeit *hergegebenes* Gut. Allein der Gegensatz kann auch sein: Besser (nötigenfalls) arm mit Gerechtigkeit als reich durch Ungerechtigkeit. 3ᵃ vgl. 6 30; 13 25; Ps 37 25. 3ᵇ vgl. 11 6. 4ᵃ רָאשׁ = er wird arm, *verarmt*, müsste nach der gewöhnlichen Orthographie רָשׁ geschrieben sein, vgl. קָאם Hos 10 14. כַּף־רְמִיָּה ist Accus. bei עָשָׂה; רְמִיָּה ist Subst. (Barth § 127ᵈ) - das Nachlassen, Lässigsein, so auch קֶשֶׁת רְמִיָּה Hos 7 16; Ps 78 57, ein schlaffer Bogen. 4ᵇ חָרוּצִים = *Fleissige* kommt in diesem Sinne hier und 12 24; 13 4; 21 5 und 12 27 vor, vgl. Ges.-Buhl. תַּעֲשִׁיר Hiph. hier in akt. Bed. nach dem Zusammenhang, *schafft Reichtum*, sonst intrans. 21 17; 23 4; 28 20. 5 vgl. 6 8. *handelt schändlich* בֵּן מַבִישׁ ein Sohn, der schlecht handelt, oder ein Sohn, der Schande bringt (über seine Eltern). vgl. 14 35; 17 2; 12 4. נִרְדָּם hier wie das abgeleitete Nomen תַּרְדֵּמָה Gen 2 21 vom tiefen, festen Schlaf. 6 ist nicht deutlich; wir müssen von 6ᵇ ausgehen, das in 11ᵇ eine Parallele hat und bedeutet, dass die Gottlosen heimtückischer Weise Gewaltthat im Schilde führen. Auch 6ᵃ ist gleichbedeutend mit 11ᵃ, wenn man בְּרָכוֹת in der Bed. *Segenssprüche* anstatt *Segnungen* nimmt. Der Sinn von 6ᵃ ist dann *Das Haupt des Gerechten besitzt Segenssprüche*, d. h. daraus kommen sie hervor (v. 11ᵃ מְקוֹר חַיִּים). Und dadurch verbreitet er auch Segen. Dabei bedenke man, dass die Morgenländer einem Segen oder Fluch viel mehr Kraft zuschreiben als wir Abendländer. 7 steht unserer Auffassung von v. 6 nicht im Wege: auch nach seinem Tode wird man deshalb den Gerechten aus Dankbarkeit segnen (d. i. danken). 7ᵇ vgl. JSir 41 11ʰ. רָקֵב Jes 40 20 verfaulen (vom Holze). hier metaph.: *verwesen*. 8ᵃ vgl. 2 1; 7 2. לָבַט nur Niph. *zu Falle kommen*. sich ins Verderben stürzen, nur noch v. 10, vgl. jedoch die Anm. dazu u. Hos 4 14. אֱוִיל שְׂפָתַיִם wörtl. *thöricht von Lippen*. Der Weise ist bedachtsam. der Thor prahlt immer. 9ᵃ vgl. 2 7 הֹלֵךְ תֹּם. 9ᵇ יִוָּדֵעַ wird ertappt (12 16) und dann gestraft 5 10. 10ᵃ vgl. 6 13; 15 13. 10ᵇ ist nach der LXX übersetzt: ὁ δὲ ἐλέγχων μετὰ παρρησίας εἰρηνοποιεῖ vgl. die textkrit. Erl. bei KAUTZSCH. So kommt auch der antithetische Parallelismus zu seinem Recht, der sich in v. 1–9 findet. Der masor. Text lautet: *Und wer ein Narrenmaul hat, kommt zu Fall.* 11 מְקוֹר חַיִּים vgl. 13 14; 18 4. Durch seine Zurechtweisungen u. s. w. bringt der Weise andere auf den Weg zum Leben. 11ʰ vgl. 6ʰ. 12 מְדָנִים vgl. 6 14. 12ᵇ vgl. 17 9ᵃ; I Kor 13 4 7; Jak 5 20; I Ptr 4 8ᵇ. 13ᵃ vgl. Ps 37 30. 13ᵇ vgl. 26 3; 19 29. 14 יִצְפְּנוּ = *zurückhalten* ist parallel mit בִּסָּה in 12 23: es kann aber auch bedeuten: bei Seite legen, sammeln. Dann ist der Sinn: der Weise sammelt immer Weisheit (und ist darum bedächtig still. vgl. zu v. 8), während der Thor durch sein Reden Unheil stiftet. vgl. 10 19: 13 3ᵃ; 17 27ᵃ. מְחִתָּה (von חָתַת zerbrechen) eigentl.: *fractio*, Verwüstung. Untergang. 15ᵃ vgl. 18 11ᵃ. Durch sein Geld ist der Reiche in vieler Hinsicht sicher vor sich selbst und stark auch gegenüber andern Koh 7 12; JSir 40 25. 15ᵇ *Und die Armut der Dürftigen ist ihre Zerschmetterung* sc. des Mutes. So fasst den Sinn auch die Übers. bei KAUTZSCH. Aber מְחִתָּה kann auch allgemein genommen werden: dass die Dürftigen so oft misshandelt, ja ganz ruiniert werden, liegt in ihrer Armut; sie können sich nicht wehren, noch sich Freunde machen u. s. w. הוֹן und רֵישׁ, עֹז und קִרְיַת und מְחִתָּה stehen einander gegenüber. 16ᵃ vgl. v. 2ᵇ 11 19ᵃ. 16ᵇ Der פְּעֻלָּה *Erwerb des Frommen*, der durch Arbeit verdient wird Lev 19 13, steht gegenüber die תְּבוּאָה, *das Einkommen des Gottlosen*. Das erstere wird gut verwendet, das letztere in den Dienst der Sünde gestellt. Weil das erstere dem Leben zu Gute kommt. gereicht das letztere zum Verderben. 17 Man kann auch übersetzen: *Weg zum Leben ist es, wenn einer Zucht bewahrt.* Aber sowohl bei dieser Übersetzung wie bei der KAMPHAUSENS befremdet der Sinn. In 17ᵇ ist מַתְעָה intr.: doch man kann das Hiph. auch trans. nehmen: irre führen. Dann könnte אֹרַח לְחַיִּים in 17ᵃ Praed. von שֹׁמֵר מוּסָר sein: *der, welcher Zucht bewahrt, ist* auch für einen andern *ein Weg zum Leben, wer aber Rüge ausser acht lässt, führt irre*. Findet man dies Bild zu stark, so lese man mit EWALD אֹרַח *ein Wanderer zum Leben. vgl.* für dies Part. Hi 6 19; 31 32. 18ᵃ *Wer Hass verbirgt*, d. h. heimlich hegt.

ist trügerische Lippen — *ein Lügenmaul.* Vgl. 12 19 22; 26 24.   18ᵇ vgl.
Ps 120 2ª. MICHAELIS bemerkt treffend: odium tectum est dolosi. manifesta
sykophantia stultorum.   19ª לֹא תֶחְדָּל *nicht ausbleiben, nicht fehlen, nicht*
abgehen ohne, vgl. Dtn 15 11; Hi 14 7; Koh 5 1 2; Pirkē Abōth 1 17.   Zu 19ᵇ
vgl. 13 3; 14 16; 15 28; 17 27ª.   20ª vgl. 8 19.   20ᵇ כְּמָעַט *wenig wert,* wörtl..
ist wenig gleich.   21ª רָעָה *weiden* d. i. leiten, unterweisen, vgl. 17 ʰ.   21ᵇ
חֲסַר לֵב bedeutet 6 32; 7 7; 9 4 einen Unverständigen; hier dagegen abstract *Un-*
rerstand, cf. 28 22 und Hi 30 3 das Subst. חֶסֶר *Mangel* (BARTH, Nominalbild.
§ 21ᶜ). Der Sinn ist: während der Gerechte nicht nur selbst ein langes Leben
geniesst, sondern auch andere versorgt und zurecht weist, kommt der Thor
durch seinen eignen Unverstand um; vgl. 5 23; Hi 4 21.   22ª הִיא legt den
Nachdruck auf בִּרְכַּת יהוה: *Der Segen Jahwes, der* allein *macht reich* Ps 127 1 2:
JSir 11 22.   22ᵇ um übersetzen zu können: *Er fügt nicht Schmerz hinzu,*
müsste עָלֶיהָ (Jer 45 3) statt עִמָּהּ gelesen werden.   23ª כִּשְׂחוֹק, dasselbe
Wort auch von der חָכְמָה 8 30. Die Übersetzung *als ein Vergnügen* macht
die Beziehung dieses Wortes auf 23ᵇ bequem.   24ª הִיא vgl. 22ª. *Woror*
dem Gottlosen graut, ja *das* Grauen *kommt über ihn,* vgl. 11 27.   24ᵇ יִתֵּן
sc. הַנֹּתֵן oder impersonell: es gibt, vgl. 13 10; Hi 37 10, oder man vokalisiere יֻתַּן,
so Pesch. Targ. HIER.   25ª כְּ in כְּעָבוֹר = *wenn* 1 27; Jes 28 18.   25ʰ vgl.
30ª; 12 7; Ps 91 und 125 1.   26ᵇ לִשְׁלָחָיו Plur. wegen des dazu gedachten Be-
griffes אֲדֹנִים, Herr 25 13; 22 21, GES.-KAUTZSCH²⁶ § 124k oder weil der Sinn ist:
für jeden, der ihn aussendet, vgl. 19 24; 22 13.   27ª vgl. 14 27ª; 3 2: 9 11:
JSir 1 12. תִקְצָרְנָה ist hier intrans. wie von קָצַר = *verkürzt werden,* vgl. GES.-
BUHL.   28ª *endigt in Freude,* wörtl. *ist* oder *wird Freude,* sc. weil sie erfüllt wird und dann Freude bringt.   28ᵇ vgl. Ps 112 10; Hi 8 13.   29ª Zu
מָעוֹז und מְחִתָּה, vgl. v. 15. Die Frommen werden von Jahwe's Weltregierung
beschützt. Alle alten Überss. lasen לָתָּם statt לַתֹּם, dadurch tritt der Parall. mit
פֹּעֲלֵי אָוֶן noch klarer hervor.   29ᵇ vgl. 21 15.   30ª vgl. v. 25ᵇ; 11 5; 12 3 21:
24 16; Ps 10 6; 125 1 u. s. w.   30ᵇ cf. 2 21.   31ª vgl. 11 ª; Jes 57 19; Ps 37 30.
Die Antithese in 31ᵇ legt noch den Gedanken nahe: und darum wird er von
Jahwe geschont, erhalten.   31ᵇ *die Zunge der Verkehrtheit,* vgl. 8 13ᵇ.
32ª *wissen,* sind bedacht auf, vgl. 16 13; *wohlgefällig* nämlich Gott und den
Menschen, vgl. 11 27; 14 9. In 11 1; 12 22; 15 8 dagegen ist bloss vom Wohlgefallen Gottes die Rede.   32ᵇ ist ein Nominalsatz.

Cap. 11. Auch dies Capitel redet von allerlei: von falschem und vollem
Gewicht, von Hochmut und Demut, vom Segen der Gerechtigkeit, vom Fehl-
schlagen der Erwartung für den Gottlosen, vom bösen Maul, vom Einfluss der
Gottlosen und Gerechten auf ihre Umgebung, vom Ausplaudern und Bewahren
von Geheimnissen, von der Gefahr des Bürgschaftleistens, von der anmutigen
Frau, von Lohn und Strafe, von der unverständigen Frau, von Mildthätigkeit
und Gier, vom eitlen Vertrauen auf irdische Schätze, von Vergeltung u. s. w.

1ª vgl. Dtn 25 13-16; Prv 16 10; 20 10 23.   1ᵇ אֶבֶן שְׁלֵמָה ist das Gegenteil
von dem Dtn 25 13 genannten אֶבֶן וָאָבֶן = zweierlei Steine. So ist I Chr 12 33 (cf.
v. 33) בְּלֹא לֵב שָׁלֵם das Gegenteil von בְּלֵב וָלֵב vgl. Ps 12 3. אֶבֶן ist hier der *Gewicht-*
stein.   2ª vgl. 16 18; 18 12. Wörtl.: *Der Übermut war gekommen, da kam auch*

die Schande, oder: *ist der Ü. gekommen, dann kommt auch Sch.*; so wird die Gewissheit, dass Schande kommen werde, ausgedrückt.   2ᵇ צְנוּעִים *die Bescheidenen* vgl. 13 10; Mch 6 8.   Wie die Thorheit קָלוֹן zur Folge hat, so die Weisheit כָּבוֹד vgl. 3 16; 8 18.   3ᵃ תַּנְחֵם *sie leitet sie*, wie ein Hirte; der Begriff der Beschirmung liegt darin.   3ᵇ סֶלֶף bloss hier und 15 4 = *Verkehrtheit, Falschheit*. Das Verbum סָלַף verdrehen, umstürzen kommt häufiger vor.   Lies mit Ḳᵉrᵉ יְשָׁדֵּם von שָׁדַד verwüsten, verderben.   4 vgl. 10 2.   בְּיוֹם עֶבְרָה *am Tage des Zornes* sc. Jahwe's cf. Hes 7 19; Zph 1 18; Hi 21 30.   5ᵃ vgl. 3 6.   6 vgl. 10 3.   6ᵇ vgl. Jak 1 15; Mch 7 3; Prv 5 22.   Wörtl.: *und durch die Gier der Treulosen werden sie*, die Treulosen *gefangen*; dieselbe Constr. Gen. 9 6; Ps 32 6, vgl. v. 9ᵇ.   7ᵇ אוֹנִים nehmen einige = אָוֶן אָנַשׁ; BICKELL liest: אֱוִלִים. Vielleicht ist אוֹנִים ein Plur. abstr. von אָוֶן also: *Erwartung der Ruchlosigkeit*, d. i. ruchlose Erwartung.   8 vgl. 21 18. Zuerst das Perf., dann das Imperf. mit ו consec. wie v. 2.   9ᵃ חָנֵף Frevler, Ruchloser, Gottesverächter, vgl. 12 6ᵃ; 14 3.   9ᵇ Eine Konstr. wie in v. 6ᵇ, oder צַדִּיקִים ist Subj., wie in der Übers. bei KAUTZSCH. Auch kann man צַדִּיקִים mit דַּעַת verbinden und יֵחָלֵצוּ impersonell auffassen *wird man gerettet*. Bei dieser letzten Übers. (DYSERINCK) kommt der antithetische Parallelismus gut zu seinem Recht.   10 vgl. 28 12 28; 29 2.   11 vgl. 14 34; 28 12.   12ᵃ vgl. 14 21ᵃ.   בּוּז verachten, verächtlich begegnen mit לְ vgl. 6 30.   12ᵇ יַחֲרִישׁ *schweigt stille*, bewahrt Schweigen (Hiph.) selbst gegenüber der Lästerzunge der Unverständigen; man könnte beinah übersetzen: ist taub dagegen. vgl. I Sam 10 27.   13ᵃ הוֹלֵךְ רָכִיל, hier steht רָכִיל im Acc. Lev 19 16; Prv 20 19ᵃ; Jer 6 28; 9 3.   רָכִיל = Verläumdung, Hes 22 9 אַנְשֵׁי רָכִיל (BARTH. § 85f.). Die Grundbedeutg. ist = רָגַל herumgehen sc. um zu lästern; wahrscheinl. steht in diesem Sinne רָגַל in Ps 15 3.   13ᵇ נֶאֱמַן־רוּחַ *wer* festen, d. i. *zuverlässigen Geistes* ist. JSir 27 16.   14ᵃ תַּחְבֻּלוֹת vgl. 1 5.   יִפָּל־עָם *das Volk fällt*, steht gegenüber תְּרוּם v. 11. die Stadt *kommt empor*.   14ᵇ vgl. 15 22ᵃ; 24 5 6.   15ᵃ רַע ist adverbiell. im Acc. stehendes Adj., anstelle des sonst in solcher Constr. gebräuchlichen Inf. abs. יֵרוֹעַ ist Imperf. Niph. von רעע gebildet nach Analogie der Verba ע״י = übel behandelt werden.   עֹרֵב זָר wegen der Constr. mit Acc. vgl. 6 1.   15ᵇ תֹּקְעִים vgl. 6 1ᵇ.   תֹּקֵעַ כַּפָּיִם *in die Hand einschlagen.* Hier wird einfach von allem Bürgschaftleisten abgeraten (vgl. 17 18) wegen der damit verbundenen Gefahr.   6 1–4 gibt vielleicht eine höhere Moral, vgl. die Anm. zu 6 3.   16 תָּמָךְ bed. auch erreichen, erlangen, *empfangen* vgl. 29 23.   עָרִיצִים *Gewaltthätige* (vgl. Jes. 49 25) steht gegenüber dem „anmutigen Weibe".   17 גָּמָל Assyr. *gamālu* wohlthun; hier: *sich selbst versorgen.*   17ᵇ עָכַר in Verwirrung bringen (so v. 29). ins Unglück stürzen; vgl. JSir 14 6ᵃ. Unser Spruch bezieht sich auf die gerechte Vergeltung Gottes.   גָּמַל und עָכַר sind Prädikate.   18ᵃ *trügerischen Gewinn* d. i. Gewinn, der enttäuscht, der nicht gewährt, was man hofft, vgl. 10. 16.   18ᵇ vgl. Hos 10 12; שָׂכַר abhängig von עֹשֶׂה in 18ᵃ.   19ᵃ statt כֵּן lies רֵעָה vgl. 15 14; Hos 12 2; Ps 37 3, vgl. textkrit. Erl. bei KAUTZSCH. LXX las בֵּן statt כֵּן = *der Sohn der Gerechtigkeit*: das erforderte nur eine kleine Textänderung. Die masor. Lesart wäre zu übersetzen: *das Richtige der Gerechtigkeit*, d. i. die echte G. Vgl. über כֵּן 15 7.   20ᵃ vgl. 17 20.   20ᵇ vgl. 2 21: Ps 119 1ᶜ.   21ᵃ יָד לְיָד nur noch 16 5ᵇ = *die Hand darauf, wahrlich*; im Syr. ist כּוּשׁ!

allmählich. 21ᵇ זֶרַע צַדִּיקִים vgl. Ps 24 6 112 2 Jes 65 23. 22ᵃ Die goldenen Nasenringe נֶזֶם werden von den Frauen im rechten Nasenflügel getragen und sind so gross, dass sie auf den Mund herabhängen. Einen solchen Ring denkt sich der Autor an einem Schweinsrüssel. 22ᵇ טַעַם eigentl.: Geschmack. dann *Klugheit*, vgl. lat.: sapere, insipidus; auch hier mehr ethisch und praktisch als intellectuell aufgefasst; darum in der Übers. bei KAUTZSCH *ein Weib, das ... nichts von Schicklichkeit weiss.* 23ᵇ עֶבְרָה kann, wie in der Übers. bei KAUTZSCH, den *Zorn Jahwe's* (vgl. v. 4), aber auch den *Übermut* der Gottlosen bedeuten, vgl. 21 24 Jes 16 6. Dann lautet die Übers.: *der Frommen Wünsche sind lauter Glück* für Andere, *der Gottlosen Hoffen ist Übermut*, wodurch sie andere bedrücken, um sich selbst zu bereichern. Die LXX vokalisierte: עָבְרָה ἀπολεῖται = geht zu Grunde. 24ᵃ Wörtl.: Es gibt solche, welche reichlich geben u. s. w.; zu פֻּר in dieser Bed. vgl. Ps 112 9. 24ᵇ Zu יֹשֶׁר *Gebühr* vgl. Hi 33 23; hier am besten mit der Übers. bei KAUTZSCH und mit DELITZSCH: *was sich gebührt*. PERLES, Analekten S. 88, hält מִישָׁר für verschrieben aus מֵעֹשֶׁר: „*wer mit seinem Reichtum kargt, der wird selber arm.*" 25ᵃ נֶפֶשׁ בְּרָכָה wörtl. *eine Segensseele.* eine Seele, die Segen verbreitet. תְּדֻשָּׁן wörtl. *wird fett gemacht* vgl. 13 4; 22 9; 28 25. 25ᵇ יוֹרֵא ist Imperf. Hoph. von יָרָא = יָרָה b20besprengen, benetzen, vgl. GES.-KAUTZSCH²⁶ § 69 w. Nach DELITZSCH ist diese Form per metathesin aus יָרְוֶה (*er wird getränkt*) = יָוְרֶה = יוֹרֵא entstanden; vielleicht ein Gehörfehler. PERLES, Anal. S. 90, will יְרֻוָא statt יוֹרֵא lesen und nimmt einen Stamm רוא neben רָוָה an. 26ᵃ לְאֹם kommt meistens im Pl. vor. Nach BARTH § 65ⁿ = *Versammlung*, nach DE LAGARDE, Übersicht über die im Aram.... übl. Bildung d. Nomina S. 180 = *das gemeine Volk* und davon λεως, λαός. מַשְׁבִּיר ist Denom. von שֶׁבֶר Getreide. v. 24 25 und 26 enthalten den gleichen Hauptgedanken: Wer gibt, dem wird gegeben werden, und der Geiz straft sich selbst. 27ᵃ vgl. Am 5 14 und Prv 8 35ᵇ; zu שָׁחַר vgl. 1 28. 27ᵇ vgl. 10 24. 28ᵃ Statt יִפֹּל *er wird fallen* verlangt die Antithese im zweiten Teil: יִבֹּל *der wird verwelken*, so EWALD und DYSERINCK, vgl. Ps 1 3; Hi 1 11; Ps 49 7; 52 9 10; 62 11; JSir 5, 8 (10). 28ᵇ vgl. Jes. 66 14; Ps 92 8 13; 1 3. Statt וְכָעֲלֶה las LXX וּמַעֲלֶה wer dem Gerechten aufhilft. 29ᵃ עֹכֵר vgl. v. 17ᵇ. *Wer sein eigenes Haus verstört*, nämlich so wie v. 17ᵇ vorausgesetzt wird, *wird Wind zum Besitz erlangen* d.h. wird sein Hab und Gut dahinschwinden sehen. Für עֹכֵר würde hier besser die erste Bedeutung passen: in Verwirrung bringen. 29ᵇ der Mann, der so dumm handelt, endigt damit, dass er ein Sklave dessen wird, der weise ist und weise handelt. 30ᵃ vgl. 3 18. Alles, was der Gerechte hervorbringt, seine Reden und Thaten weisen andern den Weg zum Leben. 30ᵇ לֹקֵחַ *gewinnen, für sich einnehmen*, 6 25 von dem fremden Weib gesagt. 31 Hier spricht sich der feste Glaube an eine diesseitige (בָּאָרֶץ) Vergeltung aus. שָׁלַם = *vergelten* ist vox media und bed. sowohl bestrafen als belohnen. Unser Vers ist 1Pt 4 18 nach der stark abweichenden Lesart der LXX citiert. אַף כִּי eigentlich: soll noch gesagt werden, dass ...? = *wie viel mehr:* vgl. 15 11; 17 7.

Cap. 12. Inhalt: Liebe zur Zucht und Kenntnis. Hass gegen Zurechtweisung, der feste Grund der Wohlfahrt, die tüchtige Hausfrau, die Verschlagenheit der Gottlosen und die Hilfsbereitschaft der Gerechten. Sorge für die Tiere, das Straucheln in Worten, das Horchen auf Rat, das gelassene Tragen von Beleidigung, der wahre und der falsche Zeuge, die bleibende Kraft der Wahrheit und die kurze Dauer der Lügenzunge, Jahwes Wohlgefallen an Treue, sein Abscheu vor Betrug, Fleiss und Trägheit, Trübsinn und Frohsinn. der Weg der Frommen und der Gottlosen u. s. w.

1ᵃ Durch מוּסָר *Zucht* kommt man einzig und allein zur דַּעַת *Kenntnis*. 1ᵇ *Wer aber Rüge hasst*, mag er sich auch noch so schön zeigen, ist ein בָּעַר, ein Vieh, vgl. homo brutus und בְּהֵמָה in Ps 49 21; 73 22.   2ᵃ vgl. 8 35ᵇ; יָפִיק vgl. 3 13.   2ᵇ אִישׁ מְזִמּוֹת vgl. 24 8 und zu מְזִמּוֹת 1 4.   יַרְשִׁיעַ ist ein juridischer Ausdruck = er (sc. Gott) *verurteilt*, das Gegenteil von יַצְדִּיק *er spricht frei*. 3 לֹא יִכּוֹן *er gelangt nicht zu festem Bestand*.   3ᵇ Der Gerechte ist ein Lebensbaum; 11 30 heisst so die Frucht des Frommen, vgl. das Bild vom Lebensquell in 10 11. Ist die Wurzel fest, so steht auch der ganze Baum unerschütterlich fest v. 12.   4ᵃ אֵשֶׁת חַיִל vgl. 31 10; Rt 3 11. חַיִל = Kraft, Vermögen. aber auch Tüchtigkeit, vgl. lat. virtus.   4ᵇ רָקָב *Wurmfrass* vgl. 14 30, bildlich Hab 3 16; cf. das Verbum in 10 7.   מְבִישָׁה *eine schandbare* vgl. 10 5; 13 5; 19 26. Dem Bilde liegen andere physiologische Vorstellungen zu Grunde als die. welche wir im 19. Jahrhundert haben. Offenbar wird das Knochengerüst für das Substantielle, den Kern des Leibes, angesehen. so auch 14 30. Darum wird auch Eva aus einer Rippe Adams gebildet, Gen 2 21 f. vgl. zu 3 s. Ist ein tugendhaftes Weib ein Zierrat ihres Mannes, so greift dagegen ein Weib. welches das Gegenteil ist und ihrem Manne nur Schande bringt. das Mark seines Lebens an, vergiftet sein Dasein.   5ᵇ תַּחְבֻּלוֹת vgl. 1 5; 11 14; 20 18; 24 6 hier allein in malam partem. מַחְשָׁבוֹת und תַּחְבֻּלוֹת sind parallel. Mit Recht ist für die Überlegungen der Gerechten, welche gerade und offen sind. das einfache Wort gewählt, abgeleitet von חָשַׁב, bedenken, überlegen, während für die mehr verdeckten Pläne der Gottlosen תַּחְבֻּלוֹת gebraucht ist.   6ᵃ Während der Mund der Frommen ein Lebensquell ist (10 11), so sind dagegen die Worte der Gottlosen gefährlich für das Leben, weil sie den. welcher darauf horcht. in Lebensgefahr bringen. Dieser v. 6ᵃ hat wahrscheinlich dem Verf. von Cap. 1—9 Anlass gegeben zu dem, was er 1 11—19 schrieb. Er fasste v. 6ᵃ also folgendermassen auf: die Gottlosen sprechen unter einander über das Lauern nach Blut, אָרַב אָרְבּ־דָּם. אָרַב wird sonst mit לְ (1 11) oder עַל construiert.   6ᵇ יַצִּילֵם *errettet sie*, nämlich die, welche durch den Mund der Schlechten in Lebensgefahr kommen. Vgl. 13 3; 14 3.   7ᵃ הָפוֹךְ רְשָׁעִים vgl. Ges.-Kautzsch²⁶ § 113 ff. Der Inf. absol., welcher hier das Verbum finitum vertritt und am besten durch das Passiv wiederzugeben ist, steht voran, um den Nachdruck auf das Zeitwort zu legen.   7ᵇ vgl. 10 25; 14 11ᵃ 32.   S vgl. 18 3.   לְפִי *gemäss*.   9ᵃ נִקְלֶה hier = *gering geachtet*; sonst drückt קָלָה und קָלוֹן schon prägnant den Begriff der *Schande* aus. Der hebr. Text, welcher lautet: *und doch dabei einen Diener hat*, ist nicht so ganz unverständlich. Ein Morgenländer kann sich sehr leicht einen Sklaven halten. da diese nicht teuer waren. Der Durchschnittspreis dafür war bei den alten Hebräern 30 Sekel = 75 Mark (Ex 21 32): auch später war die Summe nicht gross; ja Nikanor wollte 90 Juden für ein griechisches Talent verkaufen (II Mak 8 11), d. i. ein Sklave für ungefähr 50 Mark. Man

konnte also in sehr bescheidenen Verhältnissen leben und doch einen Knecht
besitzen.   9ᵇ Dem steht gegenüber der מִתְכַּבֵּד, *der sich wichtig macht* und
doch kein Brot im Hause hat 13 7. Zum Hithp. vgl. הִתְנַבֵּא sich wie ein Prophet
geberden.   10ᵃ vgl. 27 23.   נֶפֶשׁ, Seele d. i. das Lebensprincip, Leben, aber
auch = Gemütszustand.   Der Gerechte wird also sein Vieh nie quälen oder
ihm zu viel Arbeit auferlegen.   10ᵇ רַחֲמִים hier in seiner ursprünglichen Bed.:
riscera, das Innere, *Herz*. 10ᵇ ist aus 10ᵃ zu erklären.   An und für sich könnte
10ᵇ bed.: wenn die Gottlosen je einmal in ihrer Weise barmherzig sind, so fühlen
die, welchen sie helfen wollen, doch davon nur die Hartherzigkeit, weil die
Gottlosen die wahre Barmherzigkeit nicht kennen.   11ᵃ Wörtl.: *wird sich
sättigen mit Brot*, JSir 20 27ᵃ.   11ᵇ *nichtige Dinge* = רֵיקִים LXX ματαῖα:
Aq. Theod. κενά; gewöhnl. von Personen gebraucht Jdc 9 2; II Reg 4 3. Doch
ebenso neutrisch gebraucht: נְגִידִים *das Edle* 8 6 יְשָׁרִים *das Gerade* 16 13.
12ᵃ Verschiedene Erklärungen und Textveränderungen hat man an diesem
Verse versucht, bis jetzt ohne allgemeine Zustimmung.   Wenn man am masor.
Text festhalten will, so muss man רָעִים neutr. auffassen = schlechte Dinge (vgl.
רֵיקִים in v. 11ᵇ) und in מְצוֹד einen Inf. nach aramäischer Weise sehen. Im Aram.
beginnen alle Inff. im Ḳal mit מ.   Vielleicht ist mit Perles, Analekten. S. 68
רָעִים zu vokalisieren: *der Gottlose sucht die Nächsten zu fangen*. Die LXX
las חָמְדַת ἐπιθυμίαι. Als Sing. aufgefasst (חֶמְדָּת) käme der Parallelismus mit 12ᵇ
besser zu seinem Rechte.   12ᵇ Statt יִתֵּן lies אֵיתָן vgl. Ps 74 15 u. s. w. und
textkrit. Erl. bei Kautzsch.   13ᵃ Lies נוֹקֵשׁ *verstrickt sich* nach 6 2 (Dyserinck
מוּקָשׁ), vgl. textkrit. Erl. bei Kautzsch.   13ᵇ וַיֵּצֵא Imperf. mit ו consec. *und
so entkommt*. Der Sinn ist alsdann: Will auch der Gottlose durch Schmähungen
dem Gerechten Leid thun, so glückt es ihm doch nicht, weil er sich selbst in
seinen Worten verstrickt. Allein wenn man וְיֵצֵא vokalisiert, ist der Sinn folgender: während der Gottlose sich immer wieder in seinen Worten verstrickt,
braucht es dem Gerechten davor nicht bange zu sein, weil er stets die Wahrheit
redet.   Derselbe Vers steht, stark verändert, 29 6.   14ᵃ vgl. 13 2ᵇ; 18 20ᵃ;
es ist natürlich von einem Gerechten hier die Rede, im Gegensatz zu v. 13ᵃ;
vgl. 10 6.   14ᵇ גְּמוּל יָדַיִם *das Vollbrachte, die That*.   יָשׁוּב לוֹ so Ḳĕtib und
Übers. bei Kautzsch. Das Ḳĕrē lautet: יָשִׁיב לוֹ, er näml. Jahwe *vergilt es ihm*
oder: *man vergilt es ihm*.   15ᵃ vgl. 3 7.   Der Narr hält sich selbst für
weise.   15ᵇ vgl. 13 10ᵇ; 14 12; 16 2 25; 19 20; 21 2.   Man kann חָכָם auch als
Präd. nehmen: *wer auf Rat hört, ist weise*, zeigt dadurch schon, dass er kein
Narr ist.   16ᵃ *auf der Stelle*, wörtl.: an demselben Tage. Der Narr handelt
in der Aufwallung seines Zornes, kann seinen Ärger nicht verbergen. אֱוִיל
steht des Nachdrucks wegen voran. Man könnte übersetzen: *Ein Narr ist der,
welcher seinen Ärger sofort kund werden lässt*.   16ᵇ lehrt, dass *der Ärger*
in v. 16ᵃ durch Beschimpfung hervorgerufen ist.   17ᵃ יָפִיחַ vgl. 6 19. יָפִיחַ
אֱמוּנָה wörtl.: *wer Wahrhaftigkeit atmet* = ein wahrheitsliebender Mann, der
sagt aus, wenn man es von ihm fordert, z. B. vor Gericht, *was recht ist*.   17ᵇ vgl.
14 5 25ᵇ. מִרְמָה ist Obj. zu יַגִּיד.   18ᵃ בֹּטֶה. sonst בָּטָא Lev 5 4; Ps 106 33 *schwatzen*,
unbesonnen reden und מִבְטָא das unbesonnen Ausgesprochene Num 30 7 9. Abgesehen von den erwähnten späten Stücken kommt der Stamm im AT nicht mehr

vor, wohl aber im Neuhebräischen. Es gibt solche, welche durch ihr Geschwätz andere wie mit Schwertstichen verwunden.   18ᵇ מַרְפֵּא, vgl. 4 22, *Heilung* selbst für die von Narren verursachten Wunden.   19ᵇ וְעַד־אַרְגִּיעָה wörtl.: *so lange ich mit den Augen zucke.* Vielleicht ist aber אַרְגִּיעָה ein Subst.=רֶגַע Augenblick, BARTH § 86. עַד *so lange als,* während.   20 Bei denen, die Böses schmieden, findet man nur Betrug, bei denen, die zum Frieden oder Heil raten, findet man Freude. Man halte es darum mit den letztern; denn bei den ersteren steht man schliesslich selbst als der Betrogene da.   21ᵃ vgl. J Sir 33 1ᵃ. כָּל־אָוֶן ..... לֹא *keinerlei Unheil.* אָוֶן Falschheit, Verkehrtheit, Sünde, aber auch Böses in physischem Sinn und *Unheil,* so auch 22 8 und sonst.   יְאֻנֶּה Pu. von אָנָה auch noch Ps 91 10 = zugefügt werden, zustossen.   21ᵇ vgl. Ps 32 10. In diesem V. spricht sich die A. T.liche Vergeltungslehre schon sehr scharf aus.   22 vgl. 11 1 20.   עֹשֵׂי אֱמוּנָה vgl. Jes 26 2 גּוֹי צַדִּיק שֹׁמֵר אֱמֻנִים ein rechtschaffenes, die Treue wahrendes Volk. 23ᵃ כֹּסֶה דָּעַת *verbirgt seine Erkenntnis* besser übersetzt: *birgt Erkenntnis*: denn der Dichter will nicht sagen, dass *ein kluger Mann* oder besser: *ein kluger Mensch* seine Kenntnis immer für sich behält; im Gegenteil, er verkündet sie zum Besten anderer, er lehrt andere. Der Dichter meint vielmehr, ein weiser Mensch ist nicht so redselig wie ein Thor, 16ᵇ, deswegen darf man ihn aber doch nicht geringer achten. Wenn du einem schweigsamen Menschen begegnest, so bedenke, dass er Weisheit in sich birgt, 10 14.   23ᵇ vgl. 13 16ᵇ: 15 2ᵇ. Der Thor geht mit seiner Thorheit hausieren. ist damit immer wieder bei der Hand. יִקְרָא schreit aus, posaunt aus.   24ᵃ חָרוּצִים vgl. 10 4.   24ᵇ רְמִיָּה vgl. 10 4.   הָיָה לָמַס = *frohnpflichtig werden.* מַס *Zins* ist vielleicht ein ägyptisches Wort. In 11 29 heisst es, der Narr wird ein Sklave des Weisen; vgl. 19 15.   25 vgl. 15 13; 17 22, was den Sinn anlangt. Die Verbalsuffixe beziehen sich auf לֵב, das eigentlich Masc. ist.   Doch kommt Hes 16 30 לְבוֹת und I Chr 28 9 לְבָבוֹת vor. Entweder wegen dieser Pluralendung oder weil dem Verf. dabei נֶפֶשׁ vorschwebte, sind in dichterischer Freiheit die Femininsuffixe gesetzt worden; dagegen steht bei דְּאָנָה das Zeitwort im Masc.   26 יָתֵר Hiph. von תּוּר herumgehen, nämlich um zu kundschaften; vielleicht ist statt des Jussivs יָתֵר zu lesen: יָתִיר oder יְתֵר, da I al dieselbe Bed. hat.   Ferner muss מִרְעֵהוּ *seine Weide,* Hi 39 8 vokalisiert werden, vgl. textkrit. Erl. bei KAUTZSCH.   Der Gerechte, der auf dem Wege des Lebens wandelt, schaut sich frei um nach einer guten Weide, für den Nomaden das Bild des Reichtums.   Aber der Gottlose kann auf seinem Weg nur irre gehen.   27ᵃ יַחֲרֹךְ ἅπαξ λεγόμενον. nach der jüd. Tradition = *braten,* nach SCHULTENS = Arab. خَرَكَ *haraka* aufjagen. vom Wild, letzteres von den meisten Exegeten angenommen. Zieht man jedoch die jüd. Überlieferung vor, so ist es ein Aramaismus خُبَا = ussit. torruit. BROCKELMANN, lex. syr. s. v. Es kommt allerdings nicht vom Braten des Fleisches. sondern vom Rösten des Kornes vor: das hebr. Wort für ersteres ist צָלָה: allein בָּשַׁל *kochen* wird auch für *backen* gebraucht II Sam 13 8. חָרַךְ könnte vielleicht ein technischer Ausdruck fürs Braten] des Wildes sein.   רְמִיָּה abstr. pro concreto vgl. 17 4ᵇ. Der Sinn ist also: die Trägheit ist sogar zu faul. das Wild. das sie gefangen hat, zu braten; oder: sie kann es nicht braten. weil sie zu faul ist, das Wild zu fangen.   27ᵇ חָרוּץ ist vielleicht besser als Inf. abs. חָרוֹן zu

vokalisieren: *das Fleissigsein;* vgl. jedoch 10 17 שׁוֹמֵר, wo wir שְׁמֹר erwarten
würden.   **28** Die masor. Vokalisation will einen synthetischen Parallelismus
haben: *und der Weg ihres Pfades,* näml. der Gerechtigkeit *ist Nicht-Tod.* Aber
ein antithetischer Parallelismus ist wahrscheinlicher, und mit אַל zusammen-
gesetzte Substantive kommen sonst nicht vor. Nach דֶּרֶךְ würde man eher die
Präposition אֶל erwarten, wie auch alle Übersetzungen vokalisieren. PERLES
Analekten S. 87 (vgl. auch LEVY, chald. Wörterb. s. v. אַכְתָּנָא wie auch Pesch.
liest) vermutet, dass נִתְעָב oder genauer נִתְעָבִים gelesen werden muss als Gegensatz zu צְדָקָה. Auch in 11 24 hält er ' für verschrieben aus ע, vgl. unsere Bem.
dort; auch in Jes 38 13 ändern viele Exegeten שִׁוִּיתִי in שִׁוַּעְתִּי. Die Übersetzung
lautete dann: *Auf dem Pfade der Gerechtigkeit ist das Leben* zu finden, *aber
der Weg der Verabscheuenswerten* führt *zum Tode,* vgl. 13 6.

     Cap. 13. Inhalt: Der Segen der Zucht, Behutsamkeit im Reden, Abscheu
vor Lügen, sich anders geben als man ist, Hochmut, plötzliches Reichwerden,
langes Harren und erfüllte Erwartung, Verpflichtung gegen das gegebene
Wort, Unterricht der Weisen, Weisheit und Unverstand, Umgang mit Weisen
und Thoren, das Erbteil der Gerechten, der Reichtum infolge ehrlicher Arbeit,
die Pflicht einer strengen Erziehung u. s. w.

     1 Nach EWALD beginnt hier der zweite Abschnitt dieser salomonischen
Sprüche, vgl. die Bem. zu 10 1.   אָב, lies mit DYSERINCK dafür אָהַב, vgl. textkrit. Erl. bei KAUTZSCH. Der Parallelismus fordert ein Verbum, und ohne ein
solches bleibt jede Übersetzung gekünstelt.   **2**ᵃ vgl. 12 14ᵃ.   **2**ᵇ Während
der Gerechte, von dem **2**ᵃ die Rede ist, durch seine weisen Worte nicht bloss
andern, sondern auch sich selbst zum Segen gereicht, geht die Begierde, נֶפֶשׁ,
der Treulosen nur darauf aus, andere zu ǀbenachteiligen, sie gewaltthätig zu
berauben. Vgl. für die Bed. נֶפֶשׁ = Verlangen, Begierde, 23 2: בַּעַל נֶפֶשׁ = ein
Gieriger.   **3**ᵃ vgl. 10 19ᵇ; 21 23.   **3**ᵇ vgl. 10 14ᵇ; 18 7ᵃ *dem droht,* wörtl.:
dem ist.   **4**ᵃ וָאַיִן Apodosis: *und es giebt,* kommt *nichts = aber rergebens.*
נַפְשׁוֹ Das Suff. weist im Voraus auf עָצֵל, ein Aramaismus, vgl. die Anm. zu 22 11
und ferner 5 22; 13 24ᵇ. Allein dann würde man doch auf aramäische Weise
eine Präposition (?) vor עָצֵל erwarten oder שֶׁל עָצֵל wie im spätern Hebräisch.
Darum ist es besser, in נַפְשׁוֹ einen alten Nominativ zu sehen, wie in בְּנוֹ צִפֹּר
Num 23 18, בְּנוֹ בְעֹר Num 24 3 15, חַיְתוֹ אָרֶץ Tiere des Landes Gen 1 24,
מַעְיְנוֹ-מָיִם die Wasserquellen Ps 114 8, vgl. GES.-KAUTSCH ²⁶ § 90 ɴ.   **4**ᵇ תְּדֻשָּׁן
vgl. 11 25.   **5** Nimmt man דָּבָר in der Bed. von *Wort,* so ist der Sinn: der
Gerechte hasst die Lügen, aber der Gottlose bringt den Nächsten in Schimpf
und Schande; fasst man dagegen דָּבָר in weiterem Sinn = *Sache* auf, so übersetze man wie die Übers. bei KAUTZSCH. יַבְאִישׁ wörtl.: stinkend machen. Aber
in 19 26 stehen מֵבִישׁ und מַחְפִּיר neben einander; deshalb wollen einige בָּאֵשׁ =
בּוֹשׁ oder für eine verkehrte Schreibweise von בּוֹשׁ nehmen, wie Jes 30 5 הִבְאִישׁ =
הֹבִישׁ.   **6** צְדָקָה *Frömmigkeit* steht der רִשְׁעָה *Gottlosigkeit* gegenüber. Ist
jemand von Frömmigkeit beseelt, so wird er von *unsträflichem Wandel,* wörtl.:
Unsträflichkeit des Wandels תָּם-דָּרֶךְ. sein und dabei erhalten werden und also
alles empfangen, was einem solchen Wandel verheissen ist. Lebt dagegen Gottlosigkeit in seinem Herzen, so offenbart diese sich in Sünde und diese führt

zum Verderben. תְּסַלֵּף auch 19 3 und 21 12 mit לָרָע ins Verderben stürzen.
Man kann den Satz auch einfacher auffassen: und תְּסַלֵּף דָּרֶךְ = unsträflicher von
Wandel d. i. Gerechter nehmen (vgl. 10 29) und חַטָּאת = Sünder. 7 Die
hiermit gegebene Lehre ist: Gehe nicht auf das Äussere. Zum Hithp. vgl.
מִתְכַּבֵּד 12 9. 8 Der Sinn ist: Wozu dient Reichtum? Wenn man reich ist,
so läuft man Gefahr, von Räubern gefangen zu werden, die nach dem Lösegeld
lüstern sind. In diese Gefahr kommt der Arme nicht, weil man weiss. dass bei
ihm nichts zu holen ist. M. a. W. der Reiche ist oft in Gefahren, die für den
Armen nicht vorhanden sind; dann ist sein Reichtum gerade nur dafür gut. als
Lösegeld zu dienen. 9 אוֹר kann auch das Tageslicht sein, während נֵר als
künstliches Licht schwächer ist; darum steht אוֹר bei צַדִּיקִים und נֵר bei רְשָׁעִים.
יִשְׂמָח *scheint fröhlich*, wörtl.: ist fröhlich. Hitzig vergleicht „die lachende
Zunge der Kerze" in Meidani Arabum Proverbia. ed. Freytag III 1 475.
אוֹר = אוֹר הַחַיִּים Ps 56 14, vgl. Ps 97 11. 9 b vgl. 24 19 20; 20 20: Hi 18 5 f.: 21 17.
10ª רַק steht wie אַךְ und גַּם voran, gehört aber dem Sinne nach zu מַצָּה *Zank*.
Letzteres, abgeleitet von נָצָה *zanken* ist ein spätes Wort, das nur noch 17 19
und Jes 58 4 vorkommt, יִתֵּן Subj. unbestimmt = man oder es gibt. 10 b vgl.
11 2; 12 15b; 19 20. 11 Durch Arbeit kann das Vermögen nur langsam an-
wachsen, Reichtum, der in kurzer Zeit gesammelt wird. kann auch schnell verloren gehen. Der Dichter braucht in v. 11ª gerade nicht an unehrlich erworbenes
Vermögen gedacht zu haben, er kann z. B. den Handel der Arbeit gegenüber
gestellt haben. Die Lesart der LXX מְבֹהָל statt מְהֻבָּל findet eine Stütze an
20 21; 28 22 und bildet einen treffenden Gegensatz zu עַל־יָד in 11 b. das hier
händenveis d. i. allmählich bedeutet. 12ª מְמֻשָּׁכָה *lang gedehnt*, hier von der
Zeit, in Jes 18 2 7 hoch gewachsen. von den Äthiopern. מַחֲלָה Part. fem. Hiph.
krank machend. 13 Die Frage ist. was bedeutet לוֹ יֵחָבֶל? Heisst es *verderben* oder *verpfänden*? Beides passt in den Zusammenhang. jedoch ist im
ersten Fall לוֹ ziemlich überflüssig: er wird ins Verderben gestürzt für sich.
Im andern Fall bezieht sich לוֹ auf דָּבָר und ist der Sinn dieser: Wer das Wort
d. i. die Ermahnung des Gesetzes und der Weisen verachtet. bleibt ihm doch
verpfändet, d. h. es kommt eine Zeit. da es ihm durch Strafe zu Bewusstsein
gebracht werden wird, dass er zu Gehorsam verpflichtet war. Dieser Gedanke
passt vortrefflich zu 13b: wieviel gescheiter ist es dann doch. das Gebot zu
fürchten, da man alsdann belohnt wird. Vgl. ferner 16 20. 14 vgl. 10 12. wo
dasselbe vom Mund des Gerechten gesagt wird. und 14 27. wo die Furcht des
Herrn anstatt des Weisen Lehre steht. לְמַעַן סוּר = לָסוּר 15 24 *um zu meiden*.
15 אֵיתָן heisst gewöhnlich *dauerhaft*. Das passt hier natürlich nicht. Darum
will man dem Worte einen andern Sinn geben. In Num 24 21 wechselt das
Wort mit סֶלַע Felsenkluft, daher = steinhart. gefühllos. Allein auch das gibt
keine gute Antithese, diese verlangt vielmehr mit der LXX zu lesen אֵידָם *ihr
Verderben*. Während feine Klugheit Gunst in den Augen der Menschen ver-
schafft, führt der Weg der Treulosen zu ihrem eignen Verderben. 16 ª Kamphausens Übersetzung fordert die Umstellung כָּל יַעֲשֶׂה עָרוּם, vgl. textkrit. Erl.
bei Kautzsch. Allein der masor. Text gibt auch einen guten Sinn: *Jeder Verständige handelt mit Einsicht*, näml. in die Sachen. die er verrichten muss.

16ᵇ פָּרַשׂ ausbreiten, *auskramen*, vgl. 12 23ᵇ; 15 2ᵇ.   17ᵃ Statt יְפֹל lies wegen des Zusammenhangs יַפִּיל, vgl. textkrit. Erl. bei Kautzsch. · Ein gottloser Gesandter stürzt sowohl den Absender als die, zu denen er gesandt wird, ins Unglück sowie sich selbst, wenn er die Strafe für seine Verkehrtheit empfängt. In erster Linie denkt der Dichter jedoch an den Absender. Bei der masor. Lesart ist allein von der Strafe die Rede, die er sich selbst zuzieht.   17ᵇ וְצִיר אֱמוּנִים = צִיר נֶאֱמָן 25 13. צִיר = *Bote*, vgl. Barth Nominalbildung § 127ᶜ. 18 vgl. 12 1; 15 5 32. Wörtl.: *Armut und Schande ist, wer Zucht in den Wind schlägt.* Zu פָּרַע vgl. 1 25; 4 15; 8 33.   19ᵃ תַּאֲוָה נִהְיָה = תַּאֲוָה בָאָה v. 12. Die Antithese fordert, dass in 19ᵃ der Wunsch der Frommen gemeint sei, der in Erfüllung geht, weil Jahwe sie belohnt.   19ᵇ Auf solchen Segen können die Thoren nicht rechnen, weil sie vor Erfüllung der ersten Bedingung dazu, nämlich „Weichen vom Bösen", einen Abscheu haben.   20 Die Übersetzung bei Kautzsch hält sich mit Recht an das Kẽtīb הָלוֹךְ und וְחָכָם, zwei Imperative: *Gehe um . . . und werde weise,* d. h. damit du weise werdest. Das Kẽrē ist entstanden, um mehr wörtliche Übereinstimmung mit 20ᵇ herzustellen, vgl. 15 12. 20ᵇ רֹעַ, vgl. 28 7; 29 3, vielleicht ein Aramaismus für רָעָה = Wohlgefallen haben und wegen des Anklanges an יָרוֹעַ gewählt; zu letzterem vgl. 11 15.   21ᵇ Die Lesart der LXX יַשִּׂיג *erreichen* lässt den Parallelismus reiner hervortreten. Doch sieht sie mehr wie eine Korrektur aus, da auch die masor. Lesart bei der Jahwe als Subj. zu fassen ist (vgl. JSir 27 10ᵇ), verständlich ist.   22 Nach der Vergeltungslehre, die unser Dichter sich vollständig angeeignet hat, muss der Gedanke darauf hinausgehen: Der Gute hinterlässt sein Vermögen Kindeskindern, und der Besitz der Sünder wird ihnen noch hinzugefügt.   יַנְחִיל = *vererben* ohne Obj., vgl. Dtn 32 8.   23ᵃ נִיר nur noch Jer 4 3; Hos 10 2 = urbar gemachtes Feld, *Neubruch.* Ein Armer, nämlich der Jahwe fürchtet, wird so vom Herrn gesegnet, dass er Überfluss hat von einem eben erst angebauten Acker. Ps 128 2. רָשׁ = רָאשׁ *arm.*   23ᵇ בְּלֹא מִשְׁפָּט *durch Unrecht.*   24ᵃ vgl. 23 13; 29 15; JSir 30 1ᵃ.   24ᵇ שִׁחֲרוֹ מוּסָר mit doppeltem Acc.: *sucht ihn,* den Sohn, *mit Züchtigung heim.* Die Übers. bei Kautzsch nimmt das Suff. als hinweisend auf das folgende מוּסָר, vgl. v. 4ᵃ.   25 vgl. 10 3; Ps 34 11; 37 25.

Cap. 14. Inhalt: Die weise und die närrische Frau. Geradheit und Verschlagenheit, das vergebliche Suchen nach Weisheit von seiten der Spötter, die Unversöhnlichkeit der Narren, Leid und Freud, Leichtgläubigkeit und Vorsicht, die Freundschaft gegen Arme und Reiche oder Teilnahme und Missgunst. den Armen schmähen, ist eine Verachtung seines Schöpfers, der Ruhm und die Schande von Fürst und Volk, Gelassenheit und Leidenschaft; dazwischen ist die Rede von dem verschiedenen Lose der Gottlosen und Rechtschaffenen. vom Segen der Furcht Jahwe's u. s. w.

1ᵃ vgl. 12 4; 31 10–31; 24 3. Die masor. Vokalisation חַכְמוֹת nach den besten Handschriften und allen Übersetzungen ist zu übersetzen: *die klügsten unter den Frauen;* allein einen solchen Superlativ erwartet man hier nicht; man lese daher חָכְמוֹת wie 1 20 u. 9 1, vgl. textkrit. Erl. bei Kautzsch. In 9 1 wird dasselbe von der Weisheit im allgemeinen ausgesagt. 1ᵇ Der חַכְמוֹת נָשִׁים steht אִוֶּלֶת sc. der Frauen gegenüber. daher: *ihre Narrheit.*   2ᵇ נְלוֹז דְּרָכָיו vgl. 2 15; 3 32, דְּרָכָיו

ist Gen: *der Verkehrte seiner Wege*, vgl. GES-KAUTZSCH[26] §116k. Die Schlechtigkeit wird eine Verachtung Jahwes genannt, weil er seinen Willen so deutlich
geoffenbart hat.   3ᵃ vgl. 12 6; 13 3. חֹטֵר גַּאֲוָה stat. constr. *Rute des Hochmuts.*
Sonst wird die Zunge mit einem Schwert, einem Stabe u. s. w. verglichen. Die
hochmütigen Worte des Narren ärgern den Nächsten, treffen aber doch schliesslich auch ihn selbst. BARTH, etymol. Stud. 1893, S. 37 übersetzt חֹטֵר hier mit
Stolz, arab. *chatara* stolz einherschreiten u. syr. dasselbe. 3ᵇ vgl. 13 3ᵃ תִּשָּׁמוּרֶם ist
vielleicht Schreibfehler für תִּשָּׁמְרוּם oder wegen der grossen Pausa hat sich der
ursprüngliche U-Laut erhalten, vgl. GES.-KAUTZSCH[26] § 47g.   4 Es ist wohl
wahr, dass man nicht für Futter zu sorgen braucht, wenn man keine Rinder besitzt, allein man hat auch keine Einkünfte. בַּ4ᵇ vgl. 12 11ᵃ.   5 vgl. 12 17.   5ᵇ
kommt auch 6 19ᵃ vor, vgl. 19 5: 14 25.   6 Der Spötter findet die Weisheit
nicht, weil es bei ihm am rechten Anfang, der Furcht des Herrn (1 7; 9 10).
fehlt. _ Wer damit beginnt, findet erstere leicht, weil Gott sie einem solchen
schenkt 2 6.   7 מִנֶּגֶד לְ = „aus dem Sehbereich, dem vis-à-vis hinweg" (DELITZSCH);
frei übersetzt: Nach einer Unterhaltung mit einem thörichten Mann u. s. w.
vgl. JSir 22 11ᵃ.   8 Während der Thor darauf aus ist, andere zu betrügen,
und sich also nichts darum kümmert, ob er wohl auf gutem Wege ist, so will
der Weise seinen Weg verstehen lernen, v. 15ᵇ. דַּרְכּוֹ sein Weg d. i. sein Lebens-
wandel, natürlich nach dem Gesetz; man nannte das später הֲלָכָה, ὁδός; Act 9 2
u. s. w. Vgl. meine Entsteh. des ATlichen Kanons. S. 105, § 9 Anm. 8.]   9 vgl.
JSir 31 21-23 (luth. Über. 34 21-23). Der Vers ist dunkel. Das Beste wäre noch
mit Targ. SYMM. HIER. LUTHER u. der holl. Übersetzung אֱוִלִים als Subj. zu fassen,
allein dann muss man יָלִיצוּ lesen. Der Sinn wäre dann: Unter den Gerechten
herrscht gegenseitiges gutes Einvernehmen; da ist darum kein Schuldopfer
nötig; die Narren dagegen müssten eigentlich immer wieder Schuldopfer
bringen, um dadurch ihre Sünde zu sühnen . . . aber dies Sühnmittel verachten
sie, und so bleibt die Schuld auf ihnen. Nach dem masor. Text wäre zu erklären: Die Schuld (oder das Schuldopfer) spottet der Narren, sc. wenn das
Gericht kommt, aber bei den Gerechten ist das Wohlgefallen (sc. Gottes).
Doch sollte dann רָצוֹן mit dem Artikel stehen. Vgl. hierzu 10 32; 11 27.   10
v. 10-13 stehen vier Sprüche über Freud und Leid beisammen. Niemand
kann sich so in den Zustand eines andern versetzen, dass er dessen Freud oder
Leid vollkommen teile.   10ᵇ לֹא־יִתְעָרַב, das Imperf. ist des Parallelismus wegen
als Potentialis zu nehmen. An und für sich könnte man mit BERTHEAU u. a.
v. 10ᵇ auch als Verbot auffassen, obwohl dann allerdings אַל statt לֹא zu erwarten wäre.   11ᵃ vgl. das Gegenteil davon 12 7ᵇ.   11ᵇ יַפְרִיחַ Hiph. eigentl.:
wird Blüten treiben wie Hi 14 9; Ps 92 14. In 11 28 steht das Kal = *blühen.*
12 Dieser Spruch wörtlich wiederholt 16 25.   12ᵃ vgl. JSir 21 10ᵃ (luth.
Übers. 21 11ᵃ). לִפְנֵי אִישׁ = בְּעֵינֵי אִישׁ 12 15ᵃ; 16 2ᵇ.   12ᵇ vgl. 5 4. Wer nicht in
Abhängigkeit von Gott seinen Weg geht, der gerät sicher auf einen Irrweg,
auch wenn er kein mutwilliger Spötter ist.   13ᵃ. Das Imperf. ist hier Potentialis. Oft ist die Freude nur eine Maske, hinter der sich innerliche Betrübnis
verbirgt. Der gegenteilige Gedanke Koh 7 3.   13ᵇ וְאַחֲרִיתָהּ שִׂמְחָה eine Konstr.
wie 13 4, vgl. jedoch die Bemerkung daselbst; es ist gleichbedeutend mit

וְאַחֲרִית הַשִּׂמְחָה, wie man wohl auch hier mit HITZIG, DYSERINCK, auch LAGARDE nach der LXX besser lesen wird. 14ᵃ סוּג לֵב pass. Part. = *ein abgewichener des Herzens*; vgl. נָסוֹג אָחוֹר לְבֵּנוּ Ps 44 19. 14ᵇ Mit dem masor. Text ist nichts anzufangen. Wenn man, wie in den textkrit. Erl. bei KAUTZSCH mit CAPELLUS u. a. וּמְמַעֲלָלָיו liest, vgl. Jer 17 10, so wird in unserm Text die Vergeltungslehre gepredigt, vgl. Gal 6 7.   **15** Weil der Unerfahrne jedem glaubt, kommt er leicht auf verkehrte Wege; der Verständige dagegen, der den rechten Weg gut kennt, gerät nicht so leicht auf Abwege.   **16ᵃ** Der Weise ist demütig und bedächtig, *er fürchtet sich* Gottes Gebot zu übertreten.   16ᵇ Der Thor kennt keine Zurückhaltung oder Selbstbeherrschung, er lässt seinem Zorn (עֶבְרָה) die Zügel schiessen und *wiegt sich* dabei noch *in* falscher *Sicherheit* (בּוֹטֵחַ).   **17ᵃ** schliesst sich an den vorhergehenden Vers an, קְצַר אַפַּיִם *der Jähzornige*, das Gegenteil אֶרֶךְ אַפַּיִם der Langmütige, v. 29. Durch seine Reizbarkeit kommt er in Thorheit.   17ᵇ bietet keine Antithese. Lies lieber mit LXX Pesch. Targ. SYMM. יִשָּׂא und nimm מְזִמּוֹת *in bonam partem* wie 1 4: *aber der Mann der Überlegung bleibt ruhig.*   18ᵇ יַכְתִּרוּ *sie setzen sich als Krone auf*, Hiph. denom. von כָּתָר, (κίδαρις κίταρις) *Krone*, welches Wort zuerst in Est. vorkommt. Diese späte Bed. passt hier am besten.   **19** Ein Ausdruck der Vergeltungslehre: die Gerechten werden doch einmal herrschen und die Bösen, mögen sie jetzt auch noch so hoch geachtet sein, als Bettler vor der Thür der Frommen stehen. Als NTliches Gegenstück vgl. Lk 16 20, der arme Lazarus.   19ᵇ ist Nominalsatz.   **20ᵃ** vgl. 19 4 7; JSir 6 8–13; 12 8 f. Über לְ beim Pass. vgl. GES.-KAUTZSCH²⁶ § 121 f.   **21** gründet sich auf Lev 19 18.   21ᵇ liest das Kĕtīb עֲנָיִים *Die Gebeugten.* אַשְׁרָיו *Heil ihm!* vgl. 16 20.   **22ᵃ** חֹרְשֵׁי רָע vgl. 3 29; 6 14. Die Frage mit הֲלֹא drückt die Gewissheit aus.   22ᵇ vgl. 13 18; 16 6. Man könnte auch חֶסֶד וָאֱמֶת als Subj. nehmen (DYSERINCK), doch liegt das nicht nahe; die Worte sind Prädikat: ein Gegenstand von *Huld und Treue sind* u. s. w.   **23** עֶצֶב *saure Arbeit* steht gegenüber דְּבַר שְׂפָתַיִם *Wort der Lippen*, was nicht mehr ist als *blosses Geschwätz.* Man scheue die erste nicht, denn sie bringt Vorteil, während letzteres zu Mangel führt. מוֹתָר in der Bed. *Vorteil* findet sich noch 21 5, dort ebenfalls als Gegensatz zu מַחְסוֹר *Nachteil* und ausserdem nur noch Koh 3 19 in der Bed. *Vorzug*, also in lauter späten Stücken.   **24** Der masor. Text giebt einen verständlichen Sinn: Ist der Weise reich, so gereicht ihm der Reichtum infolge des Gebrauchs, den er davon macht, zur Zierde. Dagegen bleibt der Narr trotz seines Reichtum ein Narr. Eine andere Frage ist, ob wohl diese Lesart die ursprüngliche ist. Die LXX hat: πανοῦργος. also עָרוּם statt עֲשָׁרָם. Vielleicht liest man am besten עָרְמָה. In 24ᵇ las LXX לִוְיַת כְּסִילִים der *Kranz der Narren*, ein passender Gegensatz zu עֲטֶרֶת. Dann lautet die Übers.: *die Krone der Weisen ist Klugheit, der Kranz der Thoren ist Narrheit.*   **25ᵃ** Ein wahrhaftiger Zeuge kann einen ungerecht Beschuldigten vom Tode retten.   25ᵇ מִרְמָה, lies mit HITZIG מְדֻמֶּה = *sucht zu verderben.*   **26ᵇ** vgl. 13 22ᵇ; 20 7; Ex 20 6; Ps 103 17. Der Vergeltungsglaube umschliesst auch die Nachkommen. וּלְבָנָיו sc. des יְרֵא יהוה, was man aus יִרְאַת יהוה 26ᵃ entnehmen muss.   **27** vgl. 13 14.   **28ᵇ** רָזוֹן *Fürst*, gewöhnlich רוֹזֵן, so auch 8 15; 31 4. Vgl. עָשׁוֹק Jer 22 3 = עָשׁק Jer 21 12 der Unterdrücker.   **29ᵇ**

קֶצֶר רוּחַ vgl. קְצַר אַפַּיִם in 17ᵃ, hier רוּחַ statt אַפַּיִם, weil letzteres 29ᵃ schon da war. מָרִים vgl. die Bem. zu 3 35, übersetze: *bringt die Narrheit hoch* oder vielleicht *trägt die Narrheit daron*, d. h. durch sein aufbrausendes Wesen kommt er in Narrheit.   **30ᵃ** Der Plur. בְּשָׂרִים ist mehr oder weniger ein Abstractum = „*Leiblichkeit* d. h. das Leibesleben in der Gesamtheit seiner Funktionen und der Mannigfaltigkeit seiner Beziehungen" (DELITZSCH). לֵב מַרְפֵּא = *Herz der Lindigkeit, der Gelassenheit*, Koh 10 4.   **30ᵇ** קִנְאָה *Leidenschaft.* Nimmt man letzteres Wort jedoch im Sinn von *Rivalität, Eifersucht*, so muss man לֵב מַרְפֵּא als Herz der Heilung d. i. teilnehmendes Herz auffassen. רְקָב *Wurmfrass* vgl. 12 4.   31ᵃ vgl. 17 5ᵃ; 22 2; Hi 31 15.   31ᵇ vgl. 19 17ᵃ.   **32** Die Übers. bei KAUTZSCH beruht in 32ᵇ auf LXX, AQ. SYMM. THEOD. Targ., die בְּתֻמּוֹ statt בְּמוֹתוֹ lasen. Dann ist auch בְּרָעָתוֹ in ethischem Sinn = *durch seine Bosheit* zu verstehen. Hält man dagegen an der masor. Lesart fest, so muss es in physischem Sinn genommen und der Vers erklärt werden: *In* oder *bei seinem Unglück*, d. h. wenn ihn ein Unglück trifft, *wird der Gottlose zu Fall gebracht, der Fromme dagegen findet selbst bei seinem Tode Zuflucht.* דָּחָה eigentl. *umstossen*, meist von plötzlichem Tod gebraucht Ps 35 5; 36 13; 56 14.   **33ᵇ** Die LXX hat οὐ διαγινώσκεται תֵּדַע לֹא. Ohne Negation lässt sich kein erträglicher Sinn gewinnen. Will man die masor. Lesart verteidigen, so muss man einen Gegensatz zwischen תָּנוּחַ v. 33ᵃ und תִּוָּדַע statuieren und nach 12 23; 13 16; 15 2 erklären: Die Weisheit kann in dem Thoren nicht ruhen, nicht still und verborgen bleiben, sondern drängt ihn, sie kund zu thun und sie auszusprechen. Aber die angeführten Stellen sagen so deutlich wie möglich, dass die Thoren nur Thorheit verkündigen, und dazu wird sie doch sicher nicht die Weisheit antreiben.   **34ᵇ** חֶסֶד nur hier und Lev 20 17 in der Bed. *Schande, Schmach,* ein Aramaismus, der sich nur noch in Pi. חִסֵּד *schmähen* 25 10 findet.   **35** וְעֶבְרָתוֹ *und sein Grimm* d. i. Gegenstand seines Grimmes. LXX ἀφαιρεῖται gibt einen besseren Sinn, l. תַּהֲרֹג statt תִּהְיֶה: *Das Wohlgefallen des Königs wird dem verständigen Diener zu teil, aber sein Zorn tötet den schändlich Handelnden.*

Cap. 15. Inhalt: Lindigkeit und Kränkung. Zunge der Weisen und der Thoren, Jahwes Allwissenheit, das Opfer der Gottlosen und das Gebet der Rechtschaffnen, Pessimismus und Optimismus, der wahre Reichtum liegt nicht in der Menge der Schätze, Leidenschaftlichkeit und Langmut, ein weiser und ein thörichter Sohn, das rechte Überlegen der Pläne, der Weg zum Leben und der Weg des Todes, Hoffart und Jahwe's Aufrechterhaltung des Rechtes. der gerechte und der ungerechte Richter, Jahwe's Abscheu vor dem Gottlosen, die Zucht (oder die Grundlage?) der Weisheit.

1ᵃ מַעֲנֶה רַּךְ (über das Dagesch in ר vgl. GES.-KAUTZSCH § 20c) *eine gelinde Antwort* vgl. 25 15. לָשׁוֹן רַבָּה. יָשִׁיב חֵמָה *den Zorn wenden* d. i. stillen. vgl. Jes 5 25; 9 11 16 20; 10 4.   עֶצֶב וּדְבַר *Wort der Kränkung* d. i. das Kränkung verursacht, יַעֲלֶה *lässt aufsteigen, erregt,* vgl. Koh 10 4.   **2ᵃ** KAMPHAUSEN liest mit DYSERINCK des Parallelismus wegen תַּטִּיף *träufelt* statt תֵּיטִיב, vgl. textkrit. Erl. bei KAUTZSCH. Allein der masor. Text gibt auch einen Sinn. wenn man הַיטִיב דַּעַת eigentl. meisterlich wissen, hier: *tüchtiges Wissen zu Tage fördern* erklärt.   **2ᵇ** נָבַע *herrorquellen.* Hiph. transitiv, stärker als קָרָא 12 23.

Einige wollen נָבִיא *Prophet* mit diesem Stamm in Zusammenhang bringen.
3 vgl. Ps 33 13–15.   **4ª** vgl. 14 30.   **4ᵇ** סֶלֶף vgl. 11 3.   שֶׁבֶר בְּרוּחַ wörtlich
Bruch d. i. *Verwundung am Geist* Jes 65 14 steht שֶׁבֶר רוּחַ vgl. Hes 25 6 15; 36 5.
Das בְּ steht vielleicht wie im Arabischen zum Ausdruck der uneigentlichen
Bed.; eigentliche Bed. wäre z. B. שֶׁבֶר רָגֶל Beinbruch Lev 21 19, vgl. CASPARI-
MÜLLER, arab. Gram.⁴ § 423 b.   **5ᵇ** יַעֲרִם eigentl. *Klugheit bethätigen:* das
Wort kommt im Hiph. nur noch 19 25 in bonam partem und Ps 83 4 und I Sam
23 22 (auch im Ḳal) in malam partem = *listig machen* vor.   **6ª** בֵּית ist Acc.
loci, oder l. בְּבֵית mit DYSERINCK.   6ᵇ vgl. 10 2ª; 11 4; 15 27.   נֶעֱבֶרֶת Part. Niph.
als Subst. *Verstörung, Zerrüttung.*   **7ᵇ** כֵּן im Aram. und Assyr. = recht,
richtig, fest; assyr. *kêttu* = Wahrheit, Recht. לֹא־כֵן *unzuverlässig, unbeständig.*
Darum kann auch der Thor einem andern keinen Unterricht geben. Man
könnte auch לֹא־כֵן übersetzen = *nicht so* sc. wie die Lippen des Weisen.
Allein dann ist die Antithese etwas schwach.   **8** Dieser Vers beruht auf
Stellen, wie Am 5 21; I Sam 15 22. Das Opfer des Gottlosen, nicht das Gebet
ist genannt, wiewohl auch dies Jahwe ein Greuel ist 28 9; aber jenes wird viel
eher zum opus operatum als das Gebet, welches das Opfer eigentlich begleiten
muss (DELITZSCH), vgl. 21 27; JSir 34 23ª.   8ᵇ vgl. 29ᵇ; 11 20; 12 22.   **9ᵇ** וּמְרַדֵּף
Pi. wie 11 29 im Sinn des intensiven und beständigen Nachjagens. In 21 21 Ḳal:
רֹדֵף.   **10ª** מוּסָר רָע *böse Züchtigung* d. i. nach v. 10ᵇ der Tod. אֹרַח absolut, sc.
לְחַיִּים 10 17, gleichbedeutend mit אָרְחוֹת יֹשֶׁר 2 13.   10ᵇ vgl. 5 23; 10 17; er gerät
in die Irre und stirbt, s. 10 27 und parallele Stellen.   **11ª** נֶגֶד יהוה *sind vor*
Jahwe d. h. liegen offen vor Jahwe Ps 38 10; vgl. Ps 139 8 11; Hi 26 6.   11ᵇ vgl.
Jer 17 10.   אַף כִּי = *wie viel mehr* vgl. 11 31; 17 7.   **12** vgl. 13 20.   הוֹכַח לוֹ
der inf. abs. ist hier Obj.: *das ihn Zurechtweisen.*   **13ª** Ist das Herz fröhlich.
so spiegelt sich das auf dem Antlitz ab.   **13ᵇ** *aber bei Herzenskummer ist*
das Gemüt niedergeschlagen, und dabei kann natürlich das Gesicht nicht fröhlich aussehen. נְכֵאָה (von נָכָא) *niedergeschlagen.* נָכָא findet sich nur noch
17 22; 18 14; vgl. jedoch נְכֵה רוּחַ *niedergeschlagenen Geistes* von נָכֵה.   **14ª** vgl.
18 15ª נָבוֹן ist hier nicht Adj., sondern Subst. wegen כְּסִילִים in 14ᵇ. יְבַקֶּשׁ *er sucht*
näml. nicht vergebens, deshalb steht 18 15 dafür יְקַנֶּה *er erwirbt.*   **14ᵇ** Die
Übers. bei KAUTZSCH gibt das Ḳerē פִּי wieder, das auch LXX und Pesch. bieten, anstatt des Ḳetibs פְּנֵי.   יִרְעֶה mit dem Acc. der Person: *mit jem. um-*
gehen 13 20, mit dem Acc. der Sache: *auf etwas bedacht sein, ausgehen auf*
Jes 44 20. Vielleicht sind zwei Stämme רעה konfundiert, wie im Aramäischen.
15ª עָנִי bezeichnet (wegen des Gegensatzes zu טוֹב לֵב = *wer wohlgemut ist*)
einen niedergebeugten, sei es durch Elend sei es durch Schwermut. Einem
solchen scheint alles immer trübe.   15ᵇ Das Prädikat drückt einen Zustand
aus: *dessen Zustand ist wie ein beständiges Festmahl.* So oft im Arabischen.
תָּמִיד ist Adverb: *immerdar.* v. 16 und 17 erklären diesen Vers näher.   **16** vgl.
16 8; 17 1; Ps 37 16.   **17ª** שָׁם = בּוֹ in 17ᵇ.   **18ª** = 29 22 mit einer kleinen Änderung und 28 25; nur an diesen drei Stellen findet sich das Pi. von גָּרָה, stets
mit מָדוֹן verbunden = *Streit erregen,* vgl. 26 21 und zu מָדוֹן 6 14 19.   **19ª** Der
Faule sieht überall Hindernisse, selbst oft da, wo keine sind. Wo sie wirklich
da sind, bieten sie ihm einen erwünschten Vorwand für sein Nichtsthun.

חָדָק, nur noch Mch 7 4, wo es חֵדֶק geschrieben ist, ausserdem noch in der Mischna und im jüdischen Aramäisch = *Dornstrauch*.   19ᵇ Der Rechtschaffene ist eifrig, er sieht nicht überall Hindernisse, und auch wo sie ihm in den Weg kommen, hemmen sie ihn doch nicht am Wirken.   20ᵃ = 10 1ᵃ. Nach EWALD beginnt hier der dritte Teil dieses salomonischen Spruchbuches. Vgl. zu 10 1.   20ᵇ בְּסִיל אָדָם wörtl.: *ein Thor von einem Menschen* d. i. ein Mensch von Thorenart, dieselbe Konstruktion wie in פֶּרֶא אָדָם Gen 16 12 von Ismaël gesagt: *ein Wildesel von einem Menschen,* ein Mensch von Wildeselart. Die Lesart einzelner Hss: בְּסִיל וּבֵן ist offenbar eine Korrektur wegen 20ᵃ. 21ᵃ אִוֶּלֶת, aus dem Gegensatz zu 21ᵇ ersieht man, dass das Wort einen sittlichen Begriff in sich schliesst = *Sünde, Verkehrtheit.*   חֲסַר־לֵב vgl. 6 32.   21ᵇ לָכֶת *das Gehen* ist Acc. bei יְיַשֵּׁר; gewöhnlich steht דֶּרֶךְ im Acc. dabei, vgl. 3 6. 32ᵃ הָפֵר Inf. abs., voran gestellt wie הָפוֹךְ 12 7 statt des Verbum finitum. Wörtl.: *ein Zerbrechen von Plänen ist* u. s. w.   22ᵇ vgl. 11 14; 24 6.   תָּקוּם *sie kommen zu stande.* Subj. ist מַחֲשָׁבוֹת vgl. Jer 4 14; 51 29. LXX, Pesch. Targ. fügen hier עֵצָה aus 19 21 ein. Der Sinn ist: wenn man einen Anschlag ausführen will, so muss man auch auf den guten Rat anderer hören, darf nicht immer seinem eigenen Kopf folgen.   23 Gemeint ist ein weises Wort in einem Zwiegespräch.   23ᵇ umschreibt מַעֲנֵה־פִיו, *die Antwort seines Mundes* als דָּבָר בְּעִתּוֹ *ein Wort zu seiner Zeit:* ein solches Wort ist wie ein Kuss auf den Mund, 24 26, oder wie goldene Äpfel in silbernen Schalen, 25 11.   24 Das A. T. kennt den Himmel noch nicht als den Ort der Seligen, so wenig wie die Hölle als Ort der Verdammten; alle Menschen gehen bei ihrem Tod nach Scheol. Man darf deshalb לְמַעְלָה nicht = himmelwärts auffassen, vielmehr nur als einen Gegensatz zu 24ᵇ = nicht nach Scheol. Doch schliessen Aussprüche wie dieser und 12 28 die Keime der NT-lichen Anschauung in sich. Wenn sich der Glaube an die Vergeltung auf dieser Erde immer mehr als unhaltbar erweist, wie im Buch Hiob, so beginnt sich allmählich die Ansicht Bahn zu brechen, nach welcher die Vergeltung in die Ewigkeit verlegt wird; dazu führen schon Stellen wie die unsrige, vgl. 7 27; 9 18 u.a.   25 Mag der Gottlose ein noch so grosses Haus bauen, selbst auf Kosten der armen Witwe, die neben ihm wohnt: wenn Jahwe's Gericht kommt, so fegt er das Haus ganz und gar weg, und stellt die ursprüngliche Grenze des Grundbesitzes dieser Witwe wieder her, vgl. 22 28; 23 10; Ps 68 6; 146 9 und Ex 22 21-23. Jahwe selbst wacht über dem Recht der Rechtlosen im sozialen Leben des alten Israel. יַסֵּח vgl. 2 22.   26 מַחְשְׁבוֹת רָע. vgl. 2 14; 6 24. stehen den אִמְרֵי־נֹעַם. *den Worten der Huld* in 26ᵇ gegenüber. Während die ersten ein Greuel für Jahwe sind, so sind die letztern rein sc. in seinen Augen: טְהֹרִים eigentl. ein mehr kultischer Begriff; doch das kultische und ethische schliessen einander nicht aus.   27 Ein Spruch über den ungerechten und gerechten Richter. Der erstere nimmt Bestechungsgeschenke, eigentlich *Raub* (בֶּצַע) vgl. Ex 18 21 an, wodurch er reich werden kann; aber das Ende ist Verwüstung seines Hauses 11 29. Der letztere hasst diese Geschenke, lässt sich nicht bestechen; vgl. was 28 16ᵇ vom נָגִיד gesagt ist; er wird darum vom Gericht Jahwes nicht getroffen werden, d. h. er wird leben. Die Propheten des achten Jahrhunderts klagten wiederholt

über diese Missstände, doch die Dichter der Sprüche kannten offenbar solche
Richter auch, vgl. 17 15; 24 24, ebenso wie der Verfasser von Kohelet, der noch
später lebte Koh 7 7.　　**28** *Der Gerechte*, d. i. der Weise, der es gewissenhaft
nimmt, ist bedachtsam, spricht nicht, ehe er nachgedacht hat, um nicht in
Worten zu sündigen.　Nicht so der Gottlose; vgl. 10 19; 13 3; 14 16 u. s. w.
29 vgl. v. 8 und Ps 1 6.　　**30** מְאוֹר עֵינַיִם ist parallel mit שְׁמוּעָה טוֹבָה *frohe*
Kunde; wie Ps 90 8 מְאוֹר-פָּנֶיךָ das von Gott ausstrahlende Licht ist, so hier das
Licht, das aus dem Auge dessen strahlt, der gute Nachricht bringt, darum
nicht so sehr freundlicher als wohl *fröhlicher Blick.*　מְאוֹר findet sich nur in
späten Stücken, in Priestercodex, Hes und Pss.　　30ᵇ תְּדַשֶּׁן עָצֶם *macht das*
Gebein fett, giesst Mark in das Gebein; vgl. zu 3 8; 12 4, ferner 16 24; 17 22.
31ᵃ Die Übers. bei KAUTZSCH verbindet חַיִּים mit תּוֹכַחַת *Rüge, die zum Leben*
führt.　Allein dann ist das erste Versglied ohne Prädikat.　Man kann חַיִּים auch
als Präd. nehmen: *ist Leben, ist im Zustand von Leben*, vgl. die Anm. zu 15ᵇ, אֹזֶן
steht dann elliptisch für: *der Mensch, dessen Ohr* u. s. w.　　31ᵇ Das Gegenteil ist von dem Spötter in v. 12 gesagt, ein solcher stirbt, v. 10ᵇ.　　**32** פֹּרֵעַ vgl.
zu 1 25.　　מוֹאֵס נַפְשׁוֹ *achtet sich selbst gering,* oder: *verachtet sein Leben,* weil
den Thoren der Tod als Strafe erwartet.　Vgl. das Gegenteil in 19 8.　　**33** Die
Demut עֲנָוָה muss der Ehre vorangehen.　Die Weisheit verleiht Ehre, 3 16; 8 18;
aber nur denen, welche nicht in ihren eigenen Augen weise sind, 3 5-7, sondern
Jahwe auf allen ihren Wegen erkennen, vgl. 18 12ᵇ.　Dieser Gedanke liegt auch
in 33ᵃ; מוּסַר חָכְמָה muss dann *Zucht zur Weisheit*, Zucht, die zur Weisheit führt,
sein.　Die Furcht Jahwes besteht darin, dass man sein Gesetz hält, und dies
Gesetz fordert עֲנָוָה, pünktlichen Gehorsam und Unterwerfung. vgl. חָכְמָה וּמוּסָר
in 1 2.　LXX παιδεία καὶ σοφία las vielleicht מוּסָר וְחָכְמָה.　Die masor. Lesart
gibt somit einen trefflichen Sinn: der Weg zur Ehre ist Unterwerfung unter
Jahwes Willen und Gebot, und es ist nicht nötig, mit PERLES, Analekten, S. 60
מוּסָד *Grundlage* statt מוּסָר zu lesen.

Cap. 16. Inhalt: Jahwe, der Allwaltende und Herzenskündiger, Vertrauen
auf ihn, die wahre Sühne des begangenen Bösen, der Segen eines kärglichen
Loses, der König und sein Recht, die Befestigung seines Thrones. Weisheit im
Vergleich mit irdischen Schätzen, die notwendigen Folgen des Hochmuts, die
Demut, der Mann weisen Herzens, Notdurft und Arbeit, der Listige und
der Ohrenbläser, der Gewaltthätige, die Ehre eines grauen Haares, Selbstbeherrschung, die Entscheidung;˙Jahwes u. s. w.

　　　Vier Sprüche über Jahwes allwaltende Regierung.　　1 Der Sinn kann
nicht sein: der Mensch denkt, Gott lenkt, vgl. 9 53; 19 21; denn das liegt nicht
in der Antithese מַעַרְכֵי לֵב und לָשׁוֹן. מַעֲנֵה.　Der Gegensatz ist vielmehr Gedanken
und Wort; מַעַרְכִים = *Überlegungen* von עָרַךְ ordnen; in מַעֲנֵה liegt mehr als
in unserm *Antwort;* denn עָנָה bed., wie ἀποκρίνειν im NT. auch *das Wort er-*
greifen. DELITZSCH vergleicht 15 23ᵃ; 28ᵃ.　Man kann in schwierigen Sachen
viel überlegen, indess uns das rechte Wort durch Intuition kommt, δοθήσεται
Mt 10 19; vgl. II Kor 3 5.　　2 In all seinem Thun mag ein Mensch sich für
rein halten, und doch ist nicht er, sondern Jahwe es, der die Geister wägt;
Jahwe aber urteilt viel strenger.　Will man darum sicher gehen, so prüfe man

seinen Wandel an Gottes geoffenbartem Willen, d. i. an dem Gesetz. זַן‎ *rein.* bloss in Priestercodex, Sprüche und Hiob, also in späten Stücken. בְּעֵינָיו‎ man soll nicht in seinen eignen Augen weise sein, 3 7, vgl. 21 2; 24 12.　3 גֹּל‎ Imperativ von גָּלַל‎, *wälzen,* hier trop.: *anbefehlen, anvertrauen,* in dieser Bed. auch Ps 37 5; 22 9; vgl. 19 21 und Ps 90 17 „An Gottes Segen ist alles gelegen". Die LXX hat v. 1-3 nicht, dafür aber ganz andere Verse.　4 מַעֲנֵה‎ hat hier wie im Arab. die Bed. *Zweck,* die auch in der Präpos. מַעַן‎ liegt. die eigentlich ein aus מַעֲנֵה‎ abgekürztes Subst. ist. So gewiss Jahwe alles für seinen Zweck geschaffen hat, d. h. für einen Zweck, den er gewollt, so gewiss muss daher auch das Unglück über den Gottlosen kommen. יוֹם רָעָה‎ *Tag des Unglücks.* vgl. Jes 10 3: Hi 21 30; Koh 7 14. Die befremdliche Vokalisation לְמַעֲנֵהוּ‎, d. i. ein Subst. mit Suff. und Artikel, kommt auch Jos 7 21; Jes 24 2: Mch 2 12 und Esr 10 14 vor und soll das Wort wohl hier von der Präp. לְמַעַן‎ unterscheiden.　In unserm Vers spricht sich der alt-israelitische Gottesglaube aus, der keinen Teufel kennt und Gutes wie Böses auf Jahwe zurückführt. Daraus wird hier die Gewissheit des Gerichts über den Gottlosen hergeleitet.　5ª vgl. 15 25ª.　5ᵇ לְיָד‎, vgl. 11 21.

6ª חֶסֶד וֶאֱמֶת‎ eine auch in den Psalmen oft vorkommende Umschreibung für wahre Frömmigkeit, darum parallel mit יִרְאַת יהוה‎　6ᵇ vgl. 3 3. Derselbe Gedanke in Jes 27 9. Die wahre Sühnung der Schuld wird durch ein frommes gottesfürchtiges Leben offenbar. Das braucht noch nicht als Werkheiligkeit ausgelegt zu werden.　7 Hier schwebten dem Dichter im Geiste Erzählungen wie Gen 26 27-31; 31 24; II Sam 19 9-15 vor, vgl. auch Jer 39 12.　8ª vgl. 15 16 f.　8ᵇ vgl. 13 23ᵇ; Jer 22 13.　9 Hier wird gelehrt: „der Mensch denkt. Gott lenkt", vgl. v. 33; 19 21; 20 24ᵇ. יַחְשֵׁב‎ Pi. intensiv und iterativ: *hin und her überlegen.* הֵכִין‎ *lenken,* vgl. Jer 10 23.　10ᵇ *Beim Urteilsspruch wird sein Mund sich nicht vergreifen.* Diese Übers. (so bei KAUTZSCH) setzt den Glauben an die Unfehlbarkeit des Königs bei der Rechtsprechung voraus. Im Morgenland ist solch ein Glaube an die göttliche Macht der Fürsten allgemein. es liegt darin viel mehr als in der staatsrechtlichen Fiktion: *„the king can not do wrong".* Aber in Israel hat die königliche Macht nicht diese Höhe erreicht. Darum fasse man 10ᵇ besser als Mahnung auf: *er vergreife sich nicht an.* מָעַל‎ wird mit בְּ‎ konstruiert, also kann בְּמִשְׁפָּט‎ Objekt sein: *er vergreife sich nicht am Recht.* לֹא יִמְעָל‎ kann jedoch auch absolut stehen und בְּמִשְׁפָּט‎ *beim Urteilsspruch* sein.　10ª Es ist. als ob hier die Ansicht des Volkes ausgesprochen wäre, weshalb קֶסֶם‎ gebraucht wird. das gewöhnlich *Wahrsagung* nicht Weissagung bedeutet. Der Sinn ist dann dieser: Weil dem Volke das Urteil des Königs wie ein Orakel gilt und er Gottes Recht auf Erden aufrecht erhalten muss, so möge er wohl vorsichtig sein und sich nicht am Recht oder beim Urteilsspruch vergreifen.　11ª Zum rechten Verständnis dieses Verses ist zu beachten, dass im Morgenland. auch in Israel alle Gewohnheiten und Gebräuche des gesellschaftlichen Lebens einen religiösen Grund haben. So wird Jes 28 29; JSir 7 15 auch der Ackerbau auf Jahwe zurückgeführt. Jahwe will auch im Handel Gerechtigkeit Lev 19 36; Dtn 25 13-16. פֶּלֶס‎ *Schnellwage.* מֹאזְנָיִם‎ eigentl. *die beiden Wagschalen. die Krämerwage.* 11ᵇ כָּל־אַבְנֵי כִיס‎. der Kaufmann trug die Gewichtsteine in einem Beutel Dtn 25 13; Mch 6 11. Wer die Gewichte verfälscht, vergreift sich also an Gottes Ordnung.   12 Nach 25 5ᵇ ist wohl hauptsächlich an das gottlose Thun der Höflinge gedacht: man darf nicht meinen, den Thron durch Ungerechtigkeit irgend welcher Art stützen zu können. Der König — natürlich ist dabei an einen weisen König gedacht — hat einen Abscheu davor.   13 Auch keine Falschheit oder Schmeichelei kann einem solchen Könige gefallen. Es ist nicht nötig mit DYSERINCK יֶאֱהַב im Plur. zu lesen; der Sing. steht distributiv.   14 Der König hat Macht über Leben und Tod; es ist thöricht, des Königs Zorn zu reizen, Koh 8 4; Prv 19 12; 20 2.   15ᵃ בְּאוֹר־פְּנֵי־מֶלֶךְ *Wenn des Königs Angesicht fröhlich ist*, vgl. 15 30ᵃ.   15ᵇ Davon geht dasselbe Leben aus wie vom Spätregen im Frühjahr für das Erdreich.   v. 12-15, lauter Sprüche über den König, gehören deutlich zu v. 10.   v. 11 wird wohl ursprünglich an einer andern Stelle gestanden haben. Nach der LXX wichen die verschiedenen Hss. der Sprüche, auch bezüglich der Reihenfolge der Verse, stark von einander ab. 16 vgl. 8 10 19. קָנֹה Inf. constr. (GES.-KAUTZSCH²⁶ § 75 n) steht neben der regelmässigen Form des Inf. constr. קְנוֹת, um bei gleichen Worten doch wenigstens eine kleine Verschiedenheit anzubringen.   17 vgl. 13 3; 15 10; 19 17.   מְסִלָּה *der gebahnte Weg*, von סָלַל aufwerfen, erhöhen.   18ᵃ Das Gegenteil ist 15 33ᵇ.   כִּשָּׁלוֹן *Fall* kommt nur hier vor; s. BARTH Nominalbildung § 196ᵇ. 19 שְׁפַל *niedrig sein* ist Inf., nicht Adj. עֲנָוִים nach Kᵉrē, *die Demütigen*. Allerdings scheint der entgegengesetzte Zustand besser zu sein; aber nach dem durch die Propheten verkündigten Wort Jahwes, z. B. Jes 2 11-17, werden die Hoffärtigen erniedrigt werden, vgl. 29 23.   20ᵃ *Das Wort* sc. Jahwes, das Gegenteil 13 13; vgl. 17 20ᵃ; 19 8ᵇ.   20ᵇ אַשְׁרָיו vgl. 14 21. Man sieht aus diesem Spruch, dass Israel ein Volk des Buchs, *ahlu-l-kitāb* geworden ist, wie Muhammed die Juden und Christen nannte. Denn das prophetische Wort kennt unser Dichter als geschriebenes, nicht als gesprochenes und vor allem denkt er an die Thora.   21ᵃ Wenn Weisheit im Herzen wohnt, wird diese auch nach aussen hervortreten und allgemeine Anerkennung finden (יִקָּרֵא). מֶתֶק hier u. 27 9, ferner noch Jdc 9 11 מֹתֶק = *Süssigkeit*, trop. *Annehmlichkeit*. Ist jemand wirklich weise, so wird dies auch erkannt, und der gesuchte Unterricht bei ihm vermehrt die Wissenschaft, לֶקַח 1 5; 4 2.   22ᵃ מְקוֹר חַיִּים vgl. 10 11; 13 14; 14 27; 18 4; 25 26; gemeint ist: für den, der selber Klugheit besitzt.   שֵׂכֶל בְּעָלָיו l. mit LXX שֵׂכֶל לִבְעָלָיו, vgl. textkrit. Erl. bei KAUTZSCH; das zweite ל ist im masor. Text ausgefallen.   22ᵇ Ihre eigne Narrheit straft die Narren, in der Narrheit selbst liegt die Strafe, insofern sie dieselben hindert auf dem Weg des Lebens zu wandeln.   23 vgl. v. 21. Um das rechte Wort auszusprechen, ist Weisheit des Herzens die erste Bedingung, freilich darf man nicht ausser acht lassen, was v. 1 gelehrt ist.   24ᵃ vgl. Ps 19 11ᵇ.   24ᵇ vgl. 15 4 30. 25 = 14 12.   26 נֶפֶשׁ = *Begierde*, vgl. 13 2.   26ᵇ zeigt deutlich, dass an *Hunger* gedacht ist. אָכַף עַל eigentl. *drücken auf, drängen, antreiben* kommt bloss hier vor, wahrscheinl. ein Aramaismus.   27ᵃ אִישׁ בְּלִיַּעַל *ein nichtsnutziger heilloser Mann* 6 12.   כֹּרֶה רָעָה *gräbt Unglück*, gräbt andern eine Grube 26 27; Ps 7 16 u. s. w.   27ᵇ vgl. 26 23.   28ᵃ vgl. 6 14 19.   28ᵇ נִרְגָּן *Ohrenbläser* von רָגַן *murmeln, verleumden*; es kommt nur noch 18 8; 26 20 22 vor; JSir 5 14 ψίθυρος. **אַלּוּף** Sing.: er trennt einen Freund von dem andern 17 9; 19 4. **29** Die Art und Weise, wie das geschieht, ist 1 10–19 näher beschrieben. **אִישׁ חָמָס** vgl. 3 31. **בְּדָרֵךְ לֹא־טוֹב** vgl. Ps 36 5; Jes 65 2. **30** Hüte dich vor Menschen, welche die Augen zudrücken oder die Lippen zusammenkneifen, denn solche sinnen auf List, Falschheit **תַּהְפֻּכוֹת**, vgl. 2 12, oder sie *haben das Böse schon fertig*, **כָּלָה** Perf. **עָצָה** ist ἅπαξ λεγόμενον, wahrscheinl. ein Aramaismus oder Arabismus; in Jes 23 15 steht dafür **עָצַם**. Das Wort ist gewählt, weil **קָרַץ**, das gewöhnlich vom Schliessen der Augen gebraucht wird, 6 13; 10 10, hier für das Zusammenkneifen der Lippen angewandt wird, vgl. aber textkrit. Erl. bei Kautzsch zu Ps 32 8. **31ª** vgl. 30 29ᵇ.   31ᵇ vgl. 3 2; 4 10. Nur der **צַדִּיק** darf auf hohes Alter rechnen. **32ª אֶרֶךְ אַפַּיִם** vgl. 14 19.   32ᵇ **וּמֹשֵׁל בְּרוּחוֹ** vgl. 25 28. In Pirkē Abōth 4 1 frägt Ben Soma: wer ist ein Held? Die Antwort lautet mit Anführung unsrer Stelle: **הַכּוֹבֵשׁ אֶת־יִצְרוֹ** *wer seine Leidenschaft bezwingt.* **33ª** In den Falten des weiten Gewandes, die den Busen bedeckt, ward das Los verborgen und geschüttelt und dann gezogen. **יוּטַל אֶת־הַגּוֹרָל** Pass. mit Acc. vgl. Ges.-Kautzsch²⁶ § 121 b.   **מִשְׁפָּט** *Entscheidung* vgl. v. 9; 19 21. Ganz besonders durch das Los offenbarte Jahwe seinen Willen; ja das Wort **תּוֹרָה** leitet sich von **יָרָה גוֹרָל**, *das Los werfen* her; **תּוֹרָה** ist ursprünglich wie **מִשְׁפָּט** eine Entscheidung, ein Ausspruch auf Grund des Loswerfens.

Cap. 17. Inhalt: Der wahre Lebensgenuss, ein verständiger Knecht, Jahwe der Herzenskenner, das Verspotten der Armen, der Eltern und Kinder Ruhm, Bestechung durch Geschenke, der Mantel der Liebe, der Aufrührer, der Thor, Ungerechtigkeit bei der Rechtsprechung, die Treue der Freundschaft, Streitsucht und Hochmut, Falschheit in Worten, Fröhlichkeit und Niedergeschlagenheit, der Eltern Herzeleid, das Schweigen bei Weisen und bei Narren.

1 vgl. 15 16 f.; 16 8.   **1ᵇ וּבְחַי־רִיב** wörtl.: *Opfer* oder *Opfermahlzeiten des Haders*. Ursprünglich kannte Israel nur zwei Arten Opfer: **עֹלָה** *Brandopfer*, das ganz geopfert wurde, und **זֶבַח** *Schlachtopfer*, das grossenteils von den Opfernden genossen wurde, und wovon nur ein Teil, vor allem das Fett, auf den Altar kam, I Sam 2 15. **זֶבַח** und **שֶׁלֶם** oder **שְׁלָמִים זֶבַח** *Heilsopfer* haben denselben Charakter, wesentlich ist ihnen die Opfermahlzeit. Trotz der totalen Umwälzung des Opferwesens durch Deuteronomium und Priestergesetz haben diese Opfer den Charakter von Mahlzeiten behalten, vgl. Benzinger, Archäol. § 62—66. Solche Mahlzeiten arteten, wie man sieht, leicht aus vgl. 7 14; I Sam 1 3 ff. **2ª** Besser ein verständiger Sklave als ein schlechter Sohn, sein Lohn wird nicht ausbleiben. Im Verlauf der Zeit wird er selbst noch Herr, Koh 10 7; JSir 10 24 28. **מַבִישׁ** vgl. 10 5; 14 35.   **2ᵇ** Sein Herr lässt ihn mit seinen eignen Söhnen erben. Er wird nicht allein zum Testamentsvollstrecker ernannt — das würde schon eine Ehre für ihn sein —, sondern bekommt offenbar auch seinen Anteil an der Erbmasse **בְּתוֹךְ אַחִים** vgl. Hi 27 17. **3ª** = 27 21ª. Nur in diesen beiden Stellen findet sich **מַצְרֵף** *Schmelztiegel* von **צָרַף** *schmelzen*. Wie Silber und Gold, ein jedes auf seine Art, geschmolzen und so probiert werden können, so prüft Jahwe die Herzen, vgl. 15 11; 16 2; 21 2; 24 12. **4ª מֵרַע** *der Bösewicht*, Part. Hiph. von **רָעַע** vgl. Jes 9 16. **4ᵇ שֶׁקֶר** abstractum pro concreto: *der Lügner* vgl. 12 27ª. **מָאֵין = מֵזִין מֵזִין** dies Wort wird gewöhnlich mit ?

oder אַל konstruiert, nur hier mit עַל wegen 4ᵃ.   Der Spruch will sagen: Wer Verleumdung anhört, ist eben so schlecht, als der, welcher sie ausspricht. 5ᵃ vgl. 14 31ᵃ.   5ᵇ יִנָּקֶה vgl. 11 21; 16 5.   Strafe erwartet den, welcher des Armen spottet, aber auch den, welcher über eines andern Unglück schadenfroh ist.   Der Zusammenhang lässt bei dem *Unglück*, אֵיד, an Armut denken. 6ᵃ vgl. Ps 127 und 128.   Es ist genugsam bekannt, wie hoch in Israel der Besitz von Nachkommen geschätzt wurde.   Ursprünglich muss dies leidenschaftliche Verlangen nach Kindern aus dem Ahnenkultus erklärt werden, weil einer, der ohne Kinder starb, nach seinem Tode keine Opferer hat, also auch nach seinem Tode nichts hat, um zu leben.   In der Jahwereligion wird Nachkommenschaft als der grosse Segen von Jahwe angesehen.   6ᵇ sagt gegenüber dieser allgemein geteilten Ansicht, dass das Umgekehrte auch wahr ist: die Kinder setzen ihre Ehre in geachtete Vorfahren.   7ᵃ שְׂפַת־יֶתֶר kann *überschwängliche* d. i. *anmassende Rede* sein, so z. B. Ges.-Buhl.   Doch ist *treffliche Rede* bei Kamphausen des Kontrastes wegen besser. So wenig diese zu einem Narren passt, ebenso wenig ziemen sich auch (v. 7ᵇ) Lügen für den נָדִיב, *den Edeln*, vgl. den נָבָל dem נָדִיב gegenübergestellt in Jes 32 5–8, wo man die klassische Beschreibung der נְבָלָה lesen kann.   אַף כִּי bei einer Negation = *wie viel weniger* vgl. 11 31; 15 11.   8ᵃ אֶבֶן חֵן *Stein der Anmut* = אֶבֶן יְקָרָה *Edelstein*. הַשֹּׁחַד *das Bestechungsgeschenk.*   בְּעֵינֵי בְעָלָיו *in den Augen dessen, der ihn empfängt* 3 27 oder *dessen, der ihn hat*; die letztere Auffassung liegt näher. 8ᵇ Das verschwiegene Subj. ist dann hier בַּעַל.   יַשְׂכִּיל = *er wird Erfolg haben.* Das Bestechungsgeschenk funkelt dem Besitzer wie ein Edelstein in die Augen, er hat darin den goldenen Schlüssel, um Thüren und Herzen zu öffnen (Delitzsch).   9ᵃ vgl. 10 12ᵇ; Zph 2 3; I Kor 13 4; 14 1; I Pt 4 8ᵇ.   9ᵇ ist eine reine Antithese: dem Bedecken der Übertretung steht das Wiederholen, das immer wieder Aufrühren einer Sache gegenüber, und das Gegenteil vom Suchen oder Trachten nach Liebe ist es, wenn man Freunde von einander scheidet 16 28.   10ᵃ תֵּחַת von נָחַת *hinabsteigen, eindringen in*, ein Aramaismus. vgl. dasselbe Bild in 18 8ᵇ und 26 22ᵇ.   10ᵇ מַהֲכוֹת durch die Präp. מִן erhält das Verbum in v. 10ᵃ komparative Bed.: *tiefer eindringen.* מֵאָה sc. מַכּוֹת *Schläge,* vgl. Dtn 25 3; II Kor 11 24.   Vierzig Schläge waren das Maximum bei Leibesstrafen; hundert Schläge sind also mehr als das Doppelte des Maximums. 11 מְרִי, abstractum pro concreto = der *Empörer* ist Subj., so schon Pesch.; man sollte dann אַף näher bei רַע stehend erwarten: aber אַף und גַּם werden gern an den Anfang des Satzes gestellt.   11ᵇ *ein grausamer Bote*, vgl. 16 14, der grausame Befehle vollziehen muss. Es ist nicht nötig, mit LXX an einen Engel zu denken und mit Dyserinck מַלְאָךְ in מֶלֶךְ und nach LXX ἐκπέμψει in יִשְׁלַח zu verändern und zu übersetzen: *Der König schickt den Henker gegen ihn ab.* 12ᵃ דֹּב שַׁכּוּל vgl. Hos 13 8 ist Subj. beim Inf. im Sinn eines Imperf. concessivums: *Möge eine ihrer Jungen beraubte Bärin jemandem begegnen.*   12ᵇ *nur nicht ein Thor in seiner Narrheit.* Kamphausen gibt den Sinn gut wieder: *Lieber einer Bärin begegnen als* u. s. w.   13 vgl. I Sam 25 21.   Auch hier Anwendung der Vergeltungslehre.   14ᵃ פּוֹטֵר Part. vgl. 10 17, wörtl.: *der Anfang des Streites ist, wie wenn man Wasser loslässt.*   Man kann den Strom leicht entfesseln, aber

4*

nicht eindämmen. 14ᵇ הִתְגַּלֵּעַ bloss noch 18 1; 20 3. Die alten Überss. wussten nichts damit anzufangen. FLEISCHER bei DELITZSCH nimmt es nach dem Arab. = *Zähnefletschen*, GRÄTZ in den Monatsber. 1884 S. 42 = *aufbrechen* von einer Wunde nach dem Talmud, Nidda VIII, 2. Der Sinn von 14ᵇ ist nach 14ᵃ jedenfalls deutlich: darum lass ab vom Zank, ehe er heftig wird.   15ᵃ הַצְּדִּיק und הָרְשִׁיעַ sind juridische Ausdrücke: *freisprechen* und *verurteilen*, vgl. 15 27: 24 24; Jes 5 23.   16 Für Geld kann sich ein Thor vieles erwerben, nur die Weisheit nicht.   17ᵃ בְּכָל־עֵת *Zu jeder Zeit* d. i. im Glück, wie im Unglück. הָרֵעַ, der Artikel drückt aus: der wahre Freund, der diesen Namen auch wirklich verdient.   17ᵇ vgl. 18 24ᵇ· לְצָרָה *bezüglich der Not* = *in der Not*. Man kann das לְ auch von יִוָּלֵד abhängen lassen = *für die Not*, so NOWACK: doch gibt dies keinen natürlichen Sinn.   UMBREIT: „nach der Stärke seiner teilnehmenden Gesinnung wird er bei dem Unglück des Freundes wie zu einem leibhaftigen Bruder, so dass das Gemüt bewirkt, was sonst nur Folge der nächsten Blutsverwandtschaft ist." 18 Vgl. 6 1-5, wiewohl dort vielleicht nach unserer Ansicht eine höhere Auffassung ausgesprochen ist, ferner: 11 15; 20 16; 27 13; JSir 29 14ᵃ. Bemerkenswert ist, dass das Privatrecht. wie es in der Thora enthalten ist, keine Bürgschaftsleistung zu kennen scheint.   19 Eine Warnung vor Streitsucht und Hochmut: doch lässt der Parallelismus zu wünschen übrig.   19ᵃ vgl. 29 22. Durch Streitsucht gerät man in allerlei Sünden.   19ᵇ vgl. 16 18. Der Hochmut offenbart sich hier im Bauen eines grossen Hauses. ABEN ESRA, SCHULTENS u. a. wollten des Parallelismus wegen מַגְבִּיהַּ פִּתְחוֹ tropisch vom weiten Aufthun des Mundes verstehen: allein diese Bed. von הִגְבִּיהַּ *hoch machen* lässt sich nicht belegen.   20ᵃ vgl. 11 20; 16 20. 20ᵇ וְנֶהְפָּךְ בִּלְשׁוֹנוֹ *wer sich windet mit seiner Zunge* = אִישׁ תַּהְפֻּכוֹת 2 12; 8 13; 10 31. *fällt ins Unglück* vgl. 13 17.   21ᵃ vgl. v. 25, ferner 10 1ᵇ; 15 20ᵇ und das Gegenstück davon 23 24ᵇ. לְתוּגָה vgl. 10 1.   21ᵇ vgl. JSir 22 3ᵃ und das Gegenteil in Prv 15 20ᵃ.   22 גֵּהָה ἅπαξ λεγόμενον; nur noch das Verbum Hos 5 13 = *heilen*: also יֵיטִיב גֵּהָה = *bringt gute Heilung*. vgl. מַרְפֵּא 16 24. In 15 13ᵃ steht unser Vers wörtlich bis auf פָּנִים statt גֵּהָה, darum haben einige Ausleger גֵּהָה — פָּנִים genommen, allein das lässt sich nicht erweisen. Pesch. und Targ. denken dabei an גֵּוָה, גְּוִיָּה *Körper*.   22ᵇ vgl. 15 13; 18 14; 3 8; 22 16; 32 4. 23ᵃ שֹׁחַד מֵחֵק wird 21 14 erklärt; dort steht בְּחֵק שֹׁחַד parallel mit מַתָּן בַּסֵּתֶר *ein Geschenk im Geheimen* also: ein unter vier Augen angebotenes Bestechungsgeschenk, das heimlich in den Falten des Gewandes verborgen war.   23ᵇ vgl. 18 5.   24ᵃ אֶת־פְּנֵי = *coram*, vgl. GES.-BUHL. Der Weise hat die Weisheit stets in seinem Bereich: dieser Sinn passt zur Antithese in 24ᵇ: die Augen des Thoren suchen überall, ohne das Heil zu finden. Man kann auch den Gegensatz so fassen: die Weisen trachten nach Weisheit, eigentl.: haben die Weisheit als Ziel vor Augen, dagegen die Thoren geben sich mit allem möglichen ab, nur nicht mit der Weisheit.   25 vgl. v. 21; 10 1; 15 20; 19 13.   מָמֶר *Betrübnis*, bloss hier, von מָרַר *bitter sein*. Nach EWALD beginnt hier der vierte Hauptabschnitt dieser Spruchsammlung. 17 25—19 19. vgl. die Anm. zu 10 1. 26ᵇ יֹשֶׁר עַל (so ist mit BÄR und DELITZSCH zu lesen) kann bedeuten: *gegen das Recht. Ist es schon nicht gut, Unschuldigen eine Geldstrafe aufzuerlegen, so ist es ganz und gar gegen alles Recht, Edele* (im ethischen Sinn vgl. v. 7) *mit Geisselhieben zu züchtigen.* Doch vgl. die Textverbesserung in den textkrit. Erl. bei KAUTZSCH, die עַל יָתֵר lesen will = *in hohem Masse* Ps 31 24.   **27ª** vgl. 10 19ᵇ; 13 3ª.   וְקַר רוּחַ nach dem Kĕtīb, vgl. textkrit. Erl. bei KAUTZSCH, *der Kaltblütige*, der nicht in Zorn entbrennt, für welch letzteres im Hebr. חָרָה gebräuchlich ist. Das Kĕrē יְקַר ר׳ scheint zu bed.: der Mann würdevollen Geistes. Diese Verbesserung ist ganz unnötig.   **28** Immer wieder zeigt es sich, dass dem Spruchdichter der bedächtige schweigsame Mann als Typus des Weisen vor dem Geiste steht, vgl. 12 23 und parallele Stellen. So lange der Thor schweigt, kann er für einen Weisen gelten.

Cap. 18. Inhalt: Gemeinschaftssinn, Unterschied von Thoren und Weisen, die Strafe der Verleumdung, die Worte des Weisen, die Lippen des Thoren, das Horchen auf den Ohrenbläser, Lässigkeit, die Zuflucht des Frommen und des (gottlosen) Reichen, Hochmut vor dem Fall, voreilige Antwort, Geisteskraft und Mutlosigkeit, das Bedürfnis des Weisen nach mehr Kenntnis, der Einfluss von Geschenken, Bruderzwist, die Macht der Zunge, die Frau ein Segen von Jahwe, die Hartherzigkeit des Reichen und der wahre Freund.

1ª נִפְרָד *wer sich* willentlich, Jdc 4 11, eigenwillig *absondert,* näml. von der Gemeinde vgl. Pirkē Abōth 2 4ᵇ: אַל־תִּפְרֹשׁ מִן־הַצִּבּוּר „sondre dich nicht von der Gemeinde ab", ein Wort Hillels, vgl. Hebr 10 25.   **1ᵇ** תּוּשִׁיָּה vgl. 2 7.   יִתְגַּלָּע vgl. 17 14; 20 3. Ausserhalb der Gemeinde ist keine wahre Weisheit, kein Heil zu finden.   **2** vgl. 12 23ᵇ; 15 2ᵇ; er glaubt keine Weisheit mehr nötig zu haben; im Gegenteil er bildet sich ein, andere lehren zu können.   **3** *Wo der Gottlose hinkommt, da kommt auch Verachtung,* nämlich des Nächsten.   **3ᵇ** *und mit Schande* ist *die Schmach* verbunden. Der Sinn ist: Der Gottlose ist gewohnt, andere zu verachten, aber er möge wohl wissen: die Schmach, die er andern anthut, fällt auf ihn selbst zurück. חֶרְפָּה ist ein aktiver, קָלוֹן ein passiver Begriff.   **4** *Tiefe Wasser,* d. i. schwer zu ergründende oder schwer zu erschöpfende, vgl. 20 5; Koh 7 24. Das Bild wird in v. 4ᵇ fortgesetzt, vgl. Pirkē Abōth 2 8. Es ist deutlich die Rede von Worten des Weisen. Die Lesart einiger Hss. מְקוֹר חַיִּים ist offenbar aus Stellen wie 10 11; 13 14 entstanden.   **5** vgl. 17 26.   **6** יָבֹאוּ בְרִיב wörtl.: *kommen mit Streit,* d. i. führen Streit herbei. 6ᵇ Der folgende Vers lehrt wohl, dass an *Schläge* מַהֲלֻמוֹת, die er selbst empfängt, gedacht ist. Der Sammler hat also jedenfalls 6ᵇ so aufgefasst.   **7** vgl. 10 19ᵇ; 12 13ª; 13 3ᵇ.   7ᵇ vgl. 13 14; 14 27. Durch seine Worte setzt er sich allerlei Unannehmlichkeiten z. B. Schlägen (v. 6ᵇ) aus.   **8ª** = 26 22.   דִּבְרֵי נִרְגָּן vgl. 16 28. כְּמִתְלַהֲמִים, = *was gierig verschlungen wird, Leckerbissen,* vom Arab. لَحِمَ *lahima* gierig verschlingen. 8ᵇ ist weitere Ausführung von v. 8ª. vgl. 20 27 30; dasselbe Bild, aber anders angewandt 17 10. Boshafte Verleumdung findet immer nur allzu williges Gehör.   **9ᵇ** אָח *ein Bruder*; in 28 24 steht dafür חָבֵר Geselle; die Bildersprache unseres Verses ist kräftiger. מַלְאָךְ vgl. בַּעַל מַשְׁחִית מַשְׁחִית einer der durch das מַשְׁחִית charakterisiert ist, Hes 9 1, der dazu berufen ist oder seine Lust daran hat. Der Sinn ist: Was ein בַּעַל מַשְׁחִית durch sein Thun verübt, das richtet der Träge durch sein Unterlassen an.   **10** מִגְדָּל־עֹז vgl. Ps 61 4; derselbe Gedanke in Ps 27 5; 31 21. In einem solchen Turm findet

man ein hohes und unnahbares Asyl gegen die Feinde. וְנִשְׂגָּב Niph.. in 29 25
Pu.. hier vielleicht in medialer Bed.: *findet sich gesichert.*   Die sichere Zuflucht, מִשְׂגָּב, wie es in den Pss. heisst, findet der Fromme in dem שֵׁם יהוה d. i.
eigentlich in der Offenbarung des Wesens Jahwes, hier: in dem Gott der Offenbarung selbst, also in Gott, wie ihn Israel kannte. Fast selbstverständlich
muss unser Spruchdichter dabei an Ex 3 14 gedacht haben.   11ᵃ = 10 15ᵃ.
Allein der Spruch ist hier ganz anders gewendet. Schon in der Stellung nach
v. 10 tritt dies hervor. Sucht der Fromme seine Sicherheit in dem Gotte seines
Heils, so meint dagegen der Reiche, diese in seinem Reichtum zu besitzen:
aber sie besteht nach 11ᵇ nur in בְּמַשְׂכִּתוֹ *in seiner Phantasie*, wörtl. *in dem Ge-*
bilde sc. seines Herzens. מַשְׂכִּית allein im Priestercodex, Sprüchen und Ps 73 7.
also in lauter späten Stücken. Hes 8 12 wird es von CORNILL gestrichen.
Einen ganz andern Sinn bekommt der Vers und zwar ganz parallel mit 10 15.
wenn man mit Targ. und Vulg. בְּמַשְׂכָּתוֹ vokalisiert = *in seiner Umzäunung*;
man muss dann jedoch auch נִשְׂגָּב lesen und übersetzen: *und wie hinter einer*
Mauer fühlt er sich geborgen in seiner Umzäunung.   12ᵃ vgl. 16 18ᵃ.   12ᵇ
= 15 33ᵇ.   13 vgl. JSir 11 8. Der Weise ist schweigsam; vgl. 17 28.   14ᵃ
רוּחַ אִישׁ ist masc., gewissermassen um den *Mannes-Mut* zu bezeichnen, in רוּחַ
נְכֵאָה = *ein niedergeschlagenes Gemüt* ist רוּחַ fem.. um die Leidenschaftlichkeit
auszudrücken. Vgl. denselben Genuswechsel mit der gleichen Bedeutungs-
nüancierung in Ps 51 12 19: רוּחַ־נָכוֹן ein gewisser Geist und רוּחַ נִשְׁבָּרָה ein zer-
brochner Geist (DELITZSCH).   Mannesmut vermag Krankheit zu ertragen:
aber wenn der fehlt, *wer kann sie dann tragen?* so lässt sich der Vers verstehen. Man kann aber auch mit KAMPHAUSEN übersetzen: *wer kann das*
tragen? oder mit DELITZSCH und DYSERINCK *wer richtet das*, nämlich das
niedergeschlagene Gemüt *auf?* Die letztere Übers. hat viel für sich; der Gegensatz wird dann: Mannesmut erträgt Krankheit, aber Niedergeschlagenheit ist
selbst eine Krankheit, die getragen werden muss. Vgl. Mk 9 50.   15 = 15 14ᵃ.
Der Sinn des ganzen Verses ist: nur wo Weisheit ist, wird noch mehr Weisheit begehrt.   16 vgl. 17 8; 19 6ᵇ. Bei מַתָּן braucht man nicht an ein Bestechungsgeschenk zu denken (17 8), sondern es sind wohl Geschenke gemeint.
die man denen gibt, welche in der Umgebung der Grossen der Erde sind. und
zwar zu dem Zwecke, in ihren Kreis aufgenommen zu werden oder wenigstens
Zugang z. B. zu einem Fürsten oder hohen Staatsbeamten zu erlangen.   17
Eine Ermahnung für den Richter: audiatur et altera pars.   In 17ᵇ ist mit
Kᵉrē וּבָא zu lesen. רֵעֵהוּ *sein Nächster* d. i. der andere. welcher mit ihm
streitet, gewöhnlich בַּעַל מִשְׁפָּט Jes 50 8 oder בַּעַל דְּבָרִים Ex 24 14 genannt. חָקַר
mit Acc. pers. vgl. 28 11 = *er untersucht ihn* d. h. er sucht darzuthun. dass der
erste die Sache in ein falsches Licht gerückt hat. Pirkē Abōth 1 8 wird der
Richter ermahnt, beim Process beiden Parteien zu misstrauen.   18 vgl. 16 33.
Hier wird vom Los ausgesagt, was Hbr 6 16 dem Eid zugeschrieben wird. Die
ultima ratio ist glücklicherweise nicht immer das Faustrecht: der Spruchdichter segnet das Institut des Loses.   19ᵃ אָח נִפְשָׁע = *ein Bruder. an dem*
treulos gehandelt wurde. Das Prädikat ist nicht ausgedrückt. es muss aus
מִקְרִית־עֹז herausgelesen werden. z. B. עֹז הוּא oder קְשֵׁה הוּא (KIMCHI).   19ᵇ bei

מְדָנִים ist an *Brüderzwistigkeiten* gedacht. Der Sinn des Verses ist: Keine hartnäckigere und unversöhnlichere Feindschaft gibt es als zwischen vormaligen Freunden.   **20** vgl. 12 14ᵃ; 13 2ᵃ. Ein Oxymoron, vgl. Mt 15 11: nicht von dem, was zum Munde eingeht, sondern von dem, was aus ihm ausgeht, wird jemand gesättigt. Er bekommt die guten wie bösen Folgen nicht bloss seiner Thaten, sondern auch seiner Worte zu kosten.   **21** schliesst sich an v. 20 an: Worte sind so unschuldig nicht, selbst das Leben kann dadurch gefährdet oder gerettet werden, vgl. Jak 3 5–12.   Nach LXX οἱ δὲ κρατοῦντες αὐτῆς אֹחֲזֶיהָ anstatt אֹהֲבֶיהָ *die sie beherrschen, im Zaume halten.* יֹאכַל Sing. nach dem Part. im Plur. = *jeder, der sie im Zaume hält, wird ihre gute Frucht geniessen.*   **22ᵃ** אֵשָׁה sc. *ein kluges Weib* vgl. 12 4; 19 14ᵇ; 31 10; JSir 26 3. 22ᵇ Er kann daraus wohl abnehmen, dass Jahwe an ihm Wohlgefallen hat. יָפֶק vgl. 3 13; 12 2. Die Perfecta in 22ᵃ werden durch Imperf. mit ו consec. fortgesetzt. Das Finden einer guten Frau war also schon ein Beweis des Wohlgefallens Jahwes.   **23** vgl. 14 21 31; 22 7; JSir 13 3 4. Der Besitz des Geldes macht den Menschen stolz und hart.   **24ᵃ** אִישׁ רֵעִים wörtl. *ein Mann der Freunde* d. i. der viele Freunde hat, *ein Allerweltsfreund.* לְהִתְרֹעֵעַ über den Inf. mit לְ zum Ausdruck des periphrastischen Futurs = sibi perniciem paraturus est vgl. GES.-KAUTZSCH²⁶ § 114 i. Die Form ist Inf. Hithpo. von רָעַע, ein Aramaismus für רָצַץ *zertrümmert w., zu Grunde gehen,* nur noch Jes 24 19. Der Sinn ist: Wenn jemand viele Freunde hat, so ist es diesen nicht um seine Person, sondern um seine Gaben zu thun; er wird von seinen sogenannten Freunden ausgeplündert.   24ᵇ vgl. 17 17.   So aufgefasst, wie es auch KAMPHAUSEN in seiner freien Übers. bei KAUTZSCH thut, enthält der Vers eine verständliche Antithese: nicht viele Freunde zu suchen, sondern einen wahren Freund. Pesch. und Targ. lesen אִישׁ = אֵשׁ = יֵשׁ, vgl. II Sam 14 19; Mch 6 10; dann müsste man auch mit Pesch. Targ. THEOD., Vulg. לְהִתְרֹעֵעַ von רֵעַ *Freund* ableiten, das allerdings vom Stamm רָעָה herkommt. Der Gegensatz wäre dann: *es gibt Freunde, mit welchen man Umgang pflegen kann: aber es ist auch ein Freund, der anhänglicher als ein Bruder ist.* Auch bei dieser Erklärung könnte אִישׁ die Bed. *Mann* haben und die Übers. würde lauten: *Mit einem Mann, der viele Freunde hat, muss man umzugehen suchen, aber doch* u. s. w.

Cap. 19. Der Arme in seiner Unschuld, blinder Eifer, die Erfahrungen, welche Arme und Reiche mit ihren Freunden machen, die Strafe falscher Zeugen, das Buhlen um der Vornehmen Gunst, die Nachsicht der Weisen, des Königs Groll, ein thörichter Sohn und ein keifendes Weib, eine verständige Frau, Faulheit, Mitleid mit den Geringen, das Hören auf Rat und das Annehmen der Zucht, die Furcht Jahwes, die Strafe für den schändlichen Sohn, das Hören und Nichtbefolgen guten Rates, der Gottlosen Mund, die Spötter und die Thoren.

1ᵇ Beinah wörtl. wird dieser Spruch 28 6 wiederholt und dort steht עָשִׁיר *reich* anstatt כְּסִיל. Man kann entweder mit KAMPHAUSEN כְּסִיל in עָשִׁיר verändern oder voraussetzen, dass schon hier, wie im NT. vgl. Lk 6 20. „arm und fromm" sowie „reich und gottlos (Thor)" als Synonyme genommen werden. Die Lesart עָשִׁיר in einigen Hss. Pesch. THEOD. und Syro-Hexapl. kann auf

Korrektur beruhen. מַעֲקֵשׁ שְׂפָתָיו vgl. עִקֵּשׁ לֵב 11 20; 17 20.   **2ª** Die Übers. bei KAUTZSCH verbindet נֶפֶשׁ mit בְּלֹא־דַעַת = *schon bei Nichtwissen der Seele* d. i. *schon in Mangel an einsichtigem Sinne*. Aber man kann auch נֶפֶשׁ als Subj. für sich allein nehmen und גַּם, das gern an der Spitze des Satzes steht, vgl. 17 26: 20 11, logisch mit נֶפֶשׁ verbinden; נֶפֶשׁ, das auch *Begierde* heisst, würde dann hier nach 2ᵇ Begierde in bonam partem = *Eifer* sein: *Wo keine Erkenntnis* oder Überlegung *ist, da ist auch* (selbst) *der Eifer nicht gut.*   2ᵇ וְאָץ בְּרַגְלַיִם *der eilende mit seinen Füssen* vgl. 21 5; 28 20. חוֹטֵא vgl. 8 36.   **3** Der Narr schiebt die Schuld des Unglücks, das über ihn kommt, nicht auf sich, sondern auf Gott, vgl. JSir 15 11-20. תְּסַלֵּף vgl. (11 3) 13 6.   4ª vgl. v. 6 und 7; 14 20ᵇ.   4ᵇ vgl. 14 20ª.   מֵרֵעֵהוּ ist entweder das Subst. מֵרֵעַ *Freund* vgl. v. 7 oder רֵעַ mit Suff. und Präp. מִן. KAMPHAUSEN nimmt das erste an. Man meint (HITZIG und DELITZSCH), dass bei der andern Auffassung „die Initiative des Freundes nicht zum Ausdruck kommt." Allein der Kontrast ist dieser: in v. 4ª ist der Reichtum als handelnd gedacht. in v. 4ᵇ die (nicht genannte) Armut des Armen.   **5ª** = v. 9ᵃ. לֹא יִנָּקֶה vgl. 17 5.   5ᵇ יָפִיחַ כְּזָבִים vgl. 6 19; 14 5.   **6ª** יְחַלּוּ פְנֵי ב׳ wörtl. *streicheln das Antlitz.*   6ᵇ vgl. 18 16ª; 29 26. וְכָל־הָרֵעַ *und Gesamtheit der Freunde = Masse von Freunden.* Alle alten Überss. ausser Vulg. vokalisieren וְכָל־הָרֵעַ *und jeder Schlechte.* Man kann auch abteilen: וְכֻלֹּה רַע = ein jeder ist ein Freund; so u. a. DYSERINCK; zu כֻּלֹּה = כֻּלּוֹ vgl. Jer 8 10 u. s. w.   **7ª** vgl. v. 4; 14 20. אֲחֵי רָשׁ hier *Blutsverwandte*, anders als in 17 17.   **7ᵇ** אַף כִּי *wie viel mehr* vgl. 11 31: 15 11 u. s. w. מְרֵעֵהוּ ist Kollektiv, darum רְחָקוּ im Plur.   7ᶜ Das dritte Glied ist der Rest eines verloren gegangenen Spruches; weil wir ihn nicht mehr vollständig vor uns haben, so können wir auch nicht sagen, was die noch erhaltenen Worte bedeuten.   **8** קֹנֶה־לֵּב vgl. 15 32ᵇ. *Liebt sein Leben.* weil die Weisheit langes Leben schenkt.   8ᵇ שֹׁמֵר תְּבוּנָה d. i. wer sie sorgfältig bewahrt. הָיָה לִמְצֹא = לְמָצָא Fut. periphrast. = *consecuturus est* vgl. 18 24.   **9** = v. 5 nur יֹאבֵד anstatt לֹא יִמָּלֵט.   **10** לֹא נָאוֶה vgl. 17 7; 26 1.   10ᵇ vgl. 30 22: Koh 10 7; JSir 11 5. Der nexus idearum zwischen 10ª und 10ᵇ ist dunkel. Wahrscheinlich steht dem Spruchdichter z. B. ein Eunuch vor dem Geiste, der an orientalischen Höfen eine so wichtige Stellung einzunehmen pflegt. Ist es schon ungereimt — will er sagen — dass ein solcher Thor ein träges und bequemes Leben führt, so ist es doch noch schlimmer, wenn ein solcher Thor sogar grossen Einfluss auf das Staatswesen ausübt (STRACK).   11ª vgl. 14 17 29. Vielleicht vokalisiert man mit Pesch. besser הַאֲרִיךְ als Inf. wegen עֹבֵר in 11ᵇ. עֹבֵר עַל פֶּשַׁע *an der Sünde vorübergehen, sie vergeben,* vgl. Mch 7 18. Der Weise ist langmütig und zum Vergeben geneigt, ebenso wie Gott, der ihm die Weisheit schenkt und von dem Mch 7 18 redet.   12ª beinahe = 20 2ᵃ, vgl. 16 14ᵃ: 28 15.   12ᵇ Ein gleiches Bild 16 15ᵇ.   **13ª** vgl. 10 1; 17 21 25.   13ᵇ דֶּלֶף טֹרֵד wörtl.: *eine das Wasser hervordrängende Dachtraufe* d. i. eine stets rinnende. Beide Worte kommen nur noch 27 15 vor und sind bloss im Aramäischen und Vulgärarabischen im Gebrauch; das Zeitwort דָּלַף *träufeln* findet sich allein noch Koh 10 18; Hi 16 20; Ps 119 28, also in lauter späten Stücken.   13ᵇ zusammengehalten mit 27 15, will sagen: Das Gekeif eines Weibes ist ebenso widerwärtig wie ein beständiges Rinnen des Daches. DELITZSCH zitiert ein von

WETZSTEIN mitgeteiltes arab. Sprichwort: „Drei Dinge machen das Haus unleidlich الطَّقّ (= الدَّلَف) das Durchsickern des Regens, النَّقّ das Nörgeln der Frau und البَقّ die Wanzen." 14ᵇ vgl. 18 22; JSir 26 3. Das Erbgut fällt Guten und Bösen zu, allein eine weise Frau bekommt nur der. an dem Jahwe Wohlgefallen hat. 15ᵃ תַּרְדֵּמָה vgl. 10 5. Trägheit bringt den Menschen in einen Zustand der Erschlaffung, aus welchem er sich nicht aufraffen kann. 15ᵇ vgl. 10 4; 12 24ᵇ; 20 13ᵃ. 16ᵃ vgl. 13 13; Koh 8 5. שֹׁמֵר נַפְשׁוֹ vgl. 13 3 16 17. 16ᵇ lies mit LXX וּבֹוזֶה דְרָכָיו, vgl. textkrit. Erl. bei KAUTZSCH, das Gegenstück zu נֹצֵר דְּרָכָיו 16 17, = der nicht darauf achtet, ob sein Wandel auch dem Gesetz gemäss ist. Das Ḳĕrē יָמוּת ist besser als das Ḳĕtīb יוּמַת, die gewöhnliche Strafandrohung im Bundesbuch Ex 20 23—23 33; der Tod ist die notwendige Folge seiner ἀνομία, nicht eine Strafe, die ihm vom Richter zuerkannt wird 15 10 u. s. w. 17ᵃ vgl. 14 31ᵇ: hier noch stärker: dadurch dass man sich der Armen erbarmt, ehrt man nicht nur Jahwe, sondern die Gabe ist gewissermassen ein dem Herrn geliehnes Kapital. 17ᵇ Darum wird er ihm seine Wohlthat vergelten. vgl. 12 14: eine schöne Anwendung der Vergeltungslehre vgl. Mt 25 36. 18ᵃ יַסֵּר vgl. 10 13ᵇ; körperliche Züchtigung ist gemeint. כִּי יֵשׁ תִּקְוָה denn noch ist Hoffnung vorhanden, weil er noch jung ist. 18ᵇ wörtl.: aber dazu, ihn zu töten, erhebe deine Seele nicht, denn das giebt selbst das Gesetz nicht zu, wie gross auch die väterliche Macht sei, vgl. Dtn 21 18-21. Der Vater kann wohl die Todesstrafe für einen unverbesserlichen Sohn bei den Ältesten der Stadt fordern, aber er selbst darf sein Kind nicht töten. 19ᵃ Lies mit Ḳĕrē גְּדָל־חֵמָה der gross von Zorn ist, d. i. der חֵמָה גְדוֹלָה hat, Dan 11 44; II Reg 22 13, vgl. Jer 32 19 גְּדֹל הָעֵצָה gross von Rat. THEOD. las schon, wie Ḳĕrē, LXX, Pesch. haben, Mann des Zorns, vielleicht גְּבַר ח׳. Das Ḳĕtīb גֹּרָל lässt sich nicht erklären. 19ᵇ כִּי אִם תַּצִּיל denn wenn du retten willst, vgl. II Sam 14 6, nämlich den, gegen welchen sein Zorn entbrannt ist, so fügst du noch hinzu, nämlich zu dem Zorn des Zornigen. M. a. W. deine gute Absicht, jemanden zu retten, würde seinen Zorn nur heftiger machen, vgl. Pirkē Abōth 4 18. 20 Nach EWALD beginnt mit diesem Vers der fünfte Abschnitt 19 20– 22 16. Vgl. 8 10: 12 15. בְּאַחֲרִיתֶךָ vgl. den Gegensatz רֵאשִׁיתְךָ in Hi 8 7 wörtl.: in deiner Folgezeit d. i. in Zukunft. Der Schüler ist jetzt noch in seiner רֵאשִׁית Anfangszeit und gehört noch zu den פְּתָאִים, den Unerfahrnen (vgl. 1 4), durch Zucht wird er später zu den חֲכָמִים gehören. קָבַל = לָקַח annehmen kommt bloss in späten Stücken vor, vgl. GES.-BUHL. 21 vgl. 16 9 33; 20 24. 22 Mit תַּאֲוַת אָדָם ist nichts anzufangen. KAMPHAUSEN trägt mit Recht Bedenken, mit vielen Auslegern zu übersetzen: der gute Wille. תַּאֲוָה ist Begierde, auch das Gewünschte. DYSERINCK: das Anziehende im Menschen ist seine Freundlichkeit. Wenn die Lesart richtig ist. ist dies wohl die beste Übersetzung. LXX καρπός las vielleicht תְּבוּאַת. DYSERINCK liest mit Rücksicht auf seine Übers. von v. 22ᵃ קָשׁ (= קָשָׁה) anstatt רָשׁ aber besser störrisch als falsch. 23ᵃ vgl. 14 27ᵃ. 23ᵇ וְשָׂבֵעַ und gesättigt, vgl. 10 3, weil ihn Jahwe keinen Hunger leiden lässt. Wird von keinem Unglück heimgesucht, vgl. Dtn 11 15; Lev 26 6. רָע ist Accus. 24 fast gleich 26 15. Der Faule scheut die geringste Arbeit, um sein Brot zu verdienen. Das Bild ist sehr stark. **25ᵃ** Der Spötter ist unverbesserlich, vgl. 13 1ᵇ, gleichwohl soll man ihn schlagen; denn das abschreckende Vorbild kann den Unerfahrnen zur Einsicht bringen, vgl. 21 11.   **25ᵇ** וְהוֹכִיחַ hypoth. Perf. mit unbestimmtem Subj. = וְהוֹכִיחַ מוֹכִיחַ *und weist man zurecht.*   **26ᵇ** מַבְרִישׁ vgl. 10 5; 13 5. Das Gegenteil 17 6ᵃ.   **27ᵃ** לִשְׁמֹעַ, das לְ hängt von חֲדַל ab.   27ᵇ לִשְׁגוֹת, das לְ drückt entweder den Zweck aus: *um* später dann doch *abzuirren* oder so wie in לֵאמֹר vgl. 2 2 *während du auf dem Irrweg bleibst.* In beiden Fällen haben wir denselben Gedanken wie Lk 12 47. Allein die Lesart bleibt sonderbar: der Text muss korrupt sein. Dieser Spruch ist auch der einzige in dieser Kollektion, wo בְּנִי vorkommt. DYSERINCK will statt לִשְׁמֹעַ lesen לִשְׁבֹּר *zu zerbrechen.* LXX las לִשְׁמֹר und בֶּן חֲדַל υἱὸς ἀπολειπόμενος φυλάξει.   **28** עֵד בְּלִיַּעַל vgl. 6 19. 28ᵇ יְבַלַּע *er verschlingt:* der Vergleichungspunkt liegt in der Schnelligkeit, mit welcher man etwas hinunterschluckt. Num 4 20; Hi 7 19; das Pi. *mit Gier* d. i. *mit höchstem Eifer.*   **29ᵃ** שְׁפָטִים die von Gott verhängten *Strafgerichte* vgl. 3 34. Die LXX las שְׁבָטִים *Ruten,* was einen bessern Parallelismus zu 29ᵇ gibt und auch 26 3ᵇ steht. Übrigens ist שְׁפָטִים Plur. des im Sing. ungebräuchlichen שֶׁפֶט und findet sich nur im Priestercodex, Hes und II Reg 24 24, also in lauter späten Stücken.   29ᵇ מַהֲלֻמּוֹת vgl. 10 13ᵇ; 18 6; 26 3ᵇ.

Cap. 20.   Inhalt: Der Missbrauch des Weins und starker Getränke, des Königs Zorn, der Faule, die Nachkommenschaft des Gerechten, falsches Gewicht, Arbeitsamkeit, der Wert der Einsicht, das Bürgschaftleisten, die Frucht unehrlichen Gewinnes, Umsicht und Überlegung, der Verleumder, schlechte Söhne, ungerecht erworbenes Erbgut, Rachsucht, übereilte Gelübde, strenge Gerechtigkeit und Barmherzigkeit des Königs, die Macht des menschlichen Geistes. Jünglinge und Greise.

1ᵃ לֹא . . . . . . וְכָל = *keiner.*   שָׁגָה *taumeln* 5 16, also: der sich damit betrinkt. Die Warnung gilt dem Missbrauch von Wein und anderen spirituosen Getränken.   **2ᵃ** = 16 14; 19 12ᵃ.   2ᵇ מִתְעַבְּרוֹ das Hithp. bedeutet gewöhnlich *sich gegen jem. erzürnen* 26 17; Ps 78 62; hier jedoch mit dem Acc. des Suff.: *sich jemandes Zorn zuziehen,* vgl. הִתְנַחֵל *für sich zum Besitz erhalten* Jes 14 2. חֹטֵא נַפְשׁוֹ vgl. 6 32; 8 36.   **3ᵃ** שֶׁבֶת das *Sitzen, Wohnen* (von יָשַׁב) und מִן prägnant: *fern von.*   3ᵇ יִתְגַּלָּע vgl. 17 14; 18 1. Der Weise ist friedliebend.   **4ᵃ** מֵחֹרֶף *Von Herbst an* d. i. entweder von Beginn des Herbstes an = *im Herbst* oder vom Ende des Herbstes an. Die letztere Auffassung hat viel für sich, weil nach dem חֹרֶף, = die Zeit des Pflückens (חָרַף) der Früchte, die Äcker bearbeitet werden müssen, wenn der Frühregen (יוֹרֶה) zu fallen beginnt. Doch fängt der eine früher damit an als der andere, so dass auch *im Herbst* übersetzt werden kann; vgl. מִשְׁנַת הַיֹּבֵל Lev 27 17: *vom Beginn des Jobeljahres an* und מִיָּמִים *von deinem Lebensanfange an.* Vgl. dazu FLEISCHER, kleine Schriften I. Bd., Beiträge zu DE SACY Gram. arabe I, 493 § 1087, und I. 526 § 1153; dort wird nachgewiesen, dass im Arabischen מִן auch bedeute: *in einem Zeitpunkte* einer bestimmten Zeit.   **4ᵇ** וְשָׁאַל Kĕrē, ist besser = *und verlangt er dann* später *in der Erntezeit,* vgl. 6 14. שָׁאַל nicht *betteln,* denn in der Erntefreude wird ein Bettler nicht leicht mit leeren Händen fortgeschickt, sondern *verlangen* nämlich nach Ertrag.   **5ᵃ** מַיִם עֲמֻקִּים *wie tiefe Wasser* d. h. schwer zu ergründen

vgl. 18 4.   5ᵇ Es gehört Verstand dazu, diese verborgenen Pläne zu entdecken.
6ᵃ אִישׁ חַסְדּוֹ *ein Mann, der ihm freundlich ist* vgl. 11 17; Jes 57 1, Gegensatz zu
אִישׁ אֱמוּנִים *ein treuer Mann* in 6ᵇ.   יָקְרָא = יָקְרָה vgl. Gen 42 4 38 u. s. w. von
קָרָה *jemandem begegnen*, so entsteht auch eine angemessenere Parallele zu יִמְצָא
in v. 6ᵇ: *Viele Menschen treffen* auf ihrem Lebensweg *einen ihnen freundlich
gesinnten Menschen, dagegen einen Menschen, auf den man sich verlassen kann,
wer findet den?* Anders KAMPHAUSEN, der mit LXX אִישׁ חֶסֶד und ausserdem
יָקְרָא *er wird genannt* liest.   7ᵃ vgl. 23 31. Das Ganze ist Subj. zu 7ᵇ; vgl. zu
letzterem 14 26.   8ᵃ vgl. 16 10. 12 u. s. w. Voraussetzung ist ein guter König,
vgl. Jes 11 4. Doch gilt der Spruch auch mehr allgemein. Für einen Fürsten,
der so hoch über den Parteien steht, ist die Versuchung nicht so gross, einen
ungerechten Urteilsspruch zu fällen. Bei einem orientalischen Fürsten kommt
es mehr darauf an, dass er auf dem Richterstuhl sitze und nicht aus Bequemlichkeit das Rechtsprechen ganz unterlasse. מְזָרֶה *auseinander streuend* d. i.
sichtend vgl. Jer 15 7; Mt 3 12.   9 vgl. Gen 6 5; I Reg. 8 46; Koh 7 20; Ps 130 3;
143 2; Röm 3 23; I Joh 1 8. Die Allgemeinheit der Sünde wird hier deutlich gelehrt, die menschliche Natur ist verderbt Hi 14 4; Ps 51 7 vgl. Gen 8 21. טָהַרְתִּי
מֵחַטָּאתִי vgl. Ps 18 24; das Suff. ist nicht bloss aktuell von begangener Sünde,
sondern auch potentiell von der Sünde, die ich etwa begehen könnte, gemeint.
10 vgl. v. 23; 11 1; Dtn 25 13–16. In 10ᵇ derselbe Ausdruck wie in 17 15.
11ᵃ בְּמַעֲלָלָיו *in seinen Handlungen:* dies bedeutet das Wort sonst überall. Bestechend ist jedoch die Hypothese EWALDS, der das Wort von עוֹלָל *spielendes
Kind* ableitet und mit *Spielereien* übersetzt. פָּעֳלוֹ *sein Thun:* vielleicht mit
HITZIG פֹּעַל = خُلْق *chulq* seine Geschaffenheit, d. i. seine Beschaffenheit, *sein
Charakter*, vgl. יָצַר in Ps 103 14.   12 vgl. Ps 94 9: Er, der Ohr und Auge geschaffen hat, hört und sieht selbst alle Dinge, 15 3 oder: Jahwe, der alles mit
einem bestimmten Zweck geschaffen hat, will, dass der Mensch Gehör und Gesicht auf eine Gott wohlgefällige Weise gebrauche, vgl. 16 4.   13ᵃ vgl. 6 9–11
תִּוָּרֵשׁ metaplastisches Niph. von רוֹשׁ *arm werden* 23 21; 30 9.   13ᵇ vgl. 12 11ᵃ.
שְׂבַע .... פְּקַח zwei Imperative, von welchen der zweite den Zweck ausdrückt.
vgl. דְּרָשׁוּנִי וִחְיוּ Am 5 4: *sucht mich, damit ihr leben möchtet.*   14 Wer etwas
kaufen will, setzt den Wert dessen, wonach er begehrt, herab; aber wenn er
nach vollbrachtem Kauf wiederum seines Weges geht, so lobt er den gekauften
Gegenstand; לוֹ ist Dat. ethicus wie in לוֹ הָלַךְ *fortgehen:* in dieser Bed. ist אָזַל
wohl ein Aramaismus.   15 vgl. 3 14 15; 8 11.   כְּלִי יָקָר *Gefäss der Kost-
barkeit.* שִׂפְתֵי דַעַת vgl. 14 7.   16=27 13 mit der Abweichung קַח und נָכְרִיָּה;
letzteres will hier das Kᵉrē unnötiger Weise statt נָכְרִים lesen. Wer so dumm
ist, für andere Bürgschaft zu leisten, muss auch die Folgen davon tragen; vgl.
6 1–5; 11 15; 17 18. לְקַח Imperativ. statt קַח wie Ex 29 1: vgl. Hes 37 16. חֲבַלֵהוּ
pfände ihn Impera. Pi. vgl. KÖNIG Lehrgeb. I § 30 6 N. 256.   17ᵃ לֶחֶם שָׁקֶר
ist *auf betrügerische Weise erworbenes*, nicht ehrlich verdientes *Brot* 10 2.
Solches Brot mag anfangs süss schmecken, aber es ruht kein Segen darauf,
vgl. Hi 20 12–16; es wird in seinem Mund zu *kleinen Steinchen* חָצָץ; dies Wort
ist ein Aramaismus und kommt nur noch Thr 3 16 vor.   Dieser Vers hat
wahrscheinlich wegen des Wortes עֶרֶב, das in beiden Versen, jedoch in ver-

schiedener Bed. sich findet, seinen Platz nach dem vorigen erhalten. **18**ª vgl.
15 22ª; עֵצָה = סוֹד *Beratung* nämlich mit andern.   תִּכּוֹן *sie gewinnen Bestand,*
Sing. beim Fem. Plur. kommt auch sonst oft vor, GES.-KAUTZSCH²⁶ § 145 k.
18ᵇ vgl. 24 6. Man kann auch עָשֹׂה wie 21 3 als Inf. vokalisieren.   תַּחְבֻּלוֹת vgl.
1 5.   **19**ª beinah = 11 13ª.   **19**ᵇ Sei also vorsichtig; פֹּתֶה שְׂפָתָיו *wer aufsperrt
seine Lippen* vgl. 13 3.   **20**ª vgl. Ex 21 17; Lev 20 9; Dtn 27 16.   **20**ᵇ יִרְאֶךְ
vgl. 13 9.   Lies mit dem Kᵉtīb אִשׁוּן wörtl. *der Augapfel,* d. i. das Centrum
vgl. 7 9.   **21**ª Lies מְבֹהֶלֶת mit Kᵉrē LXX und allen alten Überss. vgl. 13 11;
28 20ᵇ 22; Est 8 14 und textkrit. Erl. bei KAUTZSCH: *vorzeitig errafft.*   **21**ᵇ
vgl. 28 20ᵇ.   **22** vgl. 24 17 29; 25 21; Dtn 32 35; Röm 12 17; Th. 5 14; Hbr 10 30;
I Pt 3 9. Ein schöner Spruch, desto höher zu schätzen, weil das jus talionis als
Rechtsprincip galt; vgl. zu 24 29.   **23**ª vgl. v 10.   **23**ᵇ vgl. 11 1.   **24**ª vgl.
16 9; 19 21; Jer 10 23.   **24**ᵇ מָה vgl. Hi 31 1 verneinend: *wie wenig.* Es ist
darum nötig, dass er nach Jahwes Willen, wie er in Gesetz und Propheten geoffenbart ist, frage. Daraus kann er lernen, was für Absichten Gott mit seinen
Führungen hat und wie er seine Schritte nach Gottes Willen richten muss; vgl.
Ps 37 23ª.   **25** יָלַע Imperf. Hiph. von לָעַע (Kal würde יָלַע oder יֵלַע sein) vgl. Hi 6 3,
in der Bed.: *irre reden,* arab. لَغَا *laghā.* Die Satzkonstruktion ist: *Ein Fallstrick
für den Menschen* und nun folgt ein Satz: *er ruft unbedacht „kodesch".*   קֹדֶשׁ
vgl. κορβᾶν Mt 15 5; Mk 7 21: *Weihegabe.*   **25**ᵇ לְבַקֵּר *er schickt sich an zu überlegen,* Inf. mit לְ vgl. 18 24. Zum Ganzen vgl. Num 30 3; Koh. 5 1 3 4.   **26**ª vgl.
v. 8.   **26**ᵇ אוֹפָן ist das Rad des Dreschwagens Jes 28 27 f.; es gehört zum Bild
in v. 26ª, und man kann daraus nicht ableiten, dass die israelitischen Könige
eine solche grausame Strafe verhängten vgl. Am 1 3. In II Sam 12 31; I Chr 20 3
ist von etwas anderm die Rede, siehe GEORG HOFFMANN, ZATW 1882 S. 53—
67; KAMPHAUSEN, Evang. Gemeindebl. für Rheinland und Westfalen 1884 Nr.
9—11 und J. HERDERSCHEE, ThT 1891. S. 127—132.   **27** חַדְרֵי־בָטֶן vgl. 18 8.
Hier wird der נְשָׁמָה des Menschen eine hohe Abkunft von Jahwe und eine
grosse Kraft zugeschrieben. Die israelitische Vorstellung ist wohl diese, dass
durch das Einhauchen der רוּחַ oder der נְשָׁמָה Jahwes der Mensch zu einer נֶפֶשׁ
חַיָה geworden ist, vgl. Gen 2 7. Beim Tode kehrt diese רוּחַ zu Jahwe zurück, was
durchaus nicht mit dem Unsterblichkeitsglauben gleichbedeutend ist, vgl. Koh
12 7. Das Tier hat auch eine נְשָׁמָה Gen 7 22, aber nicht so direkt von Jahwe
wie der Mensch. Darum ist sie beim Menschen mehr als ein animalisches
Lebensprincip, „Macht des Selbstbewusstseins" (DELITZSCH). vgl. I Kor 2 11.
28 חֶסֶד וָאֱמֶת vgl. 3 3.   **29**ᵇ vgl. 16 31.   **30**ª תַּמְרִיק mit dem Kᵉtīb 3. Person
fem. sing. nach dem Subst. fem. plur. vgl. v. 18, mit בְּ konstruiert: *Reinigung am
Bösen bewirken;* KAMPHAUSEN liest מָרַע nach 17 4, statt בְּרַע, vgl. textkrit. Erl.
bei KAUTZSCH.   30ᵇ וּמַכּוֹת ist entweder Part. Hiph. zu חַבְּרוֹת gehörig, = *sie
treffen,* oder ein neues Subj. und Subst.: = *Schläge.* Wenn die Lesart gut ist,
will der Vers dies besagen: Schläge kommen wohl äusserlich auf den Rücken
des Bösen, vgl. 10 13; allein sie wirken doch auch inwendig reinigend.

Cap. 21. Inhalt: Des Königs Herz in Jahwes Hand. Gerechtigkeit besser
als Opfer, Hochmut, unredlicher Gewinn, ein zänkisches Weib. Gottes gerech-
tes Urteil, Barmherzigkeit. Verschwendung. Lobpreis des Gerechten. Kriegs-

macht und Macht der Weisheit, Selbstbeherrschung im Sprechen. Hoffart. Trägheit, unersättliche Begehrlichkeit, Unbarmherzigkeit. falsche und zuverlässige Zeugen, Unverschämtheit und Bedachtsamkeit. des Menschen Weisheit und Jahwes Rat u. s. w.

1 פַּלְגֵי־מָיִם vgl. 5 16 sind künstliche Kanäle, um die Fruchtbarkeit zu erhöhen, wie man solche in Babel findet Jes 58 11, auch in Ägypten. jedoch nicht in Palästina Dtn 11 10-12. In Ps 65 10 ist פֶּלֶג אֱלֹהִים ein solcher von Gott selbst durch reichlichen Regen geschaffener Kanal.   Der Sinn ist: auch des Königs Gunstbezeugungen, scheinbar oft willkürlich erwiesen. werden von Jahwe gelenkt. Die gangbare Auffassung ist auch möglich, dann ist das tertium comparationis die göttliche Willkür, nach welcher Kanäle und Königsherzen geleitet werden.   2 fast = 16 2 vgl. 16 25; 14 12.   3 נִבְחָר *angenehm* vgl. 22 1. Zum Sinn vgl. v. 27, I Sam 15 22; Jes 1 11-14; Hos 6 6; Mch 6 6 f.; Ps 50 7-14 u. s. w.   4ª Der Hochmut ist bei Gott verhasst.   רְחַב *das Aufgeblasensein* ist ebenso wie רוּם *das Hochsein* Inf., vgl. 6 10 und Jes 10 12.   4ᵇ נֵר Mit der Bed. *Neubruch* 13 23 ist hier nichts anzufangen. Alle alten Überss. nehmen נֵר = נֵר *Licht*, wie nach Norzi auch viele Hss. lesen, vgl. נִיר I Reg 11 36 und נִירִי II Sam 22 29. Es muss dann ein Bild für das Glück sein, 13 9. Das Glück macht die Gottlosen nicht dankbar, sondern gereicht ihnen zur Sünde 10 16; Hi 21 7-34. Daraus folgt, dass es ausgelöscht wird 13 9ᵇ. Der Vers kann, falls die Lesart richtig ist. nur paraphrasierend übersetzt werden: *Hoheit der Augen und Aufgeblasenheit des Herzens, darin besteht das Glück, d. i. das Licht der Gottlosen: aber es ist ihnen zur Sünde.*   5 חָרוּץ 10 4 *der Fleissige*. welcher durch anhaltende Arbeit sein Vermögen vermehrt; אָץ 19 2 *der Hastige*, d. h. der auf bequeme Weise schnell reich werden will. vgl. 20 21; 28 20; 13 11; 12 11.   מוֹתָר *Gewinn* steht gegenüber מַחְסוֹר *Verlust* wie 14 23. 6 פֹּעַל וְגוֹ wörtl.: *Erwerbung von Schätzen durch Lügenzunge:* allein פֹּעַל kann auch *das Erworbene* sein. vgl. Jes 7 2.   6ᵇ sagt zweierlei von solchen Schätzen aus: sie sind הֶבֶל נִדָּף *verwehter Hauch* und מְבַקְשֵׁי מָוֶת *den Tod suchende*, vgl. 5 5; das letzte Bild ist jedoch etwas zu stark. LXX Hier. und wahrscheinlich Raschi lasen wie auch die Übers. bei Kautzsch מוֹקֵשֵׁי *Fallstricke*. das einen bessern Sinn gibt; vgl textkrit. Erl. bei Kautzsch.   7ª שֹׁד vgl. 24 2 *Gewaltthätigkeit* synonym mit חָמָס.   יְגוֹרֵם Impf. von גָּרַר *nachzerren* vgl. Hab 1 15; Pirkē Aboth 4 2. Derselbe Gedanke wie in 1 18 f.   7ᵇ Die Vergeltung kommt ja gewiss.   8ª וָזָר אִישׁ entweder von زَوِرَ *wazira, ein mit Schuld beladener* oder von زَوِرَ *zawira* (Barth, etym. Stud. S. 11), *der Verkehrte. Unehrliche.* הַפַּכְפַּךְ *gewunden* vgl. 2 15 עִקְּשִׁים אָרְחֹתֵיהֶם.   8ᵇ vgl. 20 11ᵇ.   9 Das Wohnen auf dem Dach ist ein Bild für Einsamkeit. Ps 102 8. aber auch von Unbequemlichkeit.   9ᵇ חָבֶר בֵּית wörtl.: *Haus der Vereinigung* d. i. *gemeinsames Haus.* Vgl. v. 19; 19 13; 25 24; 27 15.   10 vgl. 4 16; 10 23.   11ª vgl. 19 25.   11ᵇ הַשְׂכִּיל לְ *einem Belehrung darreichen* (vgl. Ps 32 8). Der Sinn ist: Wenn man den Spötter bestraft. so lernt er selbst zwar nichts daraus. wohl aber kann dies einem Unerfahrenen zum abschreckenden Beispiel dienen; der Weise braucht nicht gestraft zu werden. er wird unterwiesen und lernt selbst daraus.   12ª Unter צַדִּיק muss hier wohl Gott verstanden werden. vgl. 22 12;

Hi 12 19; 34 17. Das Wort steht indeterminiert wie oft im Arabischen in ela-
tivem Sinn: *ein Gerechter und was für ein Gerechter* d. h. der Gerechte κατ᾽
ἐξοχήν. 12ᵇ מְסַלֵּף vgl. 22 12; Hi 12 19. 13ᵇ גַּם הוּא *auch er* gerät einmal
zur Strafe für seine Unbarmherzigkeit ins Unglück; vgl. Mt 5 7; 18 23-35;
25 45; Jak 2 13. 14 vgl. 17 23. יְכַפֶּה ἅπαξ λεγόμενον arab. كفأ *kafa'a*, auch
aram. *zurückdrängen, beschwichtigen.* Targ. Symm. und Vulg. übersetzen. als
ob יְכַבֶּה von כָּבָה *auslöschen* dastünde; vielleicht haben sie auch so gelesen.
15ᵃ Den Gottlosen ist es eine Freude, Böses zu thun v. 10; 10 23; 15 21. עֲשׂוֹת
מִשְׁפָּט kann auch bedeuten: *Gericht halten,* so Dyserinck. Dem Tag. wo dies
stattfindet, sehen die Gerechten mit Freude entgegen. 15ᵇ מְחִתָּה bedeutet
10 14 29; 13 3; 14 28; 18 7 *Zerstörung, Untergang:* hier muss es. von חָתַת *erschrecken* abgeleitet = *Schrecken* sein. Die Grundbed. ist: *zerbrechen.* dann,
den Mut brechen = erschrecken. Die Gottlosen verkehren nicht gerne im
Kreise der Frommen, das Leben nach Jahwes Gesetz schreckt sie ab. Oder
man kann erklären: Vor dem Richterspruch beben sie. Bei dieser Auffassung
kann man מְחִתָּה auch als *Zerstörung* nehmen. 16 vgl. 2 18; 9 18 הַשֹּׁבֵל Inf. statt
Subst. = *Einsicht.* 17ᵃ אֹהֵב שִׂמְחָה ist nach 17ᵇ der Verschwender, vgl. Neh 8 12.
17ᵇ vgl. Am 6 6; Ps 104 15; Prv 27 9; 21 20; 11 24ᵇ. 18 vgl. 11 8. 19 vgl. v. 9;
25 24. וָכַעַם kann zu מֵאֵשֶׁת gezogen werden, so Kamphausen; es kann aber auch
von מִן abhängen: *besser als ein zänkisches Weib und* der damit verbundene
Ärger. 20 Der Weise ist sparsam, der Thor verschwenderisch. כְּסִיל אָדָם
vgl. 15 20. 21 צְדָקָה = *Frömmigkeit.* 21ᵇ חַיִּים und כָּבוֹד vgl. 3 16; 22 4. צְדָקָה
ist in 21ᵇ vielleicht fälschlich aus 21ᵃ eingedrungen. Gehört es wirklich hierhin,
dann ist es die Gerechtigkeit. die Gott den Frommen zurechnet, Gen 15 6, oder
man fasse es im Sinne Deuterojesaja's = יְשׁוּעָה *Heil.* 22ᵃ vgl. 24 5; Koh
9 13-18. עָלָה vgl. Jos 2 7 *ersteigen = erobern.* 22ᵇ מִבְטָחָה *ihres Vertrauens,*
mit Segol statt mit Patach vgl. Ges.-Kautzsch²⁶ § 27 q. Das ה—. obwohl mit
ה raphatum geschrieben. ist doch Suff. fem. 3. Pers. Der Sinn ist: Weisheit ist
mehr wert als Stärke und Waffen. Helden vertrauen auf ihr Bollwerk. Was
gewährt es ihnen? Wenn der Weise durch List die Stadt erobert hat, legt er
das Bollwerk nieder. 23 vgl. 13 3; 18 21. 24 gibt eine scharfe Definition
des in den Sprüchen so oft vorkommenden Terminus לֵץ *der Spötter. Freigeist.*
יָהִיר bloss noch Hab 2 5 *übermütig.* 25 vgl. 19 24 *Des Faulen Verlangen,*
nämlich nach Ruhe und Bequemlichkeit. weshalb er nicht arbeitet, bringt ihn
ins Verderben. 26 Kamphausen fügt עֵצֶל als Subj. ein, vgl. textkrit. Erl. bei
Kautzsch. Dann ist die Stelle, was den Sinn betrifft. ganz parallel mit Ps
37 26. Allein man kann auch הִתְאַנָּה תַאֲוָה (tempus finitum mit dem Acc. eines
Nomens statt des Inf. abs.) übersetzen: *Er.* nämlich הַמִּתְאַנָּה, also = *man begehrt immerfort.* Der Fromme aber ist nicht allein sparsam v. 20. sondern
auch mildthätig, vgl. 11 24ᵃ; 14 21; 19 17; 22 9. 27ᵃ vgl. 15 8ᵃ. LXX las
תּוֹעֲבַת יהוה. 27ᵇ אַף כִּי vgl. 11 31; 12 31; 15 11. בְּזִמָּה *für eine Schandthat,*
das בְּ ist das בְּ pretii. Der Gottlose bildet sich ein z. B. durch das Darbringen
eines Schuldopfers, wie es Lev 19 20-22 vorschreibt. sich das Recht zu uner-
laubtem Umgang mit eines andern Weib erkauft zu haben, und macht so Gott
zu einem Hehler des Bösen. Vgl. JSir 34 (griech. 31). 21-24. 28ᵃ vgl. 19 5 9.

28ᵇ Meistenteils zieht man לָנֶצַח zu יְדַבֵּר und übersetzt dann: אִישׁ שֹׁמֵעַ *ein Mann, der genau hört.* Aber es kommt nicht auf das *Hören,* sondern auf das *Sprechen* an. Vielleicht ist שֹׁמֵעַ hier = ἀκούειν und audire *im Rufe stehen* vgl. שְׁמוּעָה = *Ruf,* I Sam 2 24; I Reg 10 7; II Chr 9 6. Pesch. und Targ. übersetzen נֶצַח mit *Wahrheit* und auch Hi 23 7 bedeutet es *Vertrauenswürdigkeit* sowie Thr 3 18 *Vertrauen,* vgl. GES.-BUHL. Ist שֹׁמֵעַ לָנֶצַח *bekannt was Vertrauenswürdigkeit betrifft* d. h. *als vertrauenswürdig bekannt? יְדַבֵּר er darf sprechen.* 29ᵃ vgl. 7 13. הֵעֵז בְּפָנָיו wörtl.: *macht Frechheit mit seinem Gesichte,* d. h. nach 29ᵇ und 7 13: er redet unverschämt.   29ᵇ Lies mit Ķěrē und LXX יָבִין *er prüft* anstatt יָכִין *er gibt gerade Richtung* d. h. der Rechtschaffene überlegt, wie er handeln muss. M. a. W.: Der Gottlose ist gleich mit seinem Maul bei der Hand und gibt mit frechem Gesicht sein Urteil zum Besten; der Rechtschaffne dagegen ist bedächtig, will erst überlegen, vgl. 12 23; 17 28; 18 13 u. parallele Stellen.   **30** לְנֶגֶד nicht = לִפְנֵי oder בְּעֵינֵי sondern = *gegenüber* d. h. *im Gegensatze zu* vgl. Dan 10 13; Neh 3 37. Weisheit, die nicht auf die Furcht Jahwes gegründet ist, ist keine wahre Weisheit; vgl. Hi 5 13; 12 17; Ps 33 11 12; I Kor 3 19. Oder: Gegen Gottes Rat und Willen hilft keine menschliche Überlegung.   Den letztgenannten Sinn hat wohl der Sammler diesem Spruche beigelegt, wie wir aus **31** ersehen. לַיהוה הַתְּשׁוּעָה wörtl.: *Jahwe gehört der Sieg,* d. h. er kann ihn geben oder vorenthalten. vgl. Ps 33 17; 20 8.

22 1–16. Inhalt: Der Wert eines guten Namens, Reich und Arm im Verhältnis zu einander, Vorsicht, Demut, Erziehung, Borgen, die Folgen des Bösen, Barmherzigkeit, das Fortjagen des Spötters, Jahwe, der das Herz ansieht, die Ausflüchte des Faulen, der Segen der Zucht für solche, die jung an Jahren, das Geld des Armen und des Reichen u. s. w.

1 נִבְחָר vgl. 8 10 19; 21 3.   שֵׁם prägnant wie חַיִּים in 3 2 = *guter Name,* vgl. Koh 7 1; Hi 30 8, ebenso ὄνομα JSir 41 12ᵃ. Vgl. über den Namen der Gottlosen 10 7.   **2** Auch der Arme ist ein Geschöpf Gottes, vgl. 14 31; 17 5; Hi 34 19. Wo also der Reiche dem Armen begegnet, muss er dies bedenken und nicht hochmütig oder unbarmherzig sein, vgl. noch Hi 31 15.   **3ᵃ** Lies וַיִּסָּתֵר mit dem Ķětīb, Impf. mit ו consec. nach dem Perf. רָאָה. Das Perf. des Ķěrē וְנִסְתָּר ist 27 12, wo unser Vers ohne ו wiederkehrt. am Platz.   **4** יִרְאַת יהוה ist entweder Apposition zu עֲנָוָה; so die Übers. bei KAUTZSCH, vgl. auch das Asyndeton in v. 5, oder Prädikat. Das letzte liegt grammatisch näher; in diesem Fall will der Dichter sagen: Demut ist die erste Bedingung für Gottesfurcht. Derselbe Lohn wird der Gottesfurcht wie der Weisheit zugeschrieben, weil sie so eng verwandt, ja oft geradezu synonym sind, vgl. 1 7; 9 10; 3 16; 15 33ᵇ.   **5** צִנִּים pl. von צֵן bloss hier und Hi 5 5 = *Dornen;* Am 4 2 צִנּוֹת Fischerhaken. DYSERINCK liest צוּנִים *Stricke liegen verborgen auf dem Wege des Listigen.* שׁוֹמֵר נַפְשׁוֹ vgl. 16 17.   Er wandelt also nicht auf diesem verkehrten Weg. **6** חֲנֹךְ לְ eine späthebr. Konstruktion statt mit Acc., auch wohl in der Bed. der späteren Zeit; denn חָנַךְ heisst sonst im AT *einreihen,* hier: *erziehen, üben,* oder *gewöhnen;* den letzteren Sinn hat auch חָנַךְ mit dem Acc. pers. im Talmud, z. B. Joma 8 4. עַל פִּי דַרְכּוֹ *gemäss dem Wege, den er gehen soll,* d. h. nach Massgabe seines künftigen Berufes. דֶּרֶךְ kann hier nicht *Art, Natur* bedeuten. vgl.

Gen 19 31; Jes 10 24, wegen מִמֶּנָּה in 6ᵇ. Der Sinn ist: „jung gewöhnt, alt gethan".   7 Wer Schulden macht, bindet sich die Hände, wird ein Knecht. 8ᵃ vgl. das Gegenstück 11 18ᵇ; ferner Hi 4 8; Hos 10 13; Prv 12 14 die Vergeltungslehre.   8ᵇ שֵׁבֶט עֶבְרָתוֹ die Rute, mit welcher er in seinem überschäumenden Zorne schlug, vgl. Jes 14 5 6. LXX ἔργων αὐτοῦ liest שֵׁבֶט עֲבָדָתוֹ; dann wird der Sinn folgender: *Wer Unrecht säit, wird Unheil ernten und der Stock seiner Arbeit* d. h. sein Dreschflegel *wird hinsinken.* Seine Ernte ist אָוֶן und was darunter noch gutes sein mag, kann er nicht einmal ausdreschen. יְכַלֶּה *schwindet dahin,* vgl. Jes 29 20 das parallele נִכְרָת.   9ᵃ עַיִן טוֹב *der Gute von Augen* d. i. *der Gütige,* oppos. עַיִן רַע der Missgünstige 23 6; 28 22. *wird gesegnet* von Gott 19 11 und Menschen 10 6; 11 26.   9ᵇ vgl. 11 25; 14 21; 19 17; 21 26; Jes 58 7; Hes 18 7 16.   10ᵃ vgl. 26 20; LXX fügt ἐκ συνεδρίου hinzu. 10ᵇ *Streit und Schimpf* besser: *Prozess und Schande,* denn דִּין ist Rechtsstreit und קָלוֹן ist kein aktiver, sondern ein passiver Begriff.   11ᵃ טְהָר־ Ḳĕrē und טְהוֹר Kĕtīb ist entweder Stat. constr. von טָהֹר als Neutrum = *das Reine. die Reinheit* (vgl. קֹדֶשׁ *das Heilige* Ps 46 5; 65 5) oder von טֹהַר. Die Einfügung von יהוה als Subj. wie LXX Pesch. Targ. haben. vgl. textkrit. Erl. bei KAUTZSCH, empfiehlt sich der Antithese wegen.   11ᵇ Vielleicht geht das Suff. in רֵעֵהוּ auf מָלֶךְ *er ist sein, des Königs, Freund,* vgl. 5 22; 13 4 24ᵇ; jedoch nötig ist es nicht. Vielleicht ist statt des aktiven das passive Partizip אָהוּב zu lesen. Dann ist der Sinn: *Beliebt ist, wer reines Herzens ist.* Hält man das von den Versionen vorausgesetzte יהוה für ursprünglich, so lese man אֲהוּב יהוה. vgl. Neh 13 26 und übersetze: *Von Jahwe geliebt ist, wer reines Herzens ist; wessen Lippen voll Anmut sind, dessen Freund ist der König.*   12ᵃ דַּעַת vgl. v. 12ᵇ das Abstractum pro concreto, vgl. 12 27, gemeint ist *der Weise,* der mit seinen Kenntnissen anderen rät, 11 9.   12ᵇ וַיְסַלֵּף vgl. 13 4; 19 3; 21 12.   13 vgl. 15 19ᵃ; 26 13; ferner 13 4.   בַּחוּץ *draussen* ist parallel mit בְּתוֹךְ רְחֹבֹת *in der Mitte der Strassen,* so dass bei אֵרָצֵחַ *ich könnte erwürgt werden* auch an den Löwen zu denken ist. Die Entschuldigung des Faulen ist also lächerlich. Wenn auch zu Davids Zeiten ein Löwe die Herde auf dem Felde bedroht haben mochte. I Sam 17 34-37, und in Jeremias Tagen noch Löwen aus dem Dickicht des Jordans emporstiegen, Jer 49 19; 50 44 u. s. w., vgl. II Reg 17 25f., so mag es doch in den Tagen unseres Spruchdichters nicht viel Löwen in Palästina gegeben haben, und sicher begegneten einem diese Raubtiere nicht in den Strassen der Stadt.   14ᵃ vgl. 23 27. wo das fremde Weib selbst eine tiefe Grube heisst, hier ist mehr an die schmeichelnden Reden dieses Weibes gedacht. Vgl. 2 16-19; 5 3-23; 7 5-27.   14ᵇ וְעוּם יהוה *vom Zorn* (וַעַם) *Gottes getroffen.* vgl. אֵשָׁה יְלוּד *vom Weibe geboren,* בְּרוּךְ יהוה *gesegnet vom Herrn.*   15 vgl. 13 24; 23 13; 29 15.   16ᵃ לוֹ geht auf den Armen: *wer den Armen bedrückt,* der wisse. dass es doch *zu dessen Gewinn ist,* nämlich durch Gottes Vergeltung. der den Fleissigen segnet; während dagegen die Reiche. wenn er auch noch so viel bekommt, durch seine Verschwendung arm wird. Bezieht man mit BERTHEAU und DYSERINCK לוֹ auf den Reichen: *wer Arme drückt um sich zu bereichern* u. s. w.. so geht die Antithese verloren, die man in dieser Sammlung ganz besonders erwarten darf. לְהַרְבּוֹת und לְמַחְסוֹר stehen einander gegenüber. vgl. 21 5.

Dritter Hauptteil.

Worte von Weisen oder verschiedenartige Sprüche meist grösseren Umfangs.
Cap. 22 17—24 22.

In diesem Abschnitt geht die Spruchform wieder in die ermahnende Rede über; 22 17-21 ist eine ausführliche Überschrift oder Einleitung für diesen Teil; weiter bemerken wir, dass hier ebenso wie in Cap. 1—9, der Weise seinen Schüler als „meinen Sohn" anredet, was in dem vorhergehenden Abschnitt bloss in der sicher verderbten Stelle 19 27 vorkam. Die Lehren und Ermahnungen bestehen gewöhnlich aus zwei, bisweilen drei Versen; nur sieben davon aus je einem Vers, während 23 29-35, die Warnung vor Betrunkenheit, sieben Verse umfasst. Dieser dritte Teil unterscheidet sich von dem zweiten durch Ungleichheit des Metrums; manche Stelle ist unklar.

22 17-29. Inhalt: Einleitung, Warnung vor dem Bedrücken des Armen, vor dem Umgang mit Hitzköpfen, vor dem Bürgen, vor dem Verrücken der Grenzsteine.

17—21 Einleitung: 17 Ermahnung, 18 der Grund für die Ermahnung. 19 deren Zweck, 20 f. Verweisung auf früheren schriftlichen Unterricht. **17ᵃ** vgl. 1 6; 4 20; 5 1 und die Überschrift des vierten Teiles 24 23. 17ᵇ Das Soph Pasuk muss nach dem zweiten Worte von v. 18 stehen, so DYSERINCK mit LXX; vgl. textkrit. Erl. bei KAUTZSCH. **18ᵃ** בְּבִטְנֶךָ *in deinem Innern*, vgl. 18 8; 20 27; JSir 51 29 (griech. v. 21) = בְּלִבְּךָ 3 1 3. 18ᵇ יִכֹּנוּ Niph. *bereit sein* oder *fest haften*. Wenn die Weisheit im Herzen lebt, brauchen die Lippen niemals verlegen zu sein, die rechte Belehrung oder Antwort zu geben. **19** אַף־אַתָּה *ja dich*, vgl. 23 15 גַּם statt אַף. **20** הֲלֹא = *fürwahr*, vgl. 14 22; 24 12. כָּתַבְתִּי Perf. wie 4 2, oder als Briefstil aufzufassen. Der Schreiber stellt sich auf den Standpunkt des Lesers, und dann gehört das Schreiben der Vergangenheit an. שִׁלְשׁוֹם *ehegestern* im Kětīb, kommt sonst nur in Verbindung mit אֶתְמוֹל *gestern* vor; es würde nach dem Kětīb auf ein früher geschriebenes Werk des Verfassers hingewiesen sein כָּתַבְתִּי dann: *ich habe geschrieben).* Das Kěrē שָׁלִשִׁים bed. *Kerntruppen* hier: *Kernsprüche*, vgl. נְגִידִים 8 6; DELITZSCH verweist für diesen Sinn sehr gut auf Plato. der auch die obersten Kräfte der Seele μέρη ἡγεμόνες nennt Timaeus 91ᶜ. BICKELL will אַף־אַתָּה von v. 19ᵇ zu v. 20 ziehen und אַף אֶתְמוֹל statt אַף־אַתָּה הֲלֹא lesen: *Auch gestern ja ehegestern schrieb ich dir*, vgl. בְּמֹעֵצֹת. das בְּ der Begleitung. vgl. GES.-KAUTZSCH²⁶ § 119 n. **21ᵇ** אֱמֶת im 2. Versglied ist Appos. zu אֲמָרִים *Worte, welche Wahrheit sind.* לְשֹׁלְחֶךָ *dem der dich sendet,* nämlich um Weisheit zu lernen; gemeint sind damit die Eltern und Erzieher. LXX לְשֹׁאֲלֶיךָ *denen die dich fragen.*

22 Hier beginnt eigentlich der dritte Teil, der bis 24 22 reicht. v. 22 und 23 gehören zusammen. v. 22ᵃ *weil er gering ist*, und darum keinen Beschützer hat. auch kein Geschenk, womit so häufig Richter bestochen werden. 22ᵇ בַשַּׁעַר *im Thore* wurde Gericht gehalten. vgl. 24 7. **23** vgl. 23 11. Dieser Vers beruht auf dem Gesetz des Bundesbuchs und atmet ganz dessen Geist Ex 22 21-23; vgl. Ps 68 6; 146 9; siehe meine Litt. des AT § 7 Anm. 10. 23ᵇ קָבַע nur noch Mal 3 8 9. wo jedoch WELLHAUSEN קָבַע עָקַב lesen will; nach späteren jüdischen Exegeten = גָּזַל *berauben.* 24 und 25 gehören zusammen; 24 vgl. 15 18; 29 22. אַל־תִּתְרַע Imperf. apoc. Hithp. von רָעָה *Nimm nicht zum Genossen.* חָמוֹת vgl. Ps. 76 11: אִישׁ חֵמוֹת ist stärker als אִישׁ חֵמָה 15 18. 25' אֱלַף bed. *sich verbinden,* hier entweder *sich gewöhnen an* oder *lernen.* Das Pi. *lehren* noch Hi 15 5; 33 33 und 35 11 (an letzterer Stelle vielleicht Hiph.); sonst findet sich das Wort nirgends (Ps 144 13 gehört nicht hierher); es ist also wahrscheinlich ein späthebr. Wort. 25ᵇ vgl. JSir 8 16. 26 und 27 Warnung vor dem Bürgschaftleisten; vgl. 6 1; 11 15; 17 18; 20 16. 26ᵇ מַשָּׁאוֹת nur noch Dtn 24 10 und vielleicht nach Konjektur Neh 5 11 zu lesen: Plur. vom ungebräuchlichen מַשָּׁאָה *Schuld,* vgl. מַשָּׁא *Schuld* Neh 10 32. 27 Nicht jedes *Verbürgen* wird verurteilt, sondern der Lehrer meint das offenbar leichtfertige Gutsprechen für jemand, der sein Wort doch nicht halten kann. 28ᵃ = 23 10ᵃ vgl. 15 25ᵇ. Der Spruch beruht auf Dtn 19 24; 27 17; vgl. Hos 5 10; Hi 24 2. 28ᵇ giebt eigentlich die Begründung zu 28ᵃ. 29' חָזִיתָ *wenn du siehst* Perf. hypoth. vgl. 29 20. 29ᵇ הִתְיַצֵּב לִפְנֵי *sich vor jem. stellen* zum Dienste, vgl. הִתְיַצֵּב עַל Hi 1 6; 2 1; עָמַד לִפְנֵי I Sam 16 21; I Reg 10 8; עָמַד עַל I Reg 22 19. חֲשֻׁכִּים ἅπαξ λεγόμενον *obscuri, Unberühmte;* Targ. חָשׁוּךְ *arm, dürftig.* Es ist nicht genug, grosse Gaben zu besitzen, sie müssen auch am rechten Ort ans Licht treten.

Cap. 23. Inhalt: das Sitzen an des Fürsten Tisch, Warnung vor Geldgier, vor dem Essen mit dem Missgünstigen, vor dem Benachteiligen von Witwen und Waisen, Aufmunterung zur Zucht besonders der Jugend, Freude über einen weisen Sohn oder Schüler, die Frucht der Gottesfurcht, Warnung vor Schlemmerei, Mahnung zum Streben nach Wahrheit und Weisheit, der Weg der Weisheit eine Bürgschaft gegen Unzucht. Schilderung der Trunkenheit und ihres Elendes.

1—3 gehören zusammen; sie handeln von der Ehre, beim Fürsten zur Tafel geladen zu sein. 1 אֶת־אֲשֶׁר kann persönlich oder unpersönlich aufgefasst werden. Übersetzt man: *was du vor dir hast,* so würde v. 1-3 auf die Gefahr, vergiftet zu werden, aufmerksam machen. Diese Fassung ist jedoch nicht nötig. 2 וְשַׂמְתָּ mit ו consec., weil der Accent bei der letzten Silbe steht, setzt die Ermahnung von v. 1 fort. שַׂכִּין *Messer,* ἅπαξ λεγόμενον, ein Aramaismus, der auch in das Arabische übergegangen ist. לֹעַ ἅπ. λεγ. wahrscheinlich *Kehle* von לָעַע *schlürfen* Ob 16. Die Bed. *Kinnlade, Wange* im Talmud ist jünger. 3 וְהוּא Das ו mit folgendem Nomen leitet hier den begründenden Umstandssatz ein. Man kann vergleichen MEIDANI II. S. 741 „wer die Suppe des Sultans isst, verbrennt sich die Lippen, wenn auch erst nachgehends" und FLEISCHER, Ali's hundert Sprüche S. 71 und 104: „die Leckerbissen des Königs verbrennen die Lippen". Aber besser ist es, v. 6-8 und Pirkē Abōth 2 3 zum Vergleich heranzuziehen. Der Sinn ist: Meine ja nicht, dass dich Fürsten und andere Grossen der Erde um deinetwillen einladen, sondern es geschieht nur, weil sie dich brauchen. Vgl. JSir 31 12-18, wo Ermahnungen wie hier Vers 1-3 nur als Anstandsregeln gegeben werden. 4 und 5 Warnung vor der Sucht nach Reichtum, vgl. 28 20. 4 בִּינָה gewöhnlich in gutem Sinn *Einsicht,* hier nur = עָרְמָה *Klugheit.* 5' Das Hiph. הֲתָעִיף *fliegen lassen* (nach

Kĕrē) kommt sonst nirgends vor; besser darum das Kĕtib בו עֵינֶיךָ הֲתָעוּף *sollen fliegen deine Augen auf ihn?* nämlich den aus v. 4 zu entnehmenden Reichtum. In 5ᵇ ist יָעוּף, wie nach dem Kĕrē zu lesen, Relativsatz zu נֶשֶׁר *wie ein Adler, der gen Himmel fliegt.* Die Jagd nach dem Glück ist eine eitle Jagd; der Gegenstand, wornach man jagt, entflieht dem Jäger unter den Händen, 28 20ᵇ besagt dasselbe ohne Bild.   **6—8** Gegen das Essen mit Missgünstigen. Die Tendenz dieser Verse trifft darin mit der von v. 1-3 zusammen, dass in beiden Fällen die Einladung nicht aus wahrer Freundschaft kommt.   **6** עֵין רַע vgl. 22 9.   **7** שָׁעַר, Targ. und Talmud שָׁעַר *abschätzen, berechnen,* hier *berechnend sein;* vielleicht als Part. שֹׁעֵר zu vokalisieren.   Bickell will statt כְּמוֹ־שָׁעַר lesen: כָּם וְשֹׁעַר (syr. ـڡ) *selbstsüchtig und berechnend, so ist er.*   **8** קִיא (oder קִיא) Kal und Hiph. *ausspeien* vgl. 25 16.   **9** vgl. 9 8.   בוז ל *Verachtung entgegenbringen* vgl. 6 30; Mt 7 6.   **10** u. **11** Gegen das Benachteiligen von Witwen und Waisen.   10ᵃ = 22 28ᵃ. Aber der Parallelismus fordert אַלְמָנָה statt עוֹלָם, welch letzteres sich wahrscheinlich durch Versehen aus 22 28ᵃ hier eingedrängt hat, vgl. 15 25ᵇ.   **11** Thue solches nicht in dem Wahne, Witwen und Waisen hätten keinen גֹּאֵל. Denn das Gesetz sagt, dass Jahwe selbst ihr Goël sei Ex 22 21-23 (vgl. zu 22 23) und Num 35 12; Jer 50 34; Hi 19 25.   **12** מוּסָר und אִמְרֵי־דָעַת vgl. 1 2.   **13** u. **14** Aufforderung, der Jugend gegenüber strenge Zucht walten zu lassen.   **13** vgl. 13 24; 19 18; 22 15.   כִּי = *wenn.*   **14** Das Subj. אַתָּה und das Obj. נַפְשׁוֹ stehen einander gegenüber und mit Nachdruck im Satz voran. Die מוּסָר gereicht zum Leben, ja ist selber Leben 4 13.   **15** u. **16** handeln von der Freude über einen weisen Sohn oder Schüler. 15ᵃ entspricht 16ᵇ und 15ᵇ entspricht 16ᵃ, so dass der Schluss zum Anfang zurücklenkt.   **15** אִם־חָכַם Perf. hypoth. = Fut. exact. *wenn dein Wort weise geworden sein wird.* Über die Wiederholung des Suff. durch נַם־אָנִי vgl. 22 19.   **16** כִּלְיוֹתַי vgl. Ps 16 7; Hi 19 27, wörtlich *meine Nieren* d. h. *mein Innerstes* = לִבִּי oder קִרְבִּי. Von Natur hat das Herz keine Weisheit 22 15. kommt sie aber ins Herz, so reden die Lippen auch *was recht ist.* vgl. 8 6.   **17** u. **18** Von dem Segen der Gottesfurcht.   **17** אַל־יְקַנֵּא mit בְּ hier in doppelter Bed. *eifersüchtig sein* und *eifrig streben nach* I Kor 12 31; 14 1 39.   קָנָא bedeutet ursprünglich *hochrot sein, eifern;* so ist auch קִנְאַת יהוה nicht immer die Eifersucht Jahwes Ex 20 5; Jes 59 17 u. s. w., sondern auch *die Eiferglut des Herrn. seine brennende Liebe* für sein Volk Jes 9 6; Sach 1 14; 8 2 u. a.   **18** כִּי אִם nach negativen Sätzen = vielmehr, hier = *wahrlich* wie Jdc 15 7; II Sam 15 21 u. s. w.   אַחֲרִית in prägnantem Sinn: das das Leben des Frommen krönende Ende 24 14; Jer 29 11, vgl. den Ausdruck בְּאַחֲרִית הַיָּמִים *am Ende der Tage.*   **19—21** Warnung vor Trunkenheit und Schlemmerei.   **19** וַחֲכָם .... שְׁמַע zwei Imperative = *höre .... damit du weise werdest.* וְאַשֵּׁר Pi. hier transit. = *geradeaus leiten;* 4 14 intrans. wie Kal 9 6.   בְּדֶרֶךְ auf dem von Gott befohlenen Weg, vgl. 15 10; 4 11; 8 20; 9 6; 12 28; 16 21, der Weg des Verstandes. der Gerechtigkeit. der Weisheit u. s. w.   **20** בִּזְלֲלֵי ... לָמוֹ, ein Dat. commodi: unter denen, die sich mit Fleisch gütlich thun.   זָלַל *gering schätzen, verschwenden.*   **21ᵃ** יִוָּרֵשׁ vgl. 20 13.   **21ᵇ** vgl. 6 9-11; 19 15; 20 13; 24 33 34.   נוּמָה ἅπ. λεγ., von נוּם *schlummern,* ist die Schläfrigkeit. welche die befällt, die sich nicht die nötige Nachtruhe gönnen.   Die Armut ist also hier die notwendige Folge der Nachtschwärmerei.

22—25 Mahnung, Wahrheit und Weisheit zu erwerben, den Eltern zur Freude.   **22** זֶה Relativpron. vgl. Ges.-Kautzsch[26] § 138 g.   22ᵇ vgl. Lev 19 32; JSir 3 1-18.   **23** קְנֵה *kaufe* d. h. halte sie des höchsten Preises wert. vgl. 4 5 7: 16 16.   וְאַל תִּמְכֹּר *und verkaufe sie nicht* d. h. halte sie nicht gering: denn was man gerne hat und hoch schätzt, verkauft man nicht: vgl. Mt 13 45.   Man beachte die Synonyme אֱמֶת und חׇכְמׇה, die etymologisch dasselbe bedeuten: *was fest ist. Was Stand hält, das kaufe*, schätze das am höchsten *und verkaufe nicht* d. i. achte doch nicht gering solides *Wissen*, sittliche *Bildung* und kritisch prüfenden *Verstand*.   **24** vgl. 10 1.   Lies mit Kĕrē גִּיל יָגִיל. da גּוּל nicht vorkommt.   וְיִשְׂמַח, das וֹ des Kĕtīb ist richtig, weil יוֹלֵד den Sinn eines hypoth. Satzes hat: Wenn jemand einen Weisen gezeugt hat, so freut er sich darüber vgl. Gen 13 9; II Sam 12 8; Jes 43 4; Driver, The Tenses in Hebrew² § 125.

26—28 Über das Bewahren des guten Weges als Bürgschaft gegen Verleitung zur Unzucht (vgl. Cap. 7—9). Die Weisheit redet hier selbst.   **26** דְּרׇכַי *meine*, nämlich der Weisheit, *Wege*.   Kĕtīb: תֵּרׇצֶנׇה = תִּרְצֶינׇה *sie mögen Wohlgefallen haben an* vgl. 16 7; Hi 5 12; das Kĕrē תִּצֹּרְנׇה *sie mögen bewahren*, so alle alten Überss. ausser Symm., vgl. 22 12. Beide Lesarten geben einen guten Sinn, falls man נָצַר nicht = *behüten*, sondern = שָׁמַר *bewahren* nimmt.   **27ᵃ** vgl. 22 14.   27ᵇ Wenn man in einen engen Brunnen fällt, ist es schwer, wieder herauszukommen.   **28ᵃ** אַף הִיא *ja sie* vgl. 22 19.   חֶתֶף *Räuber* ἅπ. λεγ. wahrsch. ein spätes Wort, vgl. das Verbum חׇתַף Hi 9 12.   **28ᵇ** תוֹסִיף mit Acc. pers. vgl. 19 4.   Ehebruch ist Treubruch, ein Ehebrecher ist, weil er nicht aufrichtig gegenüber dem Gemahl, den Kindern und Eltern ist, auch anderer Falschheit und Treulosigkeit fähig.

29—35 Schilderung der Trunkenheit und ihrer Folgen.   **29** אֲבוֹי ἅπ. λεγ. = אוֹי oder הוֹי; so schon Kimchi; andere jüdische Exegeten bringen es in Zusammenhang mit אֶבְיוֹן und übersetzen es mit *Armut*.   *Wunden ohne Ursache*, weil der Trunkenbold um nichtiger Dinge willen Streit sucht.   חַכְלִלוּת, Subst. auf ות ist eine aramäische Bildung: *das trübe oder dunkel Werden der Augen*; das Wort kommt nur hier und חַכְלִילִי nur Gen 49 12 vor.   **30ᵃ** vgl. Jes 5 11.   30ᵇ setzt wohl eine offenbare Gelegenheit zum Weintrinken, die Existenz von Weinstuben voraus.   **31ᵇ** lies mit Kĕrē בַּכּוֹס *im Becher*.   עֵינוֹ .... יִתֵּן wörtl.: *er giebt sein Auge* d. i. er zeigt sein Glänzen.   יִתְהַלֵּךְ בְּמֵישָׁרִים vgl. Cnt 7 10; wörtl.: *er geht hinunter auf geradem*, ebenem *Weg*, d. h. *er gleitet leicht hinunter*.   **32** אַחֲרִיתוֹ vgl. 5 4; wörtl.: *Sein Ende ist: wie eine Schlange beisst er* u. s. w. vgl. 29 21. Man kann es auch als Accus. des Adverbs auffassen = בְּאַחֲרִיתוֹ *hintennach*.   יַפְרִשׁ *absondern* sc. das Gift. *es ausspritzen*, so schon LXX und Hier.   **33** זׇרוֹת hier = *Seltsames*, nicht = *Ehebrecherinnen*, wegen des Parallelismus mit תַּהְפֻּכוֹת *verkehrte Dinge*.   33ᵇ vgl. 15 28.   **34** חֵבֶל *Mastbaum* oder *Ruhe*, damit stimmt gut בְּרֹאשׁ als Gegensatz zu בְּלֵב יׇם *im Grund des Meeres*; andere: *Ankertau, Schiffstau* von חׇבַל *binden, schnüren*.   Beide Bilder können ein einziges tertium comparationis haben: das Hin- und hertaumeln, oder die totale Bewusstlosigkeit, da man keine Ahnung von der Gefahr hat. Legt man jedoch jedem Bild eine besondere Tendenz unter, so deutet das Liegen im Herzen der See (vgl. Jon 2 4) auf die Bewusstlosigkeit und Liegen auf der Rahe oder dem Mast des Schiffes auf das Schwankende in der Bewegung des Trunkenboldes, dessen Leben dadurch leicht in Gefahr gerät.   **35** Worte des Trunkenbolds. Durch Schaden oder Schande wird er nicht klug, der Wein hat ihn zu seinem Sklaven gemacht.   מָתַי אָקִיץ könnte man geneigt sein zu übersetzen: *wenn ich auf-wache*; aber dann würde man das Perf. erwarten und ausserdem findet sich מָתַי sonst nicht mit relativer Bedeutung.   In seinem Rausche fragt der Betrunkene: wann werde ich aufwachen? er sehnt sich danach, die Schläfrigkeit los zu werden — aber nur um wieder aufs Neue ihn d. h. den Wein aufzusuchen. עוֹד ... אוֹסִיף absichtlich ein Pleonasmus: *wieder aufs Neue*.

Cap. 24. Inhalt: Warnung, die Bösen zu beneiden, der Segen der Weisheit, Vorsicht ist besser als Kraft, das Nichtssagende in den Worten des Thoren, in der Not muss sich die Kraft zeigen, Unterlassungssünde, Weisheit so gut wie Honig, Warnung vor Schadenfreude, fürchte Gott, ehre den König u. s. w.

1 und 2 Warnung davor, auf die Bösen neidisch zu sein. Vgl. v. 19; 1 15 16; 3 31; 24 19; Ps 37 1 7, vor allem Prv 23 17.   **3 und 4** Der Segen der Weisheit.   **3** vgl. 14 1; 3 19.   **4** vgl. 22 18; 23 8: 3 10; 8 21.   **5 und 6** Vorsicht besser als Kraft.   Der Zusammenhang von **5** und v. 6 fordert die Textverbesserung מֵעַז und כֹּחַ מְאַמֵּץ mit LXX, Targ.; s. textkrit. Erl. bei KAUTZSCH. Für sich allein betrachtet würde v. 5 auch nach der masor. Lesart verständlich sein, denn בְּעוֹז kann *in Kraft = kraftvoll* bedeuten und zu מְאַמֶּץ־כֹּחַ *starke Kraft zeigend* vgl. Am 2 14.   **6ᵃ** vgl. 20 18.   **6ᵇ** = 11 14ᵇ vgl. 15 22.   Statt בְּרֹב las LXX בְּלֵב, Pesch. dagegen hat unsere Lesart.   Doch verdient die Lesart der LXX Beachtung: die Rettung [oder der Sieg kommt] durch ein wohlberatenes Herz μετὰ καρδίας βουλευτικῆς.   **7** רָאמוֹת gewöhnlich für eine besondere Art edler Korallen gehalten, vgl. Hi 28 18; Hes 27 16.   Als tertium comparationis muss man dabei an das Unerschwingliche denken.   Für den Sinn verschlägt es dann nichts, wenn man mit andern רָאמוֹת = רָמוֹת *Höhen* auffasst. Dem letzteren steht jedoch das Bedenken entgegen, dass חָכְמוֹת kein numerischer Plur. ist.   Sehr bestechend ist BICKELLS Konjektur: רַמַּת לֶאֱוִיל חָכָמָה *Wenn du dem Narren gegenüber schweigst, bist du weise.*   **7ᵇ** Bei BICKELLS Konjektur giebt 7ᵇ eine vortreffliche Antithese: Mag gleich der Narr das grosse Wort führen, so handelst du doch am gescheitesten, wenn du ihm gegenüber schweigst, denn im Thore d. h. wenn er vor Gericht gebracht wird, muss er doch schweigen, da hilft kein eitles Schwätzen oder Schmähen.   **8ᵇ** בַּעַל־מְזִמּוֹת wörtlich *ein Ränkemacher*; das Gegenstück 16 21ᵃ.   **9ᵃ** חַטָּאת ist Subj. ebenso wie לֵץ in 9ᵇ.   Der Zweck ist, vor Sünde und Spotten auf Grund der Folgen von beiden zu warnen. Wenn du ein Spötter bist, so wirst du zuletzt ein Greuel in den Augen der andern, ebenso wie sich die Sünde, so viel schönes sie uns auch vorspiegelt, durch ihre traurigen Folgen hinterher nur als Narrheits-Unterfangen herausstellt.   **10** Ein Wortspiel zwischen צָרָה und צַר. Wer sich in

Zeiten der Angst und Not schlaff zeigt, ist offenbar kein kräftiger Mann. Denn ist wirklich Kraft da, so wird sie durch die *Bedrängnis* (צָרָה) gewissermassen ausgepresst, kommt dadurch erst recht zum Vorschein. Geschieht dies nicht, so ist es ein Beweis von mangelnder Kraft, so ist die Kraft selbst צַר *enge.* 11 und 12 Mahnung bei drohender Todesgefahr andrer Menschen nicht teilnahmlos zuzuschauen.   11 אִם = לֹא vgl. Ps 81 9; 95 7; 139 19. Wahrscheinlich ist an solche gedacht, die infolge falschen Zeugnisses zum Tode verurteilt sind, vgl. 14 25, wo der wahrhaftige Zeuge ein Retter des Lebens genannt wird. 12 vgl. Ps 62 13; Hi 34 11.   זֶה Neutrum.   נֹצֵר *beobachtend* vgl. Hi 7 20: LXX liest וְיֹצֵר der Bildner, Schöpfer.   Hier wird an Unterlassungssünde und Sünde aus Gleichgültigkeit gedacht, Jak 4 17. Wenn man durch wahrhaftiges Zeugnis einen ungerecht Verurteilten retten oder vielleicht durch Fürsprache etwas für ihn thun kann, so soll man es thun; denn denke nicht, dass dich Gott für unschuldig halten wird, falls du das unterlässt. Die Menschen können dich wohl darum nicht verurteilen, aber Gott kennt das Herz!   13 und 14 Weisheit so gut wie Honig.   13 Das Bild von Honig 16 24; 25 16 27; und Honigseim 5 3; 27 7.   14 דְּעֵה Impera. von יָדַע statt דְּעֵה wegen des folgenden ה in חָכְמָה vgl. Hi 31 2. וּמָה הָלָק. *erkenne als gleich gut* (כֵּן) *die Weisheit an.*   14ᵇᵉ vgl. 23 18.   15 und 16 Warnung, dem Gerechten nachzustellen.   15 אַל תְּשַׁדֵּד *handle nicht gewaltthätig an* vgl. 19 26.   רָבֵץ gewöhnlich von der *Lagerstätte* der Tiere gebraucht, doch vgl. Hi 11 19.   16 יָקֻם Perf. mit ז consec.: *er fällt und steht sogleich wieder auf.*   Dem Gerechten nachzustellen, ist nicht nur sündig, sondern auch thöricht, weil Gott über ihm wacht. Bringt man ihn auch *siebenmal* שֶׁבַע d. h. oftmals zu Fall, so steht er doch jedesmal wieder auf, während der Gottlose zuletzt selbst fällt, um nimmer wieder aufzustehn.   17 und 18 Sei nicht schadenfroh über deines Feindes Fall.   17 Lies אֹיִבְךָ mit Kĕrē, denn v. 17 und 18 verlangen den Sing. Auch in Hi 31 29 ist diese Schadenfreude als Sünde angesehen, vgl. Ps 35 13-15; Prv 20 22: 25 21: Mt 5 44 und zu Prv 24 29. בְּכָשְׁלוֹ Inf. Niph. für בְּהִכָּשְׁלוֹ *bei seinem Straucheln.*   18 וְרַע mit unpersönl. Subj. *es ist böse* und וְהֵשִׁיב mit persönl. Subj. *er* d. h. Gott. beides Perff. mit ז consec. und von פֶּן abhängig.   Siehe schon das Verbot gegen Schadenfreude im Bundesbuch Ex 23 4 5. Wahrscheinlich braucht man den Vers nicht so aufzufassen: Störe nicht Jahwe in seiner Rache! Mit Recht fügt KAMPHAUSEN in 18ᶠ *auf dich* ein.   19 und 20 Warnung, die Bösen nicht zu beneiden.   19 vgl. v. 1; 3 31; 23 17ᵃ: Ps 37 1 7.   20ᵃ vgl. v. 14: 23 18. 20ᵇ = 13 19ᵇ; vgl. 20 20.   21 und 22 Fürchte Gott, ehre den König. vgl. Koh 8 2-5; 10 20.   21ᵃ vgl. [Pt 2 17ᵇ.   21ᵇ שׁוֹנִים von שָׁנָה *ändern* entweder *Aufrührerische* oder *Andersgesinnte* d. h. anders gesinnt als die, welche Jahwe und den König fürchten.   אַל־תִּתְעָרָב *lass dich nicht ein mit* vgl. 20 19.   22 Die Suffixe in אֵידָם und שְׁנֵיהֶם müssen auf die שׁוֹנִים in v. 21 gehen.   אֵידָם vgl. 1 26 27; 6 15; 27 10.   פִּיד nur noch Hi 12 5: 30 24: 31 29 = *Sterben, Untergang,* ein Arabismus? Das Wort ist wegen der Assonanz mit פִּתְאֹם gewählt: vgl. שׁוֹנִים und שְׁנֵיהֶם.   שְׁנֵיהֶם entweder *ihrer beider* d. h. derer die sich gegen Gott und auch gegen den König auflehnen; doch sind die beiden offenbar nur eine Person; oder *ihrer Jahre,* so bereits Pesch. Targ. vgl. 17 11: 20 2. Andere wollen שֵׁנִים lesen und übersetzen: und den *Untergang der Aufrührer, wer kennt den?* Man könnte auch שְׁנֵיהֶם vokalisieren: *welche gegen sie*, nämlich Gott und den König, *Aufruhr erregen*; vgl. Ex 32 25: קָמֵיהֶם *die sich gegen ihn erheben.*

Vierter Hauptteil.

Einige Sprüche verschiedener Weisen. Cap. 24 23—34.

Die Überschrift „*Auch diese* Sprüche sind *von Weisen*" zeigt deutlich, dass wir es mit einem Anhang zu thun haben. Die Sprüche handeln vom gerechten Richten, vom rechten Antworten, von der Überlegung, bevor man einen Hausstand gründet, vom unberufenen Zeugen, enthalten eine Abmahnung, Böses mit Bösem zu vergelten und beschreiben schliesslich den Acker und Weinberg des Faulen.

23—25 Über die Gerechtigkeit beim Urteilsprechen. **23ᵇ** fast = 28 21ᵃ und 18 5ᵃ. הַכֵּר פָּנִים hier. 28 21ᵃ; Dtn 1 17; 16 19 = *die Person ansehen* wie נָשָׂא פָּנִים. **24** צַדִּיק אַתָּה juristischer Ausdruck = *du hast Recht*, vgl. הַצְּדִּיק = אָמַר. צַדִּיק אַתָּה = *freisprechen*; אָמַר רָשָׁע אַתָּה = הִרְשִׁיעַ = verurteilen. נָקַב eigentl. durchbohren, d. h. *verwünschen*, defigere. **25** מוֹכִיחִים *die strafen*, wörtl. ein Urteil fällen, mit dem Nebenbegriff, dass ein Unrecht dadurch bestraft wird. בִּרְכַּת טוֹב wörtl.: *Segnung des Guten* vgl. Ps 21 4 בִּרְכוֹת טוֹב. **26** vgl. 15 23. Das tertium comparationis liegt in der angenehmen Empfindung. דְּבָרִים נְכֹחִים *richtige Worte* d. i. den Umständen entsprechende. **27** וְעָתְדָהּ *bereite sie.* deine Arbeit מְלַאכְתֶּךָ; ausser dem Pi. hier kommt nur noch das Hithp. Hi 15 28 vor. אַחַר וּבָנִיתָ בֵיתֶךָ *alsdann, so magst du dir einen eignen Hausstand gründen* d. i. eine Frau nehmen, vgl. Rt 4 11 und die Worte בֵּן und בַּת, die an בָּנָה erinnern. Zu ו nach einer vorangegangenen Zeitbestimmung (אַחַר) vgl. Ex 16 6 und GES.-KAUTZSCH²⁶ § 112oo. Der Sinn ist: Erst Brot verdienen und dann daran denken, eigne Familie zu haben! **28ᵃ** עֵד חִנָּם vgl. 23 29 und 26 2 = *ungerufener Zeuge.* Das Zeugnisgeben sei eine notwendige Pflicht, der man sich unterwirft, nicht eine Sache, die man aus Wohlgefallen an eines andern Unglück verrichtet, vgl. 24 11; 29 24. **28ᵇ** וַהֲפִתִּיתָ vgl. Ps 78 36; das ו ist begründend vgl. 23 3; ו vor der Fragepartikel im Hebr. noch II Sam 15 35, im Arab. ist es sehr gebräuchlich. Das Pi. von פָּתָה = *bereden, verführen*: KAMPHAUSEN nimmt das Verb denominativ = *Bethörung anrichten.* Die LXX und Pesch. haben mit ihrer Auffassung von עֵד חִנָּם = falscher Zeuge insofern recht, als 28ᵇ den Schluss nahelegt, ein solcher Zeuge sei nicht im Stande die Wahrheit zu reden. **29** Ein selbständiger Spruch, der sich jedoch gut an 28 anschliesst: Selbst dann darfst du dem Nächsten kein Leid zufügen, wenn er dir ein Leid angethan hat, vgl. v. 17; 20 22; 25 21; 28 17. Unsere Weisen wünschen offenbar nicht die Anwendung des jus talionis in Ex 21 25 25; Dtn 19 21:

Lev 24 17-21, wenn sie es schon als Rechtsinstitution nicht angetastet haben. Sie sind Männer im Geiste des Deuteronomiums, welches das ganze Vergeltungsrecht nur für den Fall eines falschen Zeugnisses gelten lassen wollte (Dtn 19 18-21). Aber wie wir aus dem Priestercodex sehen, hat sich das alte unbarmherzige Recht behauptet, und so ist auch dieser Spruch im Judentum „eine Stimme eines Predigers in der Wüste" geblieben, bis Jesus kam.

30—34 Der Acker und der Weinberg des Faulen. **30** vgl. 26 16. **31**ᵃ vgl. Jes 5 6; 34 13. **31**ᵇ חֲרֻלִּים Acc. beim Pu. כָּסוּ *war bedeckt mit Unkraut* vgl. Ps 80 11. **31**ᶜ vgl. Jes 5 5; wenn die Mauer eingerissen ist, kann alles Wild und jegliches schädliche Getier in den Weingarten eindringen und ihn zertreten. **32** לָקַחְתִּי מוּסָר vgl. 8 10 *ich nahm mir daraus die warnende Lehre*. **33** und **34** sind offenbar aus 6 10f. hier mit einigen Änderungen eingefügt. **34** Die Lesart כְּמַהֲלֵךְ und מַחְסֹרֶךְ in 6 11 ist besser, vgl. textkrit. Erl. bei KAUTZSCH. Wenigstens muss das כְּ der Vergleichung vor dem ersteren Worte gelesen werden, während übrigens das Hithp. dem Pi. vorzuziehen ist.

Fünfter Hauptteil.

Eine andere Hauptsammlung salomonischer Sprüche. Cap. 25—29.

Diese zweite salomonische Gruppe ist offenbar jünger als die erste 10 1-22 16. Die Dubletten zeigen in der ersten Gruppe meist einen reineren Rhythmus; bloss 28 21 ist ganz gleichlautend mit 24 23. Jedoch sind hier viele alte Sprüche erhalten, die wenig religiöse Färbung an sich tragen, sondern sich vielmehr auf dem Gebiet des praktischen Lebens bewegen. Vgl. ferner, was zu Cap. 10 gesagt ist. Über die Überschrift s. u. הֶעְתִּיקוּ in 25 1 bedeutet wörtl.: *sie haben versetzt*, und wird von LXX richtig durch ἐξεγράψαντο wiedergegeben; Vulg: *transtulerunt*. Die Überschrift will also offenbar sagen, dass die Männer Hiskias diese Sammlung aus andern Spruchsammlungen zusammengestellt haben. Wie authentisch auch solche Überschriften scheinen mögen, ihr Wert ist gering. Das hat uns ein sorgfältiges Studium des Psalters deutlich gelehrt. Gerade je mehr die Überschriften auf Einzelheiten eingehen, um so unglaubwürdiger sind sie. Man denke nur an die historischen Überschriften bei den Psalmen. Die Überschrift will Cap. 25—29 als eine in den Tagen des Königs Hiskia veranstaltete Nachlese salomonischer Sprüche angesehen wissen und geht von der Vorstellung aus, 10 1-22 16 sei eine viel ältere Collection. Ist aber nun die erste Sammlung offenbar sehr spät veranstaltet, so würde die zweite schon der Überschrift wegen noch jünger sein. Jedoch ist diese zweite Collection nicht mit Rücksicht auf die erste angelegt; denn dann würden nicht soviel Dubletten darin vorkommen.

Ausgehend von der Authentie der Überschrift hat man auf Grund einzelner sprachlicher Eigentümlichkeiten einst wohl gemeint, dass wir hier eine Sammlung nordisraelitischer Sprüche vor uns haben, welche von Hiskia zusammengestellt sei, als Ephraim 721 v. Chr. von Assur zerstört war. Die Abweichungen in den Dubletten wären dann als ephraimitische Lesarten der judäischen Sprüche anzusehen. Allein der ephraimitische Charakter würde dann in der Hauptsache formell in einem weniger reinen Rhythmus bestehen, und sich materiell in dem geringeren religiösen Gehalt kund geben. Allein nach Amos und Hosea waren die damaligen Ephraimiten nichts weniger als irreligiös. Diese Propheten werfen ihnen nicht vor, dass sie keine Religion haben, sondern nur dass ihr Jahwedienst nicht rein sei.

Cap. 25. Inhalt: Das Unergründliche in der Schöpfung und im Herzen des Königs, die Entfernung der Schlacken aus dem Silber und der Gottlosen aus des Königs Nähe, Ermahnung zur Bescheidenheit, zur Bedächtigkeit beim Rechtsstreit, das Wort zur rechten Zeit, der zuverlässige Bote, eitles Prahlen, Aufdringlichkeit in der Freundschaft, übel angebrachtes Vertrauen, Feindesliebe, das zänkische Weib, gute Nachricht, die Stadt ohne Mauer u. s. w.

2 Der Unterschied zwischen dem König und dem hohen Gott. Erheischt es die Ehre eines Königs im Interesse der Staatsregierung oder der Rechtspflege eine Sache gründlich zu untersuchen und ans Licht zu stellen (vgl. I Reg 3), so hält dagegen Gott vieles vor den Menschen verborgen (Dtn 29 28) und diese Unerforschlichkeit ist seine Ehre, vgl. Jes 45 15; Hi 11 8; 15 8; 26 14; Koh 8 17; Röm 11 33 f. **3** Unergründlich sind der Könige Herzen, nur nicht für Gott vgl. 21 1. לְ beidemal *in Bezug auf.* Wegen des Stichworts מְלָכִים steht dieser Vers neben v. 2. Will man zwischen beiden einen Zusammenhang annehmen, so ist es dieser: Die Könige setzen ihre Ehre darein, eine verwickelte Sache zu untersuchen und klar zu stellen, was aber ihr eignes Innerste betrifft, so sind sie, wie Gott unergründlich, als ob sie selbst Götter wären. **4** הָגוֹ Inf. Kal wegen des folgenden Imperf. mit ו consec. hier zu übersetzen: *Entfernt man* oder *werden entfernt* u. s. w. vgl. zum Inf. 12 7; 15 22. 4ᵇ לַצֹּרֵף כְּלִי kann nicht die richtige Lesart sein; denn um ein Gefäss aus Silber zu verfertigen, dazu ist doch viel mehr nötig, als die Schlacken auszuscheiden. LXX καθαρισθήσεται καθαρὸν ἅπαν weist auf eine Lesart: וַיֵּצֵא נִצְרָף כֻּלּוֹ *so kommt es ganz rein zum Vorschein.* **5** Der einzige Zusammenhang mit v. 4 liegt im Stichwort הָגוֹ, das hier wegen des auf die Folge hinweisenden וְיִכּוֹן am besten durch den Impera. oder durch *man entferne* übersetzt wird. 5ᵇ vgl. 16 12; 20 28; 29 14. **6** und **7** Ermahnung zur Bescheidenheit gegenüber Grossen. **6** אַל־תִּתְהַדַּר = *Masse dir keine Ehre* (הָדָר) *an,* die nicht dir, sondern einem viel höher gestellten zukommt; zum Hithp. vgl. הִתְכַּבֵּד 12 9. גְּדֹלִים vgl. 18 16. **7** Dies Wort schwebte Jesus vor im Gleichnis Lk 14 8-11. Es liegt darin, dass man sich auf den Platz eines ansehnlichen Mannes, dem man nachher doch weichen muss, vorgedrängt hat. Die Worte אֲשֶׁר רָאוּ besagen: man habe ihn doch mit eignen Augen gesehen und konnte sich wohl denken, dass er den ihm gebührenden Platz einnehmen würde; warum sich da vordrängen? **8—10** Warnung vor übereiltem Rechtsstreit. **8ᵃ** Eile nicht so schnell nach dem Thore, wo Gericht gehalten wird, laufe nicht gleich zum Richter. **8ᵇ** פֶּן וגו' Anstatt eines verschwiegenen Verbums (תִּהְיֶה) folgt eine Frage, welche die Gegenpartei stellt: מַה־תַּעֲשֶׂה. Man muss den Satz paraphrasierend übersetzen: *damit nicht* die Frage, *was machst du? das Ende daron,* nämlich vom Prozess, *sei.* **9** Der Nachdruck liegt auf רִיבְךָ, das voran steht. Hast du notwendig einen Prozess zu führen, so thue es, aber es bleibe dann auch *deine* Sache und gieb dabei nichts der Öffentlichkeit preis, was nicht strikte notwendig ist. **10** חֶסֶד *beschimpfen* vgl. 14 34. שׁוּב *sich wenden, aufhören.* **11** תַּפּוּחַ ist irgend eine aromatische Frucht, nach einigen *der Apfel,* nach andern *die Aprikose,* תַּפּוּחֵי זָהָב vielleicht = *Orange,* neulat. pomum aurantium. מַשְׂכִּיּוֹת *Schaustücke, Gebilde* vgl. 18 11. עַל־אָפְנָיו = בְּעִתּוֹ 15 23. אֹפֶן = *Rad.* Die Wurzel bedeutet *drehen*, also: *Wendung, Umstand*, rechte *Zeit.*   Vgl. 10 31; 12 14; 13 2; 18 20 und das Gegenteil JSir 20 19 (22).   **12** חֲלִי kommt bloss hier und Cnt 7 2 vor. gewöhnlich als *Halsgeschmeide* aufgefasst, das dann mit dem *Ohrring* נֶזֶם gut zusammenpasst. Es kann auch ein Kleinod sein. das am Ohrring hängt (STRACK).   **13** vgl. 13 17; 22 21. Es ist bei dem Bild an die Erquickung gedacht. welche durch Schnee abgekühlte Getränke gewähren: diese Abkühlung ist im Morgenland auch jetzt noch Sitte.   Dagegen in 26 1 ist „Schnee zur Erntezeit" ein anderes Bild.   **14** נְשִׂיאִים *aufsteigende Dünste* kommt nur hier und Jer 10 13; 51 16 (Ps 135 7) vor.   **15**ᵇ לָשׁוֹן רַכָּה *gelinde Zunge* vgl. 15 1; zum Ausdruck vgl. das Sprichwort: Geduld bricht Eisen.   **16** und **17** können mit einander verbunden, aber auch jeder für sich allein genommen werden. Es ist eine Warnung vor Aufdringlichkeit in der Freundschaft. **16** Übertreibe keinen einzigen Genuss, vgl. v. 27.   **17** הֹקַר Impera. Hiph. von יָקַר, wörtlich: halte deinen Fuss für kostbarer als das Haus. d. i. für zu kostbar in Hinsicht des Hauses deines Nächsten. „Wer was will gelten, komme selten" (DELITZSCH).   **18** מֵפִיץ = מַפֵּץ Jer 51 20 = מַפֵּץ Hes 9 2 ein *Hammer* oder eine *Keule,* jedenfalls ein Instrument zum Zerschmettern.   **19** Die am meisten gangbare Erklärung dieses schwierigen Verses ist folgende: רֹעָה wahrscheinlich Part. Kal von רעע contrahiert aus רֹעֲעָה = *zerbrechend* d. i. *morsch.* מוּעֶדֶת Part. Pu. von מָעַד ohne das Praeformativ מְ = *zum Wanken gebracht.* vgl. zur Form מוֹרָט Jes 18 2 7 *glatt.*   מִבְטָח בּוֹגֵד *Vertrauen auf einen Treulosen* ist Gen. obj. mit unveränderlichem Kamez. vgl. Jes 65 6; Esr 8 30. Besser aber vokalisiert man רָעָע und מוֹעֶדֶת und tilgt מִבְטָח. welches auch LXX nicht hat: alsdann lautet die Übersetzung: *ein schlechter Zahn und ein wankender Fuss.* so ist *der Treulose am Tage der Not.* HOUTSMA ZATW 1895. S. 151 f. wies nach, dass die masoret. Vokalisation unter dem Einfluss haggadischer Erklärung entstanden ist, vgl. Echa rabbati S. 13 ed. WÜNSCHE.   Die Masoreten wollen es folgendermassen auffassen: „Ein weidender Zahn und der Fuss eines als schädlich bezeugten Tieres (Ex 21 29) war der Gegenstand des Vertrauens des treulosen [Israels] am Tage der Not". Assur und Ägypten werden mit einem Raubtier verglichen. vgl. Dan 7 7. מוֹעֶדֶת ist dann von עוּד bezeugen, Hoph. kenntlich gemacht werden. abgeleitet.   **20** מַעֲדָה wird gewöhnl. als Part. Hiph. in der Bed. *entfernen, ein Kleid ausziehen* erklärt: dieser Stamm kommt nur noch im Kal mit עַל Hi 28 8 = *einherschreiten auf.* vor. Offenbar sind aber die vier ersten Worte dieses Verses eine Dittographie von v. 19ᵇ mit einem kleinen Schreibfehler. vgl. OORT. Feestbundel aan Prof. P. J. Veth, S. 21 ff. נֶתֶר *Natron,* mineralisches Laugensalz: in Jer 2 22 kommt daneben בְּרִית, ein pflanzliches Laugensalz, vor, das aus der Asche alkalischer und seifenhaltiger Pflanzen bereitet wird. Mit Öl vermischt wird es zur Seife. Giesst man aber Essig darauf. so verliert es seine Kraft. OORT will dafür נֶתֶק = *Wunde,* vielleicht *Kopfgrind* Lev 13 30; 14 54 lesen.   עַל לֵב־רָע = *mit betrübtem Herzen:* עַל mit einem Subst. ist oft gleich einem Adverb. Ps 31 24; Jer 6 14; Lev 5 22; Jes 60 7 (OORT o. c. S. 26); zu רָע *betrübt* vgl. Gen 40 7. Statt וְשָׁר בַּשִּׁרִים vokalisiere וְשָׁר בַּשָּׁרִים ein *Sänger unter den Sängern.* Die Übers. lautet demnach entweder: Wie *Essig auf eine Wunde.* so ist *ein Sänger* *mit betrübtem Herzen unter den Sängern* d. h. im Chor: oder aber: Wie *Essig auf Lauge*, ebenso ungereimt ist *ein Sänger betrübten Herzens im Chor der Sänger.* Man kann endlich עַל auch von וְשָׁר abhängig sein lassen. vgl. דִּבֶּר עַל לֵב *freundlich zusprechen* Gen 34 3; 50 21; Jes 40 2. Das eigentümliche בַּשָּׁרִים erklärt sich dann aus der prägnanten Bed. von לֵב־ שָׁר עַל לֵב: *der singend mit Liedern ein betrübtes Herz trösten will.* **21 und 22** Über Feindesliebe, vgl. 24 17; 18 29; Mt 5 44; Rm 12 20 f. *Feurige Kohlen auf sein Haupt* ist nicht ein Bild der Scham, sondern der Reue, vgl. I Sam 24 17; 26 21. Paulus umschreibt den Sinn sehr richtig Rm 12 21: „Überwinde das Böse mit Gutem“. **23** *Nordwind*; eigentlich bringt in Palästina mehr der Nordwest- und Westwind Regen, Lk 12 54. Vielleicht ist nicht bestimmt an den Norden gedacht, צָפוֹן von צָפַן *verbergen* ist der dunkle Windstrich, wo keine Sonne hinkommt; Am 8 12 steht es dem מִזְרָח *Osten* gegenüber. תְּחוֹלֵל Pil. von חוּל *sich im Kreise herumdrehen; unter Kreisen gebären* und überhaupt *herrorbringen.* פָּנִים ist hier Obj. und hat Pluralbedeutung. **24** = 21 9 mit dem einzigen Unterschied שֶׁבֶת statt לְשֶׁבֶת. **25** vgl. 15 30ᵇ; Gen 45 27. **26** נִרְפָּס = נִרְפָּשׂ *mit den Füssen getreten, getrübt*; es ist ein spätes⁵ Wort, das sich nur noch Hes 32 2; 34 18; Koh 6 3; Ps 68 13 findet; doch sind die beiden letzten Stellen zweifelhaft. Kommt ein Frommer zu Fall, so dass nur andere Fromme es wissen, so schadet es andern nicht; *wankt er aber Angesichts der Gottlosen,* so finden sie einen Freibrief für ihre eignen Übertretungen darin. **27ᵃ** אָכֹל ist Obj. zu הַרְבּוֹת wörtl. *das Vielmachen des Honigessens.* 27ᵇ vgl. textkrit. Erl. bei KAUTZSCH. DEL. liest כְּבֵדִם anstatt כְּבֹדָם *difficilia* Ex 18 18; zum Neutrum, vgl. 8 6; 16 13: *auf Schwerfallendes forschend einzugehen ist Ehre.* So kommt eine Antithese in den Vers: Man kann wohl zuviel essen, aber nicht leicht zuviel forschen. LXX und Pesch. lasen vielleicht: דִּבְרֵי כָבוֹד statt כְּבֹדָם כָּבוֹד. Man übersetze dann mit Pesch.: *ebensowenig das Untersuchen von Worten der Ehre,* d. h. grosser prahlender Worte. Das giebt auch keinen schlechten Sinn. **28** vgl. 16 32 עִיר פְּרוּצָה *eine Stadt, in die man eine Bresche gelegt,* vgl. Hi 16 14; II Chr 32 5. In solch eine Stadt kann der Feind leicht hineinkommen. Der Feind ist die Leidenschaft, welche den Menschen ins Verderben bringt.

Cap. 26. Inhalt: Die Ungereimtheit, einem Thoren Ehre zu erweisen, die rechte Antwort für den Thoren, der Weisheitsspruch in des Thoren Mund, der Trunkene, die Unverbesserlichkeit des Thoren, der eingebildete Weise schlimmer als der Thor, der Faule, die unberufene Einmischung in fremden Streit, die Verstellung des Hassers, das Graben einer Grube für andere, die falsche Zunge.

1 vgl. v. 8 und 19 10; I Sam 12 17 f. Mit Ausnahme von v. 2 [und v. 9 und 10] handeln die Verse 1—12 vom Thoren. **2** לֹ beidemal: *in Hinsicht auf.* vgl. 25 3. חִנָּם vgl. 24 28. לֹא תָבֹא nach Kětîb: *er trifft nicht ein.* Die Orientalen schreiben dem Segen und Fluch grosse Kraft zu. Der Vergleichungspunkt ist das Fortfliegen ohne einen bestimmten Zweck zu erreichen. Zu diesem Vergleich passt nicht das Kěrē לֹ *ihm* den Flucher *trifft er.* 3ᵇ vgl. 10 13ᵇ; 19 20ᵇ; JSir 30 25₋₂₇; Ps 32 9. **4 und 5** Die Pointe dieser Verse liegt in der doppelten

Bed. von בְּאִוַּלְתּוֹ. In v. 4 hat es den Sinn: *nicht so dumm wie der Thor*, d. h. zeige durch deine Antwort, dass du weise bist. In v. 5 heisst es: *wie es seine Narrheit verlangt*, d. h. mit Strafrede und Tadel.   **6** vgl. 10 26 und das Gegenteil in 25 13. Wer sich die Füsse abhaut, hindert sich selbst an der Erreichung des vorgesteckten Zieles. *Er schluckt Unbill*, d. h. er muss selbst die Folgen des Unrechts, das sich sein Bote zu Schulden kommen liess, tragen. Dasselbe Bild, aber in anderm Sinn Hi 15 16; 34 7.   **7** Lies mit DELITZSCH דַּלְיוּ *das Herabhangen*, vgl. textkrit. Erl. bei KAUTZSCH und Formen wie שְׁקוּי. חַבּוּק 6 10; 24 33.   דַּלְיוּ müsste דְּלִי oder wenigstens דְּלָיִו geschrieben werden. So wenig ein Lahmer seine Beine gebrauchen kann, ebenso wenig weiss ein Thor etwas Rechtes mit einem Weisheitsspruch anzufangen.   **8** מַרְגֵּמָה, ἅπ. λεγ., kann die *Schleuder* (קֶלַע) bedeuten. Das Bild ist dann: Ebenso verkehrt ist es. einen Stein an die Schleuder fest zu binden, als einem Thoren Ehre anzuthun, vgl. v. 1. מַרְגֵּמָה kann aber auch der *Steinhaufen* sein; dabei braucht man nicht mit einigen Exegeten dem אֶבֶן die Bed. Edelstein beizulegen. was das Wort nie ohne weiteren Zusatz (z. B. יְקָרָה) heisst. Der Vergleich ist vielmehr: Ebenso verkehrt, wie es ist, einen einzelnen Stein auf einem grossen Steinhaufen festbinden zu wollen, weil derselbe ja davon herabfällt, ebenso verkehrt ist es auch. einem Thoren Ehre zu erweisen, da er sich dieser Ehre doch nicht würdig zeigt und sie darum wieder verliert. Am einfachsten DELITZSCH: So wenig ein Stein in einer Schleuder bleibt. so wenig Ehre bei einem Thoren.   **9** עָלָה בְיַד heisst in der Mischna: *zu Handen kommen, in die Hände geraten:* das passt hier am besten; anders עָלָה in 24 31. Die Konstruktion des Satzes ist dieselbe wie in v. 7, am besten durch eine Vergleichung zu übersetzen. Beides: ein Dornstock in der Hand eines Trunkenen und ein Weisheitsspruch im Mund eines Thoren ist gleich gefährlich für die, welche mit ihnen in Berührung kommen.   **10** Von den in der Übersetzung bei KAUTZSCH aufgeführten und zurückgewiesenen Erklärungen, ist die zuletzt genannte von STRACK und DELITZSCH. welche die Änderung וְשֹׂכֵר כְּסִיל voraussetzt. noch die beste: *Viel bringt alles herror: aber der Lohn eines Thoren und der Lohnherr selbst fahren dahin.* Zu מְחוֹלֵל, vgl. 25 23; zu עָבַר zu Grunde gehen Hi 34 10; Ps 37 36. Der Sinn ist dann: Wer viel besitzt, kann damit. falls er es nur gut anpackt. alles erlangen Mt 25 29. Packt er es aber verkehrt an. dingt er z. B. einen Thoren. so geht sowohl der Lohn für den Thoren. als auch derjenige. welcher den Lohn bezahlt, zu Grunde. Vielleicht hat aber die Pesch. die ursprüngl. Lesart erhalten: רַב מְחוֹלֵל בָּשָׂר כְּסִיל וְשֹׂכֵר עֹבֵר יָם *Viel.* d. h. allzuviel *macht dem Fleisch eines Thoren Schmerzen*. vgl. Ps 29 9, *und der Trunkenbold übertrifft das Meer* an Vermögen stets in sich hinein zu schlemmen. v. 10ᵃ hätte dann Pesch. nicht recht verstanden: sie nahm רַב als Adverb. vokalisierte מְחוֹלֵל (intrans.) und übersetzte: viel leidet das Fleisch des Thoren. In 10ᵇ vokalisierte sie nur anders und wahrscheinlich besser. עָבַר hat hier die aramäische Bed. *übertreffen*. Diese Lesart empfiehlt sich auch dadurch. dass sich dieser Spruch so durch das Stichwort שֵׂכָר an v. 9 anschliesst.   **11** בָּ שׁוֹנֶה *etwas wiederholen* 17 9. Vgl. II Pt 2 22. Wird gleich der Thor zurechtgewiesen. so kommt er doch immer wieder auf seine Narrheit zurück.   **12**ᵇ vgl. 29 20.   **13** fast

= 22 13 שָׁחַל eigentl. *Brüller*, d. i. poetisch *Löwe* Hi 4 10; 10 16 u. s. w.   14 vgl.
6 9 10; 24 33.   צִיר in der Bed. *Thürangel* nur hier.   Der Vergleichungspunkt ist: Beide kommen trotz ihres Drehens nicht von der Stelle.   15 fast
= 19 24. vgl. 15 19ª.   נִלְאָה *es ermüdet ihn.*   16 Faulheit ist Unverstand.
vgl. 24 30.   Dennoch meint der Träge, er sei gescheiter als die, welche durch
ihr Studium gelernt haben, gute Antworten zu geben, ja sogar siebenmal gescheiter.   Denn nur er, aber nicht der fleissige Schüler geniesse erst wahrhaft
das Leben.   17 עֹבֵר muss gegen die Accente zu כֶּלֶב gezogen werden.   So
kommt ein guter Parallelismus mit לֹא־לוֹ in 17ᵇ heraus: Weder *ein vorüber-
laufender Hund* noch der Streit eines andern gehen ihn etwas an: beide
werden ihm auch kein Leid anthun, ausser er müsste sich mit ihnen einlassen.
DYSERINCK will מִתְעָרֵב *der sich in einen Streit mischt* statt מִתְעַבֵּר lesen: *der
sich ereifert.* Die Präp. עַל spricht aber mehr für die Textlesart.   18 und 19
Warnung vor gefährlichem Scherz.   18 כְּמִתְלַהְלֵהַּ Part. Hithpalp. von לָהַהּ *stupid,
konfus, unvorsichtig sein,* ein Aramaismus, ἅπ. λεγ.   חִצִּים וָמָוֶת *Geschosse und
Tod* = todbringende Geschosse.   20 und 21 Ohne Verleumder kein Streit.
20 vgl. 22 10.   נִרְגָּן s. 16 28.   21 חָרַר *schüren,* Inf. Pilpel von חָרַר heiss sein.
glühen.   Gewöhnlich nimmt man an, dass פֶּחָם hier *schwarze Kohlen* bedeutet
im Gegensatz zu גֶּחָלִים *glühende Kohlen.* Allein Jes 44 12; 54 16 bezeichnet es
auch glühende Kohlen. Wahrscheinlich ist פֶּחָם ein Schreibfehler für מַפֵּחַ *Blas-
balg*, Jer 6 29; vgl. Jes 54 16.   PERLES, Analekten S. 90.   22 = 18 8.
23—28 gehören zusammen; sie handeln über verschiedene Arten von Unaufrichtigkeit in Reden.   23 כֶּסֶף סִיגִים *Schlackensilber*, ungeläutertes Silber,
wahrscheinlich nur die Silberglätte. d. h. Bleioxyd, welches jetzt noch zum
Glasieren des Geschirrs verwendet wird, vgl. JSir 38 30 (34).   חָרֶשׂ ist nur
eine *Scherbe;* Jes 45 9 = Geschirr; allein das Eitle tritt stärker hervor, wenn
an der gewöhnlichen Bed. *Scherbe* festgehalten wird.   שְׂפָתַיִם דֹּלְקִים *brennende
Lippen,* wir sagen dafür: heisse Küsse. Der Vergleichungspunkt liegt in dem
äusserlich glänzenden Schein und der innerlichen Verderbtheit und Wertlosig-
keit. Denke an den Judaskuss Lk 22 47.   24 und 25 Über Gleissnerei in
Worten.   24 יָשִׁית מִרְמָה *er hegt Trug,* cf. Ps 13 3.   שׂוֹנֵא *der Hasserfüllte,*
vgl. 10 18.   25 שֶׁבַע תּוֹעֵבוֹת *sieben Greuel,* d. i. gar viele abscheuliche Gedanken.
26 תִּכַּסֶּה Hithp. mit assimiliertem ת; vgl. ähnliche Formen Num 21 27; Dtn 21 8
(ein Nithpa.) und Lev 13 55 (ein Hothpa.)   מַשָּׁאוֹן *Täuschung,* ἅπ. λεγ. von
הִשִּׁיא täuschen.   בְּקָהָל *in der Gemeinde.* Wenn sich auch der Hass noch so
sehr gegen die betreffende Person verborgen hält, so äussert er sich doch
dritten gegenüber und wird so in der Gemeinde offenkundig.   27 vgl. Ps 7 16;
Koh 10 8; JSir 27 25—27.   *Wer empor wälzt,* um ihn auf einen andern herab-
fallen zu lassen.   28 דַּכָּיו = דַּכָּיו *ihre Geknickten,* Zermalmten. vgl. 25 15 תִּשְׁבָּר.
מִדְחֶה ἅπ. λεγ. *Sturz.* Verderben.   Die meisten Exegeten denken hier an eine
Hypallage, eine poetische Umstellung der Begriffe: Die glatte Zunge zer-
malmt die, welche sie hasst.   Durchaus nötig ist diese Erklärung nicht.   Der
Sinn kann auch sein: Wer mit betrügerischer Zunge redet, hat auch kein
Mitgefühl mit den Schlachtopfern seiner Falschheit.

   Cap. 27. Inhalt: Eitler Ruhm, der Unmut des Narren, die Macht der

Eifersucht. wahre Freundschaft, Hunger der beste Koch, das Verweilen in der Fremde, ein echter Freund und ein guter Nachbar besser als ein ferner Blutsverwandter, des Sohnes Benehmen und des Vaters Freimütigkeit, Unvorsichtigkeit, das Bürgen, das Bart-streicheln des Nächsten, ein zänkisches Weib, Norden und Süden, das Schärfen des Geistes durch Verkehr mit andern, der Lohn des treuen Knechtes, das Sehen eigner Gebrechen in den andern, die Begehrlichkeit der Augen, die Beurteilung des Nächsten, die Unverbesserlichkeit des Narren, die grosse Bedeutung des Landbaus und der Viezucht.

1 vgl. Jak 4 13–16.   **2** Wegen des Stichwortes הַלֵּל an v. 1 angereiht. זָר und נָכְרִי = אַחֵר ein Anderer vgl. 2 16; 6 1.   **3** נֵטֶל ᾰπ. λεγ.. Last. *Gewicht* von נָטַל auferlegen; im Syr. schwer sein, wiegen. Der Weise belästigt andere nicht mit seinem Verdruss.   **4** vgl. 6 34 35. אַכְזְרִיּוּת *Grimmigkeit* ᾰπ. λεγ. späte Form auf וּת.   **5** und 6 Über wahre Freundschaft.   **5** Besser ist offene Rüge als Liebe, die sich nicht äussert, weder durch Loben noch durch Tadeln.   **6** נַעְתָּרוֹת reichlich vgl. Jer 33 6; Hes 35 13, von עָתַר, ein Aramaismus für עָשַׁר reich sein. DYSERINCK will נַעֲרָצוֹת *schrecklich* lesen, vgl. textkrit. Erl. bei KAUTZSCH. Die Textlesart muss man nicht verwerfen. Der Begriff der Falschheit, den man als Antithese zu 6ᵃ erwartet, liegt in dem Übermass des Küssens; vgl. den Judaskuss, wo es Mt 26 49 καταφιλεῖν „abküssen" heisst.   **7** „Hunger ist der beste Koch", sagt das Sprichwort bei uns.   **8** Das holländische Sprichwort: „In Ost und West, daheim das best'" hatte im Altertum eine viel tiefere Bedeutung. Man denke nur an das lat. hostis = Fremdling und Feind. etymologisch = Gast.   **9ᵃ** קְטֹרֶת *Räucherwerk* vgl. Cnt 3 6.   **9ᵇ** Die Übers. bei KAUTZSCH beruht auf der Conjectur מֵעֲצַי ג׳ anstatt מֵעֲצַת ג׳ und nimmt נֶפֶשׁ in der Bed. *Duft*, vgl. Jes 3 20, vgl. textkrit. Erl. bei KAUTZSCH.   **10** Das Kĕrē רַע, das Kĕtīb רֵעֶה in gleicher Bed. רֵעֲךָ וְרֵעַ אָבִיךָ ist derselbe Freund. soviel als ob es hiesse: dein Freund, der schon deines Vaters Freund war. Der Sinn ist: ein alter erprobter Freund, ja ein guter Nachbar, ist besser als ein ferner Blutsverwandter; DELITZSCH führt das Sprichwort an: „Besser Nachbar an der Wand als Bruder über Land".   **11** vgl. Ps 119 42; 127 5; JSir 30 2–6. Der Sinn des Verses ist: Die Schlechtigkeit des Sohnes ist des Vaters Schande.   **12** fast = 22 3 ; nur sind hier lauter Asyndeta.   **13** fast = 20 16.   **14** הַשְׁכֵּם ist adverbialer Acc.des Inf. absol. zur Angabe der Zeit = *frühe*. Eine solche übertriebene Freundschaftsbezeugung kann nicht aufrichtig gemeint sein, so wenig. wie die vielen Küsse, die v. 6 genannt sind.   **15** vgl. 19 13ᵇ; 21 9. סַגְרִיר *heftiger Regen* ᾰπ. λεγ., kommt im jüd. Aramäisch und im paläst. Talmud öfter vor. נִשְׁתָּוָה nach HITZIG u. STRACK 3. Pers. Sing. fem. Niph. in pausa = נִשְׁוָתָה mit Umstellung des ו und ת wie עֶלְוָה für עֹלָה, KÖNIG, Lehrgeb. I § 41 5f S. 591f. Vielleicht liest man am besten gleich נִשְׁוָתָה. Andere denken an ein Nithpael.   **16** Die gewöhnliche, verbreitetste Erklärung dieses rätselhaften Verses, welche ihn mit v. 15 verbindet, nimmt יַקְרָא = יִקְרֶה = begegnen. im Sinne von festhalten.   **16ᵃ** LXX und Pesch. lesen in צָפַן etwas von Nordwind heraus, das sehr gut passen würde, vgl. 25 23: der Nordwind bringt Platzregen (נֶשֶׁם = סַגְרִיר v. 15) herbei. BICKELL will 16ᵃ lesen: צְפוֹנֶיהָ צַח רוּחוֹת *der Nordwind ist der heiterste der Winde*, aber das streitet mit 25 23. Man lese: צְפוֹנֶיהָ צָפֹן רוּחַ *der Norden*.

eigentl. das Nördliche *birgt Wind.*   16ᵇ ist sicher auch corrupt. Vielleicht zu lesen: יְמָנֶיהָ יִקְרָא statt יְמִינוֹ יִקְרָא *Und Öl wird der Süden,* eigentl. das Südliche, *genannt?* Vielleicht steckt in שָׁמָן ein Fehler. LXX und Pesch. haben שְׁמָהּ gelesen oder lesen wollen: *sein Name wird rechts genannt,* wozu DE LAGARDE anmerkt, dass die Ägypter sich den Norden zur rechten Hand denken. Doch kann die masor. Lesart auch richtig sein. Öl steht dann als Bild der Zartheit. Oder man übersetze: *das Öl des Südens wird genannt* prägnant = gerühmt. Der rauhe Norden bringt nichts als Wind (und Platzregen) hervor, der milde Süden erzeugt das köstliche Salböl.   **17** יֵחָד und יַחַד ist 3. Pers. sing. Hiph., das erste in Pausa, das andere nicht, von חָרָה = חָרַד scharf sein. Hiph. *schärfen.* פָּנִים ist entweder = *Schneide* Hes 21 21; Koh 10 10, vgl. פֶּה in הִכָּה לְפִי חָרֶב mit der Schärfe des Schwertes schlagen, oder = *Person.* Der ersten Auffassung ist KAMPHAUSEN zugethan; doch lässt sich die zweite auch verteidigen: wie Eisen an Eisen gewetzt wird, so witzigt der gegenseitige Verkehr die Menschen. **18** שֹׁמֵר vgl. Hos 4 10. Treue Dienste werden vergolten. Ein Meister, der von seinem Dienstknecht gut besorgt wird, ist gleich einem gut besorgten Feigenbaum, der zu seiner Zeit die gewissenhafte Besorgung mit Früchten belohnt. **19** Statt כַּמַּיִם lies mit DELITZSCH u. A. כַּאֲשֶׁר בַּמַּיִם. weil כְּ wohl ein Wort, aber nicht einen ganzen Satz regieren kann.   Man findet an andern am ehesten seine eignen Fehler wieder. Ein Hochmütiger z. B. bemerkt leicht Hochmut in andern, der Geizhals setzt gar gerne dasselbe Laster bei einem andern voraus oder entdeckt es auch wirklich.   **20** vgl. 30 15 16.   **21**ª = 17 3.   21ᵇ לְפִי מַהֲלָלוֹ *nach dem Ruhm, den er geniesst* d. i. nach dem, was man von ihm rühmt, oder: *nach dem, in das er seinen Ruhm setzt.* Das letztere giebt einen tieferen Sinn. Die alten Überss. vokalisieren מְהַלֲלוֹ *nach Massgabe dessen, der ihn rühmt.*   **22** בְּתוֹךְ הָרִיפוֹת בַּעֲלִי *mit dem Stämpfel inmitten der Grütze* ist offenbar Glosse (DYSERINCK), vgl. CHEYNE. Expos. Times 1897. S. 335. Die Narrheit ist dem Narren zur anderen Natur geworden. „Naturam expellas furca, tamen usque recurret".   **23–27** Ermahnung, Herden und Äcker, als Quellen der Wohlfahrt gut zu besorgen.   **23** פְּנֵי צֹאנֶךָ *das Aussehen deines Kleinviehes* Schafe und Ziegen.   **24** חֹסֶן vgl. 15 6 = *aufgespeicherter Besitz.*   אִם ist Fragepartikel, auf welche eine verneinende Antwort erwartet wird, wie Hi 40 9: LXX οὐδέ las וְאֵין.   Geld und hoher Rang können leicht verloren gehen, aber eine gut im Stand gehaltene Herde nimmt immer mehr zu.   **25** ist Bedingungssatz von v. 26 als Nachsatz.   **27** חַיִּים *Leben* und *Lebensunterhalt.*

Cap. 28. Inhalt: Das böse und das gute Gewissen. Parteihäupter und Aufrechterhaltung des Rechtes, das Unterdrücken der Armen, das Verachten und Halten des Gesetzes. Mangel an Rechtssinn bei dem Gottlosen, der fromme Arme, der brave Sohn, Wucher, Verführung der Frommen, der Weisheitsdünkel der Reichen, die Freude der Gerechten, Schuldbekenntnis, die Scheu der Frommen, der Tyrann, ein unverständiger Fürst, die Strafe eines bösen Gewissens. Aufrichtigkeit, Fleiss, Ehrlichkeit, Parteilichkeit, Missgunst, Tadel und Schmeichelei, das Berauben der Eltern. Habgier, wahre Weisheit, Mildthätigkeit, Gottlose und Fromme.

1 רָשָׁע ist kollektiv = die *Gottlosen,* deshalb נָסוּ im Plur.: vielleicht ist aber

Singular נָס zu lesen, da ו aus Dittographie mit folgendem ן entstanden sein kann. Umgekehrt ist וְצַדִּיקִים distributiv vgl. 3 35, darum כִּכְפִיר יִבְטָח, das Relativsatz sein kann im Sing. *ein Löwe, der getrost ist;* כָּפִיר vgl. Gen 49 9 *ein junger Löwe,* der aber doch schon auf Raub ausgeht, also: kräftig, mutig und auf seine Kraft vertrauend ist. Der Vers bezieht sich auf das gute und böse Gewissen, vgl. v. 17. **2ª** ist gut zu verstehen. Die Geschichte Nordisraels liefert dazu die beste Illustration. Wo das Recht mit Füssen getreten wird, wird das Land ein Spielball in den Händen herrschsüchtiger Parteiführer, vgl. Hos 7 16; 8 4 u. s. w. **2ᵇ** ist weniger klar; doch braucht man deshalb nicht anzunehmen, dass der Text verdorben sei. מֵבִין יֹדֵעַ vgl. zum Asyndeton Neh 10 29 יוֹדֵעַ מֵבִין. כֵּן = *das Recht* (vgl. 11 19) ist Subj. zu יַאֲרִיךְ *bleibt lange;* deshalb bleibt auch die Regierung stabil. Dies giebt einen bessern Sinn, als wenn man mit KAMPHAUSEN כֵּן יֹדֵעַ *das Rechte kennend* verbindet. וּבְאָדָם מ kann *aber unter Leuten* oder *durch Leute* oder endlich *durch einen Mann, der...* bedeuten; für letzteres sprechen die folgenden Adjj. im Sing. **3** רָשׁ גָּבֶר, die meisten Ausleger wollen רָשׁ = רֹאשׁ *Haupt* lesen, DYSERINCK קֹשׁ *hart.* Der Hochgestellte muss den Armen beschirmen, ihm zum Segen gereichen, gleich dem fruchtbar machenden Regen. Die Pesch., die hierin nicht der LXX folgt, las auch רָשׁ und der Sinn dieser masor. Lesart ist: Wenn der eine Arme den andern unterdrückt, so taugt ein solcher ganz und gar nichts. **4ª** vgl. v. 9. Wer nicht auf Jahwes Thora mit ihren Verheissungen und Drohungen achtet, kann leicht dazu kommen, den Gottlosen wegen seines Glückes zu rühmen Ps. 73 11–15. **4ᵇ** Die aber Jahwes Thora beobachten (vgl. 29 18), wissen es allerdings besser: es kann den Gottlosen nicht gut gehen. Einige Exegeten wollen hier תּוֹרָה vom Unterricht der Weisen verstehen; das ist nicht unmöglich. Aber dann ist es doch der Unterricht eines Weisen, der sich ganz an die Thora Jahwes anschliesst. **5ª** אַנְשֵׁי רָע wörtl.: Männer der Bosheit, vgl. 6 24; sie haben kein Verständnis für das, was Recht ist, sie haben das sittliche Unterscheidungsvermögen verloren. **5ᵇ** כֹּל *alles,* nämlich was zur Beurteilung dessen, was recht sei, nötig ist, vgl. 1 7; 29 7; Koh 8 5: I Kor 2 15: I Joh 2 20. **6** fast = 19 1. עֲקַשׁ דְּרָכַיִם den Dual erklärt man: *der Verkehrte in Bezug auf die zwei Wege* d. h. den schlechten Weg, den er wirklich wandelt, und den guten, den er zu gehen heuchelt, vgl. v. 18 und JSir 2 12. Die Übers. bei KAUTZSCH liest den Plur. דְּרָכִים s. textkrit. Erl. bei KAUTZSCH. **7ª** vgl. 10 1; 29 3. **7ᵇ** רֹעֶה vgl. 13 20. **8** vgl. 13 22ᵇ. נֶשֶׁךְ bed. den *Zins* von ausgeliehenem Geld, תַּרְבִּית *den Aufschlag* bei Rückgabe entliehener Naturalien. vgl. Ex 22 24; Lev 25 36; Ps 15 5: 37 26 u. s. w. vgl. meine Litt. des AT § 7, Anm. 8 1ᵘ. **9** vgl. 1 24–33; 15 8 29; Ps 109 7. **10ᵇ** vgl. 26 27: 2 21: JSir 31 5ⁱ. **11ª** Geldbesitz macht leicht eingebildet auf eigne Weisheit, vgl. 18 11ᵇ. **11ᵇ** vgl. 18 7; 20 5. **12ª** Wenn das Recht nach Jahwes Gesetz gehandhabt wird, so frohlocken die Frommen und dann herrscht allenthalben Freude. vgl. 29 2. **12ᵇ** vgl. v. 28 und 29 2. Wenn die Gottlosen triumphieren, herrscht überall Unruhe, das Gefühl der Unsicherheit, da halten sich die Menschen in ihren Häusern verborgen. Es ist möglich, dass יְחֻפַּשׂ falsch ist. LXX Pesch. und Vulg. lasen es vielleicht nicht. PERLES, Analekten S. 71. denkt an einen Gehörfehler für יֶחְפָּו *zittern.* Doch findet der masor. Text eine Stütze an v. 28.   **13** Man vergleiche die Erklärung dieses Spruches in dem schönen 32. Psalm; ferner I Joh 1 8 9.   **14** מְפַחֵד תָּמִיד *der stets Scheu hegt,* nämlich Jahwes Gesetz zu übertreten. Eine klassische Beschreibung der nach-exilischen Frömmigkeit, vgl. I Pt 1 17.   14ᵇ vgl. 17 20. Das Gegenteil ist *sein Herz verhärten,* vgl. v. 26; 29 1; Ps 95 8 sowie בּוֹטֵחַ 14 16ᵇ.   **15** *brüllender Löwe* vgl. 19 12; „Löwe und Bär" vgl. I Sam 17 34.   **16** Lies mit LXX und Pesch. תְּבוּאוֹת, statt תְּבוּנוֹת vgl. textkrit. Erl. bei KAUTZSCH. Viele nehmen נָגִיד als Vokativ: *O Fürst* u. s. w., was viel für sich hat.   Mit Beibehaltung von תְּבוּנוֹת liest DYSERINCK יָרַב statt וְרַב. Diese kleine Änderung giebt einen vortrefflichen Sinn: *Ein Fürst, der arm an Einsicht ist, vermehrt die Bedrückung* d. h. die immer stärkere Bedrückung der Unterthanen ist ein Beweis von Mangel an guter Einsicht beim Fürsten; *denn* allein der, *welcher ungerechten Gewinn hasst, verlängert die Tage,* wird lange leben. Lies mit Kĕrē שֹׂנֵא; das Kĕtīb שֹׂנְאֵי (Plur.) wäre zu erklären wie 27 16.   Für das richtige Verständnis von **17** kommt alles auf die Bed. von תָּמַךְ in v. 17ᵇ an. Übersetzt man *greifen, aufhalten,* so bezweckt der Vers die Beschränkung der Blutrache: die Unruhe seines Gewissens ist für den Mörder Strafe genug. Aber תָּמַךְ kann auch „aufrechthalten, stützen" sein Ex 17 12; Ps 41 13; 63 9; Jes 41 10; 42 1. Ist das Wort hier in dieser Bed. gemeint, so besagt unser Vers das reine Gegenteil. Aber die erstgenannte Bed. passt am besten in den Satz. Unsere Weisen sind keine Anhänger des strengen jus talionis, vgl. 20 22; 24 17 29; 25 21.   **18**ᵃ הוֹלֵךְ תָּמִים vgl. Ps 15 2ᵇ.   18ᵇ דְּרָכַיִם vgl. v. 6.   בְּאַחַת ist Aramaismus = בַּחֲדָא *auf einmal;* דֶּרֶךְ ist 7 27; 12 26; 22 6; Dtn 1 22 u. s. w. fem., also kann בְּאַחַת auch heissen *auf einem dieser Wege.* Die Übers. bei KAUTZSCH liest nach DE LAGARDES Konjektur בְּשַׁחַת *in einer Grube,* vgl. textkrit. Erl. bei KAUTZSCH.   **19** fast = 12 11, doch stärker ausgedrückt.   **20**ᵃ, vgl. 20 21ᵇ; JSir 31 5-7; J Tim 6 9. לֹא יִנָּקֶה *bleibt nicht* schuldlos d. i. *ungestraft.*   **21**ᵃ fast = 24 23ᵇ vgl. 18 5.   21ᵇ יִפְשַׁע ist Potentialis. Um einen sehr geringen Vorteil zu erreichen oder wegen eines kleinen Beweises von Freundschaft kann man parteiisch in seinem Urteil sein vgl. Hos 13 19.   **22** vgl. 20 6.   נִבְהָל vgl. 20 21.   אִישׁ רַע עַיִן *ein missgünstiger Mann* vgl. 23 6ᵃ.   **23**ᵃ Lies אַחַר statt אַחֲרַי vgl. textkrit. Erl. bei KAUTZSCH.   23ᵇ vgl. 29 5; Ps 141 5ᵃ.   **24**ᵃ vgl. 19 26. Die Meinung, dass das Bestehlen der Eltern keine Sünde sei, konnte leicht aufkommen; in jeder Gesetzgebung wird ein solcher Diebstahl ganz anders angesehen als jeder andere Diebstahl.   **24**ᵇ אִישׁ מַשְׁחִית vgl. 18 9ᵃ; jemand der nichts und niemanden schont, sollte doch wenigstens das Gut seiner Eltern schonen.   **25**ᵃ רְחַב נֶפֶשׁ *der Habgierige* vgl. Jes 5 14; Hab 2 5; dagegen רְחַב לֵב in 21 4 ist *der Trotzige.* *Erregt Zank* (vgl. 29 22) und geht dadurch zu Grunde vgl. 15 18ᵃ; dies liegt auch in dem Gegensatz von v. 25ᵇ.   25ᵇ vgl. 16 20ᵇ; 29 25ᵇ; Ps 101 5ᵇ.   יְרֻשָּׁן vgl. 11 25.   **26**ᵃ בּוֹטֵחַ בְּלִבּוֹ vgl. v. 14; 14 16.   26ᵇ Die Weisheit macht demütig und vorsichtig. Wenn Jahwes Gericht kommt, wird der, welcher in Weisheit wandelt, davon nicht betroffen. יִמָּלֵט vgl. 2 21. u. s. w.   **27**ᵃ vgl. 11 24ᵇ 25; 14 21ᵇ; 19 17; 22 9. Zu אֵין מַחְסוֹר ergänze לוֹ, wie 27 7 לָהּ.   27ᵇ *wer aber seine Augen verhüllt,* nämlich vor dem Armen und sich unbarmherzig von ihm abwendet, vgl. Jes 1 15.   רַב מְאֵרוֹת *reich an Verfluchungen* vgl. 11 26; der Gegen-satz רַב בְּרָכוֹת in v. 20.   28ᵃ vgl. v. 12ᵇ.   28ᵇ vgl. 29 2 16; 11 10. Umgekehrt mehren sich die Gottlosen, wenn es ihnen glückt, die Frommen zu unterdrücken Ps 12 9.   יָרְבּוּ kann auch bedeuten: gross, mächtig werden.

Cap. 29. Die Strafe der Halsstarrigkeit, das Volk gegenüber Frommen und Gottlosen, ein guter und ein schlechter Sohn, ein guter und ein schlechter Fürst, Schmeichelei, der Weg des Guten und des Bösen, die Kenntnis vom Recht des Armen, der Weise und der Thor vor Gericht, der König, welcher auf Verleumdung hört, Reiche und Arme, der feste Thron. Segen der Zucht. Gehorsam gegen Gesetz und Propheten, Züchtigung des Sklaven. der Hastige in Worten, Leidenschaft und Zorn, der Hochmütige und der Demütige. Menschenfurcht und Gottesfurcht, der Abscheu des Frommen und des Gott-losen.

1ᵃ אִישׁ תּוֹכָחוֹת *ein Mann, der viele Zurechtweisungen erfahren hat,* vgl. Jes 53 3 „ein Mann der Schmerzen.“   מַקְשֶׁה עֹרֶף *hart machend den Nacken* ist Appos. zu אִישׁ vgl. Dtn 10 16 u. s. w. und Prv 28 14.   1ᵇ vgl. 1 27; 6 15: 13 18; 15 10.   2 vgl. 28 28 und 28 12.   3ᵃ vgl. 10 1ᵃ.   3ᵇ vgl. 5 10; 6 26 und die Bem. zu 2 16.   רֵעָה vgl. 13 20: 28 7.   4ᵃ vgl. 16 12; 25 5: 29 14: I Reg 15 4.   4ᵇ אִישׁ תְּרוּמוֹת vgl. v. 1, *ein Mann, der viele תְּרוּמוֹת annimmt* oder *hat*: תְּרוּמוֹ heissen Hes 45 13 die Abgaben, *Steuern* und das passt hier besser al-die Bed. Geschenke d. h. Bestechungsgeschenke.   5ᵃ מַחֲלִיק sc. לָשׁוֹן vgl. 28 23 oder אֲמָרָיו vgl. 2 16; 7 5 = *schmeicheln.*   5ᵇ עַל = אֶל Schmeichelei ist immer ein gefährliches Netz, selbst wenn es nicht in böser Absicht ausgebreitet wird. vgl. 26 28ᵇ.   6ᵃ vgl. 12 13; 18 7; 20 25; 22 25: *ein Fallstrick* sc. für ihn selber. 6ᵇ יָרֹן Imperf. Kal von רָנַן *jubeln,* ebenso wie יָרוּץ in Jes 42 4 von רָצַץ zer-brechen, GES.-KAUTZSCH²⁶ § 67q.   PINSKER Babyl. Hebr. Punktationssystem S. 156 will בְּפָשַׁע statt בְּפֶשַׁע und יָרוּץ statt יָרֹן lesen, wodurch die Antithese deutlicher und schöner hervortritt: *Auf Schritt und Tritt des bösen Menschen liegt ein Fallstrick, der Gerechte aber läuft und freut sich* d. h. läuft freudig. vgl. Ps 19 6 von der Sonne.   7ᵃ vgl. 12 10.   7ᵇ Der Gottlose hat ganz und gar keine Kenntnis vom Recht der Armen und bekümmert sich auch deshalb nicht darum; denn hätte er Kenntnis, nämlich von Jahwes Willen und Gesetz. dann würde er wohl Interesse an dem Recht. das den Armen gebührt. haben. 8ᵃ vgl. 22 10.   אַנְשֵׁי לָצוֹן *Männer des Spottes* vgl. Jes 28 14.   יָפִיחוּ wörtlich: *sie blasen an,* fachen an sc. das Feuer, vgl. Hes 21 36.   8ᵇ vgl. v. 11ᵇ: 15 1 18. 9ᵇ Subj. ist אִישׁ אֱוִיל aus v. 9ᵃ. Es fehlt ihm die nötige Ruhe, die Gegenpartei anzuhören.   10 Mit DYSERINCK ist nach Hes 34 11 יְבַקְּרוּ נ zu lesen. nicht יְבַקְשׁוּ, wie durch Versehen in den textkrit. Erl. bei KAUTZSCH angegeben ist. בַּקֵּשׁ נָפֶשׁ wäre *das Leben suchen,* um es zu vernichten. אַנְשֵׁי דָמִים vgl. Ps 5 7. Behält man den masor. Text bei, so muss man übersetzen: *Die Blutgierigen hassen den Redlichen und Rechtschaffenen — denen trachten sie nach dem Leben.* נַפְשׁוֹ ist dann distributiv, und das Objekt. das im Suff. von נַפְשׁוֹ wieder aufgenommen wird, steht voran; vgl. Gen 26 15: Dtn 2 23: Jos 9 12. 11ᵃ רוּחַ *Zorn* vgl. 16 32.   שָׁבַח Pi. besänftigen, *beschwichtigen,* vgl. Ps 89 10: das Hiph. Ps 65 8.   11ᵇ בְּאָחוֹר *zuletzt* cf. לְאָחוֹר.   Vgl. v. 9ᵇ. Der Weise ist bedächtig und schweigt stille; er lässt den Thoren zuerst sich austoben und dann bringt er seine Argumente vor.   12 vgl. JSir 10 2.   13 vgl. 22 2.   13ᵃ אִישׁ תְּכָכִים wörtl. *Mann der Bedrückungen*, Vulg. creditor.   Das Wort kommt nur Ps 10 7; 55 12 und 72 14 vor, ist also wahrscheinlich ein spätes Wort. 13ᵇ Der Sinn wird wohl derselbe wie in 22 2ᵇ sein, so dass bei dem Licht der Augen an das Lebenslicht gedacht ist, vgl. Ps 13 4; 38 11; Hi 33 30; Koh 11 7. 14 vgl. 16 12; 20 28; 25 5.   15ᵃ vgl. 13 24; 23 13.   15ᵇ מְשֻׁלָּח frei laufen gelassen, *zuchtlos* vgl. Hi 39 5.   מַבְרִישׁ vgl. 10 1ᵇ; 17 21.   16ᵃ vgl. 28 12ᵇ 28ᵃ; 29 2ᵇ.   16ᵇ vgl. Ps 37 34.   17ᵃ vgl. 19 18.   וְיִנִיחֶךָ wörtl. *so wird er dir Ruhe* d.h. Sorglosigkeit oder Behagen *gewähren*, vgl. Jes 63 14.   17ᵇ vgl. 10 1 u. s. w. 18 Unter חָזוֹן und תּוֹרָה versteht unser Sammler wohl die Bücher der Nebiim und der Thora.   Er ist davon überzeugt, dass der Unterricht der Weisen darauf gegründet ist und damit übereinstimmt; vgl. MARTI zu Jes 1 1.   יִפְרַע vgl. das Kal 1 25; 4 15; 13 18; 15 32; Niph. *zügellos werden*, verwildern.   אֲשָׁרֵהוּ = אֲשָׁרֵיהוּ neben אֲשָׁרָיו 14 21; 16 20.   19ᵇ מַעֲנֶה ist eigentlich ein Antworten oder Entsprechen durch die That = *Befolgung*, vgl. für diesen Sinn Hos 2 23 f.   Kann man schon einen Sohn nicht mit Worten allein regieren, wie viel weniger noch einen Sklaven!   20 fast = 26 12; dort ist vom Weisheitsdünkel die Rede, hier vom Überhasten in Worten, vgl. JSir 9 18 und das Gegenstück Jak 1 19.   21 פָּנַק ἅπ. λεγ., ein Aramaismus und spät-hebräisch = *verzärteln*.   נַעַר ist auch spät-hebräisch, nur noch Hi 33 25; 36 14; Ps 88 16 statt נְעוּרִים.   מָנוֹן vielleicht ein Schreibfehler für מָדוֹן *Zank*, so BERTHEAU, AUG. MÜLLER, STRACK.   Vielleicht ist es auch mit LXX und Pesch. von אָנַן seufzen, klagen abzuleiten = מַאֲנוֹן *Geklage*, vgl. מִבְחוֹר das Auserlesene II Reg 3 19; 19 23; מַהֲמֹרוֹת Wasserströme Ps 140 11; מַחְסוֹם Maulkorb Ps 39 2.   22ᵃ fast = 15 18; 28 25.   22ᵇ vgl. 28 20 27. מָדוֹן falls die Konjektur in v. 21ᵇ richtig wäre, würde das gleiche Wort die Aneinanderreihung von v. 21 und 22 veranlasst haben.   23ᵃ vgl. 25 6 f.   23ᵇ vgl. 11 16; 16 19; Mt 23 12; Lk 14 11; 18 14.   שָׁפָל ist hier Adj., in 16 19 war es Inf.   24 „Der Hehler ist so gut wie der Stehler" und muss darum ebenso wie der Dieb bestraft werden.   24ᵇ deutet näher an, wie die Strafe den Hehler trifft. אָלָה *Fluch*, Beschwörung, zu welcher der Richter diejenigen aufruft, die über eine Sache Zeugnis ablegen können Lev 5 1; Jdc 12 2.   Der Hehler lädt dadurch eine schwere Schuld auf sich, dass er den Schuldigen, den er kennt, nicht anzeigt לֹא יַגִּיד.   25ᵃ חֶרְדַּת stat. constr. von חֲרָדָה *Furcht*. Man kann aus Menschenfurcht böses thun, oder gutes zu thun unterlassen. 25ᵇ vgl. 28 25.   יְשֻׂגָּב *er wird* erhöht d. h. *geschützt*, vgl. 18 10, wo das Niph. steht.   26ᵃ vgl. 19 6ᵃ.   26ᵇ vgl. Jes. 49 4.   Unser Spruch missbilligt es nicht, dass man bei dem Fürsten sein Recht suche, er lehrt nicht, man solle es allein von Jahwe erwarten; was er tadelt, ist nur, dass man dem Herrscher schmeichele; der Gerechte traue auf seinen Gott!   27, vgl. 2 7; 11 20; 28 4; Ps 37 14.

Sechster Hauptteil.

Worte Agurs und Lieblingssprüche eines Königs Lemuel. 30 1—31 9.

Cap. 30. Worte Agurs: Die Unentbehrlichkeit der Gottesoffenbarung
in Gesetz und Propheten, Agurs Bitte um Frei-sein von Sünden und Bewahrung
vor Verführung, Warnung, einen Sklaven zu verleumden, das böse Geschlecht,
die Aluķa, vier unersättliche Dinge, die Strafe für den Verächter seiner Eltern,
vier wunderliche Dinge, vier unerträgliche Dinge, vier kleine Geschöpfe, die
dennoch grosse Weisheit an den Tag legen, vier, die stolz einhergehen. Warnung vor Selbstüberhebung.   31 1-9 Worte Lemuels: Warnung vor leicht-
sinnigem Umgang mit Weibern und vor Unmässigkeit der Könige. Aufmunterung,
die Unglücklichen zu stärken, für das Recht der Armen und Unterdrückten ein-
zutreten.

v. 1-6 handeln von der Unentbehrlichkeit der Gottesoffenbarung. Der
Spruchdichter hat darnach gestrebt, Gott zu begreifen, aber vergebens; er hat
sich darum abgemüht und ist erlegen (stumpf geworden v. 1).

Es ist als hörte man in diesen Worten den Anfang von Göthe's Faust. Agurs
Klage ist ein höchst wichtiges Stück in Israels Religionsgeschichte. Die Chokma, mit
hohen Idealen begonnen, erkennt ihre Ohnmacht. Gerade dieser Gott, der im Himmel
wohnt und auf Erden wirkt, bleibt ihm verborgen. Wem sind alle diese grossen Natur-
erscheinungen gehorsam? Welches ist sein Name, welches der Name seines Sohnes? Hier
endigt plötzlich sein schmerzliches Fragen.

Bei den Menschen hat er offenbar viel Enttäuschung erfahren v. 7-14. Er kennt
ein Geschlecht, das Lügen redet, die Eltern nicht ehrt, ein scheinheiliges Geschlecht,
hoffärtig und stets darauf bedacht, andere zu berauben. Fürwahr, die Weisheit hat nicht
viel Eingang bei diesem Geschlecht gefunden!

Wozu bringen ihn alle diese Überlegungen? Zum Unglauben? Nein, durchaus nicht.
Sie bringen ihn vielmehr dazu, sich an die geschriebene Gottesoffenbarung anzuklammern.
Es giebt ein geschriebenes Gotteswort in Gesetz und Propheten; daran soll man sich
halten; dem darf man nichts hinzufügen. Das ist fortan der feste Grund, auf den er baut.

Deutlicher kann es nicht gesagt werden, dass die Weisen völlig in den Geist der
Schriftgelehrten aufgehen. Wir sind auf Wege dazu, dass endlich הָכְם und סוֹפֵר ihrer Bedeutung nach ganz in einander fliessen.

דִּבְרֵי אָגוּר ‖ᵃ Bis wohin Agurs Worte gehen, lässt sich nicht bestimmt an-
geben. Vielleicht umfassen sie bloss den ersten Abschnitt dieses Kapitels,
nämlich: v. 1-6 7-9 10 11-14; doch können die Zahlensprüche in v. 15 16 18 19
21-23 24-28 29-31 auch dazu gehören. v. 20 ist wohl ein Zusatz, ebenso 17 und 32f.
אָגוּר בִּן־יָקֶה ist dies ein wirklicher oder ein symbolischer Name? אָגוּר kann
Sammler bedeuten, vgl. יָקוֹשׁ der Vogelsteller 6 5; Ps 91 5. יָקֶה will man mit
Fromm übersetzen.   בִּן anstatt בֶּן, vgl. בֶּן־נוּן und Dtn 25 2; Jos 4 10. הַמַּשָּׂא
kann nur das Orakel, den Ausspruch bedeuten; wahrscheinlich ist es aber aus
Massa in 31 1 hier fälschlich eingeschoben und man wird מִמַּשָּׂא aus Massa oder
הַמַּשָּׂאִי der Massait lesen müssen (vgl. die Anm. zu 31 1), wenn man dieses Wort
hier beibehalten will. Agur war aber offenbar ein Israelit, der Ps 18 31 und
Dtn 4 2; 13 1 kannte, vgl. v. 5f. Ein späterer Abschreiber, der dies auch er-

kannte, hat מְמְשָׁא oder הַמַּשָּׂאִי in הַמַּשָּׂא verändert. 1ᵇ נְאֻם הַגֶּבֶר Spruch des Mannes, der Artikel bezieht sich wohl kaum rückweisend auf אָגוּר, sondern ist generell zu fassen: der Mann, wie er zu sein pflegt, muss bekennen. Die folgenden Worte sind mit den meisten neueren Exegeten nach dem Vorgange Dahlers zu lesen (vgl. textkrit. Erl. bei Kautzsch) לָאִיתִי אֵל וָאֵכָל אֵל לָאִיתִי. Man kann אֵל statt als Acc., wie in der Übers. bei Kautzsch auch als Vokativ nehmen: *ich habe mich abgemüht, o Gott, ich habe mich abgemüht, o Gott, und schwand dahin.* Die Wiederholung malt das Ermüdende dieser Selbstqualung. וָאֵכָל Imperf. von כָּלָה, vgl. Ps 84 3; 143 7. Andere leiten es von כָּלַל ab und vokalisieren: וָאֵכַל *ich ward stumpf.* Die Frage ist, ob Agur in v. 1-4 selbst spricht, oder ob er vielmehr einen Zweifler redend einführt und erst in v. 5 f. selbst die Antwort giebt. Möglich ist beides. Es kann sein, dass er in v. 1-4 den Zweifel einigermassen verspotten will und ihn darum mit dem aus II Sam 23 1 entlehnten נְאֻם הַגֶּבֶר eingeführt habe. Allein Agur kann auch selbst seine eigenen früheren Zweifel in dies Licht gestellt haben, vgl. v. 2; Ps 73 22. Und dann braucht man auch nicht notwendig in נְאֻם הַגֶּבֶר eine Ironie zu sehen, wobei man es allein auf v. 1-4 beziehen müsste, es könnte auch auf v. 1-6 gehen. 2 מֵאִישׁ, die Präpos. מִן ist hier privativ (vgl. Jes 7 8; 17 1; 50 2; 52 14), nicht comparativ. Denn der Mensch ist doch nicht der Inbegriff von Dummheit; man würde wenigstens מִכָּל-אִישׁ erwarten, vgl. Ps 73 22. 3 קְדֹשִׁים *der Heilige.* vgl. 9 10, Plur. sc. אֱלֹהִים. 3ᵇ ist 3ᵃ im Sinne eines Folgesatzes untergeordnet = *so dass ich.* Alle Fragen in 4 beziehen sich auf Gott. In der Thora steht, dass Gott vom Himmel herabsteigt und dahin wieder hinauffährt, Gen 11 7; 35 13. Die Frage lautet also: Wer ist der Gott, von dem geschrieben steht: dass er vom Himmel herabsteigt und dahin wieder hinauffährt? 4ᵇ vgl. Am 4 13; Hi 37 9; Ps 135 7. חָפְנָיִם eigentl. die beiden hohlen Hände, hier als geschlossene gedacht = *die Fäuste.* 4ᶜ צָרַר *einbinden,* vgl. 26 8. בַּשִּׂמְלָה *in ein Gewand:* die Vorstellung ist, dass der Regen von den Wolken zurückgehalten wird; die Wolken gehören zum Firmament (רָקִיעַ): es ist eine naive Anschauung, die noch nichts davon weiss, dass die Wolken selbst zu Regen werden; vgl. 8 27f. Hi 26 8. 4ᵈ will sagen: wer hat die Grenzen der Erde festgestellt? 4ᵉ „Der Gottesleugner erkundigt sich spöttisch nach der Familie des nie gesehenen Gottes, ähnlich wie andererseits Elia I Reg 18 27 den Götzendienern gegenüber meint, ihr Gott sei vielleicht auf einer Reise begriffen" (Kamphausen). Diese Auffassung ist möglich, aber nicht notwendig; vgl. die Anm. zu v. 1. Agur kann sehr ernst an das in 8 22-36 behandelte Problem der Chokma gedacht haben; man würde dann בַּת statt בֵּן erwarten; allein 8 30 ist אָמוֹן auch Masc. 5 vgl. Ps 12 7; 18 31ᵇ; 19 9; 119 140ᵃ; vor allem Ps 18 31ᵇ kommt hier in Betracht, aus dem unser Spruch wahrscheinlich entnommen ist. Agurs Antwort auf den Zweifel, mag er ihn nun selber teilen oder nicht, lautet: Gott kann man freilich erkennen, aber nicht auf dem Wege menschlicher Untersuchung. Gott kann nur aus seiner Offenbarung erkannt werden. Er hat sich selbst in Israel und seiner Geschichte zu erkennen gegeben und alles dies ist aufgezeichnet in Gesetz und Propheten. אֱלוֹהַּ, das hier anstatt יהוה in Ps 18 31ᵇ steht, ist ein spätes Wort und wahrscheinlich künstlich aus dem gebräuchlichen Plur. אֱלֹהִים neu gebildet; es wird wohl seinen Ursprung dem streng theo-retischen Monotheismus des späteren Judentums zu verdanken haben. das an dem Wort אֱלֹהִים Anstoss zu nehmen begann. In Prediger. Hiob und andern späten Stücken des AT kommt es auch vor, in den *Sprüchen* nur hier. Pre-diger ist entschieden später als die Sprüche, und Hiob u. E. auch etwas später; daraus lässt sich wohl der Schluss ziehen, dass Cap. 30 zu den spätesten Teilen in Sprüchen gehört.   **6** Die Warnung ist Dtn 4 2; 13 1 entnommen. אַל־תּוֹסְף ist ungewöhnliche Verkürzung für אַל תּוֹסַף, die Aspiration geht dabei verloren, deshalb das Dagesch im ף.   הוֹכִיחַ *eines Irrtums zeihen*, mit בְּ des Obj. nur hier.   **7—9** Zweierlei bittet Agur von Gott: Aufrichtigkeit und das ihm be-schiedene Teil Speise. Letzteres allein wird motiviert: durch Reichtum wird man leicht zur Gottlosigkeit verleitet und durch Armut zum Diebstahl, darum begehrt Agur keines von beiden.   **8** vgl. 6 19 u.s.w. Lügenwort ist Jahwe ein Greuel.   **8ᵇ** הַטְרִיף, *mit Speise versehen*, das Hiph. ist denominativ von טֶרֶף Speise, vgl. 31 15; Mal. 3 10; Ps. 111 5.   לֶחֶם חֻקִּי *mein* von Gott *zu-gemessenes* und darum hinreichendes *Teil Speise*, zu חֹק vgl. Hes 16 27; 45 14; Hi 23 14 auch 31 15 und Ex 5 14 zugemessenes Stück Arbeit, Pensum.   **9ᵃ** vgl. Dtn 8 11-15; Ps 73 und Hi 21 14-16.   **9ᵇ** אֶוְרֵשׁ *verarmen*, vgl. 20 13. וְתָפַשְׂתִּי וגו *und mich vergreife* nämlich durch Gotteslästerung, die der Arme im Unmut und in der Verbitterung leicht ausstösst; vgl. Jes 8 21 ein Beispiel von Gottes-lästerung aus Not.   **10ᵃ** תִּלְשֵׁן Hiph. *verleumden:* das Po'ēl in derselben Bed. Ps 101 5. Einige wollen es causativ auffassen: *zum Verleumder machen.* allein der Sprachgebrauch im Neuhebräischen und Targum., wo das Hiph. auch *ver-leumden* bedeutet, ist dieser Annahme nicht günstig.   **10ᵇ** Ein solcher Fluch bleibt nicht ohne Wirkung, ist keine קִלְלַת חִנָּם. vgl. 26 2. EWALD verbindet diesen Vers mit dem vorhergehenden und versteht unter אָדוֹן Jahwe und unter עֶבֶד dessen Diener.

    11-14 Ein trauriges Gemälde entrollt hier Agur von seinen Zeitgenossen. Redet er sie an? דּוֹר kann kein Vokativ sein, da müsste הַדּוֹר stehen. Vielleicht ist am Anfang הוֹי *wehe* oder יֵשׁ *es giebt ein Geschlecht, das* oder am Schlusse *solches ist Jahwe ein Greuel* weggefallen. Die aufgezählten Sünden scheinen allgemein verbreitet gewesen zu sein, so dass das ganze Geschlecht als ver-antwortlich dafür hingestellt wird. Das Wort der Prophetie (vgl. Jes 4 4 12; 2 11 13) ist vergebens für sie geschrieben.   **11** vgl. 20 20.   **12ᵃ** vgl. 20 9. v. 12ᵇ vgl. Jes 4 4.   **13** vgl. 6 17; Jes 2 11; Ps 131 1. In unserm Vers geht der Attributivsatz in einen Ausrufesatz über, um das Erstaunen auszudrücken. **14ᵃ** vgl. Ps 57 5; 58 7; an letzterer Stelle steht מַלְתָּעוֹת. hier transponiert מְתַלְּעוֹת *Zähne.*   **14ᵇ** vgl. Hab 3 14; Ps 14 4. Sie werden mit Raubtieren verglichen. die ihre Beute fortschleppen, sodass nichts mehr übrig bleibt. deshalb כִּי in מֵאֶרֶץ und מֵאָדָם.

    15 und 16 לַעֲלוּקָה das Patach unter ל kann das des Artikels sein. das Wort kann aber auch als Eigenname artikellos gemeint sein: es bedeutet *Blut-egel,* so Aboda zara fol. 12ᵇ und Targ. zu Ps 12 9, griech. Überss. βδέλλη. HIE-RONYMUS sanguisuga. In Aboda zara fol. 17ᵃ ist es die *Hölle.* Weil hier von zwei Töchtern gesprochen wird, sehen MÜHLAU, KAMPHAUSEN u. a. darin die

Bezeichnung eines vampyrartigen Dämons, entsprechend den *Ghûlen*, den nächtlichen blutsaugenden Dämonen der Araber und Perser, wobei noch angeführt werden kann, dass '.*Aulaq* und *al-'.Alûq* im Sinne der erwähnten *Ghûl* im Arabischen gebraucht werden. Der Glaube an Dämonen und ihre Verehrung nahm in der nachexilischen Gemeinde immer mehr zu, und damit hielt die stets stärkere Betonung der Transcendenz Gottes im strengen Monotheismus gleichen Schritt. Wer sind nun die beiden Töchter? Wahrscheinlich wurden sie ursprünglich im Texte genannt. DELITZSCH macht darauf aufmerksam, dass überall, wo in den Zahlensprüchen dieses Capitels die Zahl 3 durch 4 überboten wird, ein ‍ו vor אַרְבַּע steht; das fehlt hier. Darum meint er, mit אַרְבַּע לֹא אָמְרוּ הוֹן beginne ein neuer selbständiger Spruch, der noch v. 16 umfasst, während ursprünglich als Töchter der Aluḳa in v. 15 שְׁאוֹל וְעֹצֶר רָחַם genannt waren; weil diese Worte in v. 16 noch einmal vorkommen, hat sie ein Abschreiber in v. 15 übersehen. Die Übersetzung lautet dann: v. 15: *Aluḳa hat zwei Töchter: Gib her, gib her!* nämlich *die Unterwelt und der unfruchtbare Mutterschoss; drei sind das, die nicht satt werden;* die Aluḳa wird hier mit ihren beiden Töchtern zusammengerechnet. Dann beginnt ein neuer Spruch: v. 16: *Vier sprechen nie: genug!* u. s. w. Dass die Scheol und der unfruchtbare Mutterschoss (vgl. Gen 16 2; 20 18) Töchter der Aluka genannt werden, will bloss besagen, dass eine Wesensgleichheit zwischen diesen beiden und der Aluka bestehe, vgl. Jes 5 1 בֶּן־שֶׁמֶן von der fetten Bergeshöhe, בְּכוֹר מָוֶת Hi 18 13 von der Elephantiasis, im Arab. „Sohn der Nacht" für einen Dieb. Ein Beispiel für das nie gesättigte Verlangen der unfruchtbaren Frau ist Rahel Gen 30 1. 16 beginnt schon bei 15ᶜ. Neben den zwei schon genannten Töchtern der Aluka werden hier noch das Erdreich, das nicht satt des Wassers wird, und das Feuer, das nie genug Holz bekommen kann, aufgezählt. Bei FREYTAG, Provv. III, 1, S. 61, No. 347 finden wir ein ähnliches Sprüchwort: „Dreies wird von Dreiem nicht gesättigt: Frauenschoss von der Mannheit und Holz vom Feuer und Erdreich vom Regen". Noch ähnlicher nach Form und Inhalt lautet ein vierteiliger indischer Spruch bei LASSEN, Hitopadeça, p. 66: „Feuer wird nicht satt des Holzes, nicht der Ströme das grosse Meer, nicht der Todesgott aller Lebendigen, nicht der Männer die Schönäugigen". Doch ist es vollständig unnötig, anzunehmen, dass die Sprüche dieser drei Völker zu einander im Abhängigkeitsverhältnis stehen. Die Bilder liegen nahe genug, um überall zu solchen Sprüchen Anlass zu geben. 17 Das Objekt עַיִן steht voran, deshalb wird es in den Suffixen von 17ᵇ wieder aufgenommen. עַיִן ist hier Spiegel der Seele. יְקֵהַת *Gehorsam* kommt nur noch Gen 49 10 vor mit Dagesch dirimens, vgl. GES.-KAUTZSCH § 20h. עֹרְבֵי־נַחַל *die Raben des Baches* vgl. I Reg 17 4. Die hier angedrohte Strafe ist, der Leichnam eines solchen ungeratenen Kindes soll unbegraben liegen bleiben als Aas für die Raubvögel, vgl. I Sam 17 44; I Reg 14 11; 16 4; 21 24; Hes 29 5.

18—20 Der Vergleichungspunkt in den vier genannten Dingen ist, dass keines derselben eine Spur von seinem Weg zurücklässt; auf das vierte aber geht alles hinaus: Ebensowenig wie man es der Luft anmerkt, dass einmal ein Adler hindurch geflogen ist, einem Felsen, dass eine Schlange darübergekrochen, dem Meere, dass ein Schiff es durchfurcht hat, ebenso wenig sieht man es einem

Mädchen an, dass ein Mann mit ihm fleischlichen Umgang gepflogen; derartige Handlungen oder Sünden entziehen sich meist menschlicher Kenntnis; dass sie später in ihren Folgen (Schwangerschaft) offenbar werden könnten, bleibt hier ausser Betracht. Dieser Spruch wird dann in v. 20 erläutert und angewandt; doch betrachten verschiedene Ausleger z. B. DATHE, HITZIG, DEL. v. 20 für einen Zusatz. **19** בִּלְבִּים vgl. 23 24. עַלְמָה ist *eine junge heiratsfähige* oder schon verheiratete *Frau*, nicht Jungfrau בְּתוּלָה, denn dazu würde die Vergleichung nicht passen. **20** כֵּן *also* d. h. darauf vertrauend, dass der דֶּרֶךְ גֶּבֶר an ihr nicht sichtbar ist, wagt es das ehebrecherische Weib, Geschlechtsumgang mit andern zu geniessen. אָכְלָה vgl. das andere Bild vom „Trinken" 5 15; zu dem Bild des Essens passt auch מָחֲתָה פִיהָ *sie wischt sich den Mund ab.*

21—23 Vier unerträgliche Dinge. **22ᵃ** vgl. 19 20. **22ᵇ** Der Thor. d. h. der Gottlose ist am unausstehlichsten, wenn er reich ist, denn das Geld macht ihn brutal. **23ᵃ** שְׂנוּאָה wörtl.: *eine Gehasste,* wie aus כִּי תִבָּעֵל hervorgeht: *eine* lange *Verschmähte,* eine alte Jungfer, eine sitzen Gebliebene. **23ᵇ** יָרַשׁ *beerben,* oder aber in Besitz nehmen, *verdrängen.* Die letztere Bed. passt hier am besten; ebenso wie Hiph. kommt auch Kal in diesem Sinne vor. allerdings nur von Völkern, nicht von einer Person gebraucht, vgl. Dtn 2 12 21 22; 9 1 u. s. w.

24—28 Vier Beispiele von kleinen Tieren, die doch grosse Weisheit an den Tag legen. **24** מְחֻכָּמִים Part. Pu. auch noch Ps 58 6. Pi. kommt öfter vor z. B. Hi 35 11 u. s. w. Es dient hier zur Verstärkung von חֲכָמִים = *gewitzigt, weise,* vgl. בָּשֵׁל מְבֻשָּׁל durchgekocht Ex 12 9. LXX, Pesch. HIER. vokalisieren מְחֻכָּמִים *weiser als die Weisen.* **25** vgl. 6 8. **26** שְׁפַנִּים. ein wiederkäuendes unreines Tier vgl. Lev 11 5; Dtn 14 7; Ps 104 8, *der Klippdachs.* Auch sie beweisen ihren Verstand dadurch, dass sie in Felsen ihr Nest bauen, vgl. was Num 24 21 von den Kenitern gesagt ist. **27** חֹצֵץ sich *teilend* in einzelne Abteilungen, d. i. *geordnet.* **28** שְׂמָמִית ἅπαξ λεγόμενον, die besten Hss. lesen mit שׂ, nicht mit שׁ vgl. STRACK z. d. St. Nach dem Arabischen سَامٌ sāmm = *die Eidechse* (mit aussatzähnlichen Flecken). Der Talmud hat das Wort an zwei Stellen, wo die Erklärung zwischen *Eidechse* und *Spinne* schwankt: im Targumischen steht סְמָמִיתָא für לְטָאָה Lev 11 30, eine Eidechsenart. תְּתַפֵּשׂ Pi. nur hier; die 2.Pers. sing. umschreibt das unpersönliche *man.* vgl. den Ausdruck עַד־בֹּאֲךָ = „bis man kommt". Mit Händen kann man sie greifen, so klein ist sie und so wenig vermag sie sich zu wehren, da sie unschädlich ist: und dennoch weiss sie in die Paläste des Königs einzudringen.

29—31 Vier Beispiele eines stattlichen Ganges. **30** לַיִשׁ *der Löwe* nur noch Jes 30 6; Hi 4 11; vgl. die schöne Schilderung desselben Jes 31 4. **31** זַרְזִיר מָתְנַיִם vgl. die Anm. zu der Übers. von KAUTZSCH: das beste ist, an das gesattelte Pferd zu denken, vgl. Hi 39 19-25. Doch ist der Text wahrscheinlich verdorben und זַרְזִיר ein Tiername = *sursur* صَرْصَر *Hahn:* dann muss man aber auch mit DYSERINCK מִתְנַשֵּׂא anstatt מָתְנַיִם lesen: *der stolz sich erhebende Hahn.* vgl. ARISTOPHANES, Vögel v. 486 f. תַּיִשׁ *der Ziegenbock.* der stolz an der Spitze der Herde einhergeht. וּמֶלֶךְ אַלְקוּם עִמּוֹ. Hält man den Text für corrupt. so hat man die Wahl unter den folgenden Conjecturen: HITZIG liest אֱלֹהִים statt

אֱלְקוּם *ein König, mit dem Gott ist.* DYSERINCK אֱלְפִּים *der König in Begleitung seiner Tausenden.* BICKELL: קָם לְעַמּוֹ *der König, der sich zum Schutze seines Volkes aufmacht.* Bleibt man dagegen bei dem überlieferten Text, so kommen die folgenden Erklärungsversuche in Betracht: GEIGER, Urschrift und Übers. der Bibel, S. 61 ff. findet hier den gottlosen Hohenpriester *Alkimos* genannt. Aber wir wissen nichts davon, dass Alkimos sich den Königstitel angemasst habe, und ausserdem ist kein Grund vorhanden, diesen Spruch so spät in die syrische Periode herabzurücken, vgl. meine Litt. des AT § 23, Anm. 7. Andere und zwar die meisten halten אֶלְקוּם für einen Arabismus = القَوْم das Aufgebot, der Heerbann vgl. אֶלְנְבִישׁ, אֶלְמוֹדָד, אֶלְמִים. Die Übers. der Vulgata, *gegen den es keinen Widerstand gibt,* passt auch gut in den Zusammenhang und kann als Arabismus erklärt werden. PERLES, Analekten, S. 75 vergleicht EL-'USJŪTI in ARNOLD, Chrest. Arab. p. 133, l. 3 مَا لَا قِوَامَ لَكُمْ بِهِ *quo subsistere non potest.*

32 und 33 Magst du durch thörichte Aufgeblasenheit oder nach reiflicher Überlegung dich zur Geltung bringen wollen — auf jeden Fall lege die Hand auf den Mund d. i. schweig stille, vgl. Hi 21 5. **33** gibt die Gründe an, warum in einem solchen Fall Schweigen das beste ist.   מִיץ ist spätes Hebräisch = *pressen, drücken.* Bisweilen kann dies gute Folgen haben, z. B. wenn man Milch presst, wodurch Butter entsteht; allein in andern und zwar in den meisten Fällen ist es, gerade um der Folgen willen, nicht anzuraten.   אַפִּים steht hier in übertragenem Sinn = *Zorn,* während unmittelbar zuvor אַף in eigentlicher Bed. *Nase* vorkam.   „Die Zubereitung der Butter geschah wie heute durch Schütteln in einem Ziegenschlauch". BENZINGER, Archäologie § 15, S. 88.

Cap. 31 1–9. Es ist sehr wahrscheinlich, dass uns hier im A. T. ein nichtisraelitisches Stück Chokmalitteratur erhalten ist. Die Weisheit der Edomiter war sehr berühmt vgl. 1 Reg 5 10; Jer 49 7; Ob. v. 9; Hi 15 10 18f. Eliphas kam aus Theman, auch ist Hiobs Wohnsitz Uz wahrscheinlich in Edom zu suchen, vgl. meine Litt. des A. T. § 23 Anm. 8. Unsere Überschrift versetzt uns nach *Massa,* vgl. die Anm. zu v. 1.

1—9 enthält die Ermahnung einer Mutter an ihren Sohn, der offenbar ein König ist, v. 3 4 9. In Israel trug die Mutter des Königs den Titel גְּבִירָה und war, wie an allen orientalischen Höfen eine Person von grossem Einfluss. Darum wird auch in den Büchern der Könige der Name dieser Gebira so oft ausdrücklich genannt. Diese Königin-Mutter ermahnt ihren Sohn, seine Manneskraft nicht an Weiber zu vergeuden v. 3, sich vor Unmässigkeit im Weintrinken zu hüten v. 4, den Wein viel lieber zur Erquickung von Elenden und Betrübten zu verwenden v. 6 7, und zum Schlusse ermahnt sie, den Unterdrückten durch Handhabung gerechten Gerichtes zu helfen v. 8 9.

1 Der masor. Text setzt unter מֶלֶךְ ein Athnach, trennt es also von מַשָּׂא. Dann kann nur übersetzt werden: *Worte Lemuels, Königs, Ausspruch, mit dem ihn seine Mutter ermahnt hatte;* mit Recht sagt KAMPHAUSEN, dass man dann הַמֶּלֶךְ lesen müsse. Viel wahrscheinlicher jedoch ist es, dass man, ohne den Text zu ändern, aber gegen die Accente מַשָּׂא מֶלֶךְ mit einander verbinden muss: *König von Massa.* Dies Massa wird Gen 25 14 neben Nebajoth, Kedar und Duma als ein ismaelitisches Volk erwähnt. PTOLEMÄUS V, 19 2 berichtet von Μασανοί im NO von Duma, auch zur Zeit Asur-Banipals kommen Mas'u neben

nabatäischen Kedarenern vor, SCHRADER, KAT², S. 148 f. לְמוֹאֵל. in v. 4
לְמוֹאֵל geschrieben, bedeutet wahrscheinlich so viel wie לְאֵל Num 4 34 = *Gott ge-*
weiht, ihm gehörig. Früher sah man mit der jüdischen Überlieferung hierin
ebenso wie in אָגוּר = *Sammler* einen symbolischen Namen Salomos, den man
für den Autor des ganzen Spruchbuches hielt. Zu לְמוֹ, das sich nur im Buche
Hiob (27 14; 29 21; 38 40; 40 4) findet, für לְ vgl. כְּמוֹ für כְּ und בְּמוֹ für בְּ. יִבְרָתִי
= יְסָרַתְהוּ *sie schärfte ihm ein* vgl. הַטָּהוּ 7 21 und נְמָלַתְהוּ 31 12.   2 KAMP-
HAUSEN ergänzt mit Recht: *Was [ich dir raten soll]* und erklärt richtig: „Die
Mutter, die ihrem herzlich geliebten Sohne heilsamen Rat geben will, beginnt
mit feierlichen Worten, wie sie der Bedeutsamkeit des Augenblicks angemessen
sind, gleichsam überlegend, wie sie ihrer wichtigen Pflicht am besten nach-
komme." Vgl. Jes 38 15.   *Sohn meiner Gelübde* = von Gott erbetenes Kind
I Sam 1 11.   בַּר ist aramäisch statt בֵּן.   3ª vgl. 5 9 und Dtn 17 17 aus dem
Königsgesetz.   3ᵇ Lies mit DYSERINCK דּוֹדֶיךָ *deine Liebkosungen* anstatt
דְּרָכֶיךָ und mit GESENIUS das Part. Kal לִמְחוֹת *den Verderberinnen* statt לַמְחוֹת.
das Inf. Hiph. wäre = לְהַמְחוֹת. Der masor. Text bed.: *Und lass deine Handlungen nicht darauf gerichtet sein, Könige zu verderben*: aber dabei geht der
Parallelismus mit 3ª verloren. Vgl. die textkrit. Erl. bei KAUTZSCH.   מְלָכִין
die Nunation statt der Mimation im Plur. ist aramäisch (oder arabisch).   4ª
Das Verbum ist verschwiegen, vgl. II Sam 1 21; wegen אַל ist der Vers als
Mahnung aufzufassen.   4ᵇ Das Kₑrē will für אֵי die Fragepartikel אַי lesen:
noch den Fürsten zu fragen: *wo ist Rauschtrank.* Allein das geht schwerlich
an. Man verwandle darum או in אַל, vgl. textkrit. Erl. bei KAUTZSCH.   5 giebt
den Grund der Ermahnung an. Beachte den Übergang vom Plur. in v. 4 zum
Sing. in v. 5.   מְחֻקָּק *was zum* חֹק, *zum Gesetz gemacht ist,* vgl. Jes 10 1.   בְּנֵי
עֲנִי = עֲנִיִּים *die Elenden,* aber stärker, vgl. v. 8ᵇ und die Anm. zu 30 15ª.   6 Wein
und starke Getränke sind für die gut, welche sich in grosser Not befinden.
damit sie wenigstens für kurze Zeit ihr Leid vergessen.   אוֹבֵד *sowohl der zu
Grunde geht,* als auch *der zu Grunde gehen wird,* vgl. Hi 29 13; 31 19.   מָרֵי
נֶפֶשׁ *seelenbetrübte,* vgl. Hi 3 20; I Sam 1 10.   8ª *für den Stummen,* mag
man den Ausdruck wörtlich nehmen oder bildlich = einer der seinen Unter-
drückern gegenüber nicht den Mund aufzuthun wagt.   אֶל führt hier den
Zweck ein.   בְּנֵי חֲלוֹף *Söhne des Dahinschwindens, Unglückliche,* vgl. Jes 2 18.
Andere wollen darunter *hinterbliebene Kinder, Waisen* verstehen, MÜHLAU de
Prov. Aguri S. 54. DYSERINCK hält das ף in חֲלוֹף für Dittographie und will בְּנֵי
חֳלִי *Söhne des Leidens* lesen.   9 vgl. 16 10; 20 8, צֶדֶק ist Acc., vgl. Sach 8 16,
richte so, dass das Ergebnis deiner richterlichen Thätigkeit Gerechtigkeit ist.
דִּין ist hier Imperat: *schaffe recht.*

Siebenter Hauptteil.

Das Lob der tugendsamen Hausfrau. 31 10–31.

Ein alphabetisches Lied, welches die tugendsame Hausfrau besingt. Solche alphabetische Lieder nehmen der Natur der Sache nach keinen hohen Flug. Die Gedanken sind mosaikartig an einander gefügt. Auch im Psalter gehören derartige Lieder nicht zu den am höchsten stehenden poetischen Erzeugnissen. Wahrscheinlich sind sie dort alle sehr spät. Unser Spruchbuch schätzt eine tugendsame Hausfrau sehr hoch, vgl. auch 18 22; 19 14; eine ganz entgegengesetzte Ansicht finden wir dagegen Koh 7 26.   **10** אֵשֶׁת חַיִל vgl. 12 4ᵃ.   מִי יִמְצָא Sinn: sehr selten findet es einer, vgl. **20** 6.   רָחֹק מִן *weit entfernt von*, wir würden sagen: *viel höher steht sie an Wert als*.   פְּנִינִים *Korallen* vgl. 3 15.   **11** שָׁלָל eigentl.: Beute, nur hier in der Bed. Ausbeute, *Gewinn:* es ist Obj. von חָסֵר, vgl. Ps 34 11 u. s. w.; Subj. ist בַּעְלָה.   **12** גָּמַל vgl. 3 30, mit zwei Acc. vgl. 1 Sam 24 18; zum Suff. vgl. v. 1. **13** בְּחֵפֶץ כַּפֶּיהָ wörtl.: *mit ihrer Hände Lust.* DELITZSCH vergleicht mit Recht Ps 78 72, wo den Händen תְּבוּנוֹת *Einsicht* zugeschrieben wird.   **14** Gleich einem Kauffahrteischiffe scheut sie nicht davor zurück, sich nötigenfalls von fern her die Bedürfnisse für ihr Haus zu holen.   **15** טֶרֶף *Speise* vgl. das Verbum 30 8ᵇ. חֹק kann *das bestimmte Teil* sein; dann ist es nähere Beschreibung von טֶרֶף vgl. auch hierzu 30 8ᵇ; es kann aber auch die zugewiesene *Tagesarbeit* sein vgl. Ex 5 14.   „Noch vor Sonnenaufgang ertönt in einem arabischen Dorf vor jedem Haus das widerwärtige Geräusch der Handmühlen, auf denen die Frauen das Mehl fertig gemahlen haben, bis die Männer sich erheben" BENZINGER, Archäol. S. 84 § 15.   **16** וַתִּקָּחֵהוּ *und sie erwirbt es*, besser *sie kauft es*, denn לָקַח ist das Oppositum von נָתַן verkaufen, vgl. v. 24.   Lies נֶטַע כָּרֶם mit Kᵉrē: sie legt einen Weinberg von dem Gelde, das sie verdient, an. Das Kᵉtīb lautet נֶטַע כָּרֶם stat. constr. von נָטַע *Pflanzung*, vgl. Jes 5 7; dazu müsste man das Verbum לָקַח aus v. 16ᵃ in Gedanken ergänzen.   **17** vgl. v. 25ᵃ.   *Sich gürten* = sich zur Arbeit bereit machen, rüsten.   **18**ᵃ טָעֲמָה wörtl.: sie schmeckt, d. h. sie empfindet, *sie merkt* vgl. Ps 34 9.   18ᵇ versteht man gewöhnlich von der Arbeit der Hausfrau sogar in der Nacht. Das ist jedoch nicht richtig. 18ᵇ will im allgemeinen sagen: in ihrem Hause herrscht Wohlfahrt. Die Lampe musste eben immer, auch des Nachts, brennen, gleichwie bei den Griechen und Römern der Herd. „Es erlöscht die Lampe jemands" bedeutet: er ist mit seiner Familie untergegangen, vgl. Jer 25 10; Hi 18 6. „Ebenso heute beim Fellachen und Beduinen; wenn es von einem heisst: „er schläft im Finstern", so will das soviel sagen als: er hat keinen Pfennig mehr, um Öl zu kaufen, bei ihm ist es Matthäi am letzten" BENZINGER, Archäol. § 18, S. 124.   **19** כִּישׁוֹר ἅπαξ λεγόμενον, das schon die alten Übersetzer nicht mehr verstanden, wahrscheinlich *Spinnrocken*. Diese Bed. passt in den Zusammenhang und lässt sich auch aus dem Verbum כָּשַׁר als *gerade in die Höhe gehender Stock* ableiten; vgl. ferner STRACK z. d. St.   פֶּלֶךְ auch ἅπαξ λεγόμενον = *Spindel* eigentl. etwas rundes. daher auch Kreis, kleine Provinz Neh. 3 9 12 14–18. „Ursprünglich wohl der Wirtel, Wertel, d. i. der unten an der Spindel angebrachte, ihr die nötige Schwere gebende (dah. franz. *peson*) Ring oder Knopf" Ges.-Buhl. **20** Sie ist auch wohlthätig gegen Arme, wird darum gesegnet vgl. 19 17; 22 9. **21** *Vom Schnee* m. a. W. von der Winterzeit. *ihr ganzes Haus* d. h. ihre ganze Familie. שָׁנִים לָבַשׁ accusativische Verbindung, vgl. Hes 9 2 3. שָׁנִים *Scharlach.* solche kostbare Kleider sind natürlich auch dick und stark genug, um warm zu geben; es bleibt allerdings befremdend, dass dies nicht ausdrücklich gesagt ist. LXX las das Wort שְׁנַיִם *doppelt*, zog es aber in den folgenden Vers hinüber und verband es mit מַרְבַדִּים. Andere wollen לָבַשׁ לֶחֶם lesen: *gekleidet zur Erwärmung* vgl. Hag 1 6.   Man bedenke, dass in Palästina warme Kleidung der einzige Schutz gegen Winterkälte war. Die Fenster waren offen. Glasfenster waren unbekannt, Öfen und Herde hatte man nicht, selbst im Winterpalast des Königs Jojakim war bloss ein tragbares Kohlenbecken אֵת Jer 36 22. **22** מַרְבַדִּים vgl. 7 16.   *Byssus und Purpur* m. a. W. die feinste Kleidung. **23** vgl. v. 3; 8 3; 12 4.   נוֹדָע *angesehen.*   **24** סָדִין kommt nur noch Jdc 14 12 13 und Jes 3 23 vor: *ein feines leinenes Unterkleid*, ein feines Hemd. Im Neuhebräischen hat es verschiedene Bedeutungen, wahrscheinlich das assyrische *sudinnu*, in den Amarna-Tafeln *satinnu*. Die LXX identificiert es mit σινδών d. i. Stoff aus Sindhu, dem Indusland. Allein die LXX giebt auch sonst hebräische Worte durch ähnlich klingende griechische wieder, so dass diese Übersetzung nicht notwendig auf Tradition beruht. Delitzsch bringt es mit dem arabischen سَدَرٌ *sadana* in Verbindung. לִכְנַעֲנִי *dem Kanaaniten* d. i. dem phönicischen Kaufmann. **25ᵃ** vgl. v. 17.   **25ᵇ** לְיוֹם אַחֲרוֹן *des künftigen Tages* vgl. Jes 30 8.   **26** Sie ist nicht zänkisch, vgl. 21 19; 25 24; 27 15.   **27** צוֹפִיָּה *beobachtend*, fem. von צָפָה vgl. הֹמִיָּה 7 11.   Lies mit I. ērē הֲלִיכוֹת Gänge. *das Thun und Treiben.* Das Kĕtīb ist ein Schreibfehler.   **28ᵃ** אַשֵּׁר glücklich preisen, Denominativ von אֶשְׁרִי. In 28ᵇ ist aus קָמוּ in v. 28ᵃ קָם zu ergänzen. **29** כֻּלָּן = כָּלָן *sie alle* Gen 42 36; vgl. Gen 21 29 לְבַדָּנָה.   **30** vgl. 11 22. Das Äussere muss mit dem Innern im Einklang stehen.   יִרְאַת, man erwartete יִרְאַת part. fem. stat. constr. von יִרְאָה.   תִּתְהַלָּל ist hier ausnahmsweise Stellvertreter des Passivs: *sie soll gerühmt werden*, nämlich von Gott und Menschen. vgl. 3 4.   **31** Eine solche Frau ist es wert, dass sie selbst Mitgenuss habe an dem, was sie verdient hat, und sie muss ebenso wie ihr Mann (vgl. v. 23) öffentlich gepriesen werden. Sie ist mehr als die Sklavin ihres Mannes, sie ist ihm ebenbürtig.

SACHREGISTER.